어쩌다
데이터 분석

with 파이썬

어쩌다 데이터 분석 with 파이썬

판다스로 시작하는 효율적인 데이터 분석 및 시각화

초판 1쇄 발행 2022년 9월 29일
초판 2쇄 발행 2023년 12월 29일

지은이 김유지 / **펴낸이** 전태호
펴낸곳 한빛미디어(주) / **주소** 서울시 서대문구 연희로2길 62 한빛미디어(주) IT출판2부
전화 02-325-5544 / **팩스** 02-336-7124
등록 1999년 6월 24일 제25100-2017-000058호 / **ISBN** 979-11-6921-031-7 93000

총괄 송경석 / **책임편집** 홍성신 / **기획** 김대현 / **편집** 김철수
디자인 표지 최연희 내지 박정화
영업 김형진, 김진불, 조유미 / **마케팅** 박상용, 한종진, 이행은, 김선아, 고광일, 성화정, 김한솔 / **제작** 박성우, 김정우

이 책에 대한 의견이나 오탈자 및 잘못된 내용에 대한 수정 정보는 한빛미디어(주)의 홈페이지나 아래 이메일로
알려주십시오. 잘못된 책은 구입하신 서점에서 교환해드립니다. 책값은 뒤표지에 표시되어 있습니다.

한빛미디어 홈페이지 www.hanbit.co.kr / 이메일 ask@hanbit.co.kr

지금 하지 않으면 할 수 없는 일이 있습니다.
책으로 펴내고 싶은 아이디어나 원고를 메일(**writer@hanbit.co.kr**)로 보내주세요.
한빛미디어(주)는 여러분의 소중한 경험과 지식을 기다리고 있습니다.

어쩌다
데이터 분석
with 파이썬

김유지 지음

판다스로 시작하는
효율적인 데이터 분석
및 시각화

한빛미디어
Hanbit Media, Inc.

추천의 말

요즘은 데이터 분석 전문가가 아니더라도 자기 분야의 데이터 분석을 스스로 하는 시대다. 다만 일반 인도 처음부터 따라 하기만 하면 데이터 분석의 기초를 갖출 수 있는 책이 많지 않아 아쉬움이 있었다. 이 책은 파이썬과 데이터 분석을 처음 접하는 입문자가 기본서로 삼아 공부하기에 적합한 내용으로 구성되어 있으며 비전문가의 눈높이에 맞는 적절한 예제로 쉽게 설명되어 있다. 특히 공식 문서에는 나오지 않지만 알아두면 좋은 팁과 초보자가 하기 쉬운 실수에 대한 조언이 가득 담겨 있다는 것이 이 책의 가장 큰 장점이다.

김정용 _SK하이닉스, AI 엔지니어

개발, 마케팅 등의 업무를 담당하는 사람뿐 아니라 일반인도 데이터를 다뤄야 하는 시대다. 이 책은 초보자도 쉽게 데이터 분석에 입문할 수 있도록 도와주는 백과사전이다. 데이터 분석을 위한 환경 구성부터 기초 및 고급 지식을 습득할 수 있는 다양한 예제가 마련되어 있으며, 마지막 장의 EDA 실습을 통해 실전에 빠르게 적용할 수 있도록 도와준다. 데이터 분석의 기초를 최대한 빠르게 습득함과 동시에 실전에 적용하고자 하는 독자에게 이 책을 강력히 추천한다.

남상구 _인텔, 소프트웨어 엔지니어

파이썬을 이용한 데이터 분석과 머신러닝을 배우기 시작하면 어렵게 느껴지는 고비가 몇 군데 있다. 그중 하나가 판다스를 사용해서 데이터를 다룰 때다. 처음엔 판다스를 사용해서 데이터를 읽고 쓰면서 그 편리함과 예쁜 표로 시각화된 모습을 보며 신세계를 만난 기분이 들지만 본격적으로 데이터를 가공하고 집계하다보면 데이터 앞에서 작아지는 자신을 보게 된다. 판다스는 짧은 시간 동안 집중해서 익히는 라이브러리가 아니다. 다루는 데이터에 따라 각기 다른 대응 방법을 끊임없이 배워야 하는 존재다. 이 책은 판다스의 중요한 기능이 적절한 예제와 함께 간결하게 정리되어 있다. 판다스를 빨리 익혀야 한다는 조바심은 잠시 내려두고 이 책을 통해 판다스의 필요한 기능을 하나씩 배우기 바란다.

이제현 _한국에너지기술원 플랫폼연구센터, 선임연구원 데이터 분석, 어디서부터 어떻게 무엇을 배워야 할지 참 막막하게 느껴질 것이다. 이런 고민을 가지고 있는 독자에게 알맞은 설루션으로 이 책을 추천한다. 입문자에게 파이썬 핵심 라이브러리 사용법을 비롯하여 필요한 것만 알려주어 학습 시간을 아껴주고, 쉽게 설명하고 있어 데이터 분석의 진입 장벽을 조금이나마 낮춰준다. 책을 덮을 즈음에는 데이터 분석에 대한 자신감이 생기게 될 것이며, 이 책이 데이터 분석가라는 초행길의 믿음직스러운 길잡이가 되어줄 것이다.

하송미 _(주)네피리티, 데이터 분석 엔지니어

프런트엔드 개발자로 성장하고자 하는 독자라면 한 권쯤 꼭 가지고 있으면 좋을 안내서다. 개발자라는 긴 여정을 시작하는 초심자를 위해 개발 환경 설정부터 현업에서 주로 사용하는 데이터 형태와 타입 그리고 분석 기법을 군더더기 없이 단계별로 예제와 함께 풀어주고 있다. 이 책에서 안내하는 단계별 여정대로 잘 따라간다면 길을 잃을 일 없이 어느새 자연스럽게 데이터 분석을 하고 있는 자신을 볼 수 있을 것이다.

조준호 _한국고용정보원, 데이터 분석가

이 책은 한마디로 판다스 기초 백과사전이라고 할 수 있다. 상세한 설명과 다양한 예제를 통해 데이터 분석 초심자가 데이터프레임을 활용한 분석 과정에서 막힐 수 있는 부분을 자세히 설명하고 있기 때문에 처음 데이터 분석을 시작하려는 독자에게 추천한다. 또한 다양한 데이터프레임 사용 방법을 숙지할 수 있고, 다시 한 번 기초를 다지는 기회가 될 수 있기 때문에 이미 데이터 분석을 경험한 독자에게도 많은 도움이 될 것이다.

이단비 _(주)이팝콘, 데이터 분석가

지은이의 말

나는 데이터 분석 전공자는 아니다. UX 관련 전공을 한 후 업무를 하던 중 데이터 관련 일을 접하게 되었는데 이와 관련한 지식이 부족하다보니 자신감도 떨어지고 부족함을 느껴 데이터 분석의 기본이라는 파이썬을 공부하기 시작했다. 그 당시 빅데이터나 AI가 굉장히 화두이기도 했지만 데이터 분석 결과나 데이터 시각화를 업무에 활용한다면 한층 더 나은 결과를 가져올 수 있을 것이라고 생각했기 때문이다. 그러나 배우고자 하는 의지와 잘할 수 있는 능력을 갖추는 것은 별개의 문제였다. 데이터 분석 분야에 대해 배우고자 하는 입문자라면 여러 매체나 플랫폼에서 '몇 주 만에 끝내는 데이터 분석', '예제만 따라 하면 당신도 곧 데이터 분석 전문가!'와 같은 홍보 문구를 본 적이 있을 것이다. 처음엔 나 역시 희망적인 이러한 홍보 문구에 쉽게 휘둘려 무턱대고 공부를 시작했다. 하지만 어려운 예제를 따라 하는 것만으로는 실무에 응용하기 어렵다는 것을 느끼게 되었다.

그러다 다양한 방법으로 데이터 분석을 공부하면서 여러 시행착오를 거쳐 나만의 합리적인 학습 과정을 터득하기 시작했다. 그것은 바로 '원리 이해 → 실습과 실행 → 나만의 정리' 과정을 반복하는 것이다. 먼저 파이썬 판다스 라이브러리를 창시한 웨스 맥키니의 『파이썬 라이브러리를 활용한 데이터 분석』(한빛미디어, 2019)이란 책과 판다스를 포함한 여러 라이브러리의 공식 사이트 문서를 많이 참조하여 기본적인 이론을 학습했다. 그러나 처음에는 온전히 이 내용을 이해하기 어려웠기 때문에 블로그를 활용해서 그때 배운 내용을 나만의 정리 노트로 정리하여 하나의 팁처럼 포스팅하기 시작했다. 중요한 핵심 함수 또는 특정한 데이터 분석 처리 과정을 포스팅 주제로 잡고 그에 해당하는 적합한 데이터를 선정하여 최대한 간결하게 맥락을 정리하는 것이 콘셉트였다. 스스로 이해할 수 있는 수준으로 여러 내용을 정리하다보니 자연스럽게 좀 더 데이터 분석에 관련한 지식을 쌓을 수 있었다. 이러한 주기적인 포스팅을 통해 파이썬과 판다스 관련 내용이 하나하나 늘어가게 되었고 이렇게 책까지 출간하게 되었다.

이 책을 쓰기 전에 내가 초심자였을 때를 떠올리며 파이썬 데이터 분석 입문자를 위한 분류, 구성, 순서에 대한 고민을 많이 했다. 과거 내가 데이터 분석에 대해 학습했던 경험을 바탕으로 초심자 때 우선적으로 배워야 할 핵심 내용, 같이 배우면 좋을 만한 내용을 많이 수록했고 운영하고 있는 블로그의 방문자가 궁금해하던 부분도 포함시키고자 했다. 전체적으로 블로그의 포스팅과 크게 다르지 않게 쉽고 간결하게 설명하려고 했다. 앞으로 이렇게 쌓아 올린 데이터 분석 역량이 더 많은 곳에서 활용될 수 있길 기대하며 독자 여러분도 꼭 계획하고자 했던 목표를 달성하기 바란다. 형설지공螢雪之功의 자세로 임한다면 반드시 이루어질 것이다. 이 책은 데이터 분석 과정의 일반적인 흐름에 맞게 구성되어 있으니 순서대로 학습할 것을 추천한다. 전반적으로 기본적인 데이터 가공 및 처리에 중점을 두었기 때문에 이 책을 학습한 뒤에 개별적으로 배우고 싶은 세부 분야를 찾아 전문적으로 공부하기 바란다.

마지막으로 버킷 리스트 중 하나였던 책 집필을 실현할 수 있도록 제안해주신 김대현 과장님과 한빛미디어에 감사의 말씀을 드린다. 1년 반이 넘도록 일과 병행하며 힘겹게 책을 쓰는 동안 많은 용기와 위로를 건네준 부모님과 동생, JY.Kim에게 사랑과 감사의 마음을 전한다. 앞으로도 나의 NEXT 레벨을 향해 열심히 달릴 것이다.

2022년 9월 김유지(Clary K)

지은이 소개

김유지(Clary K)

- 이메일: claryk0520@gmail.com
- 블로그: https://blog.naver.com/youji4ever

동덕여대에서 미디어 디자인, 국민대 테크노디자인대학원에서 인터랙션 디자인을 전공했다. UX 컨설팅 회사, 외국계 IT 기업, IT 스타트업 등 다양한 환경에서 일해 온 UX/UI 기획자로 적응력이 빠르고 새로운 도전을 좋아한다. 몇 년 전 자기계발 및 업무 역량 성장을 위해 파이썬 프로그래밍과 데이터 분석 스터디를 시작했고 정부 R&D 과제 및 금융 서비스 프로젝트에도 참여했다. 현업에 데이터 분석 결과를 다양한 관점으로 적용하기 위해 부단히 노력 중이다. 온라인에서 Clary K라는 필명으로 활동하고 있으며 취미로 블로그에 파이썬 지식과 데이터 시각화 관련 포스팅을 하고 있다.

이 책에 대하여

대상 독자

이 책은 파이썬을 이용한 데이터 분석에 대해 관심이 있는 입문자를 대상으로 한다. 기본적으로 파이썬 기초를 알고 있다는 전제하에 설명하고 있으나 파이썬을 접해보지 못한 독자를 위해 파이썬 핵심 기본 내용을 수록했다.

이 책의 구성

1장_데이터 분석 준비

데이터 분석이 무엇이고 어떻게 진행되며 어떤 역량이 필요한지 살펴본다. 그리고 파이썬 데이터 분석을 실행하기 위한 개발 환경을 구축한 뒤 이 책을 읽는 데 필요한 파이썬 기본 내용과 핵심 라이브러리를 알아본다.

2장_데이터 분석 기본

파이썬에서 데이터 분석을 하기 위해 가장 필수적으로 알아야 할 라이브러리인 넘파이와 판다스의 기본 사용법을 학습한다. 데이터를 불러오고, 생성하고, 선택하고, 골라내고, 삭제하고, 새로운 모양으로 변경하는 등 기초적인 데이터 처리 방법을 배운다.

3장_데이터 정제와 응용

데이터를 처리하고 가공하는 다양한 방법을 몇 가지 카테고리로 분류해서 배운다. 먼저 상세한 조건으로 데이터를 추출하거나 다른 함수를 활용하여 데이터를 필터링하는 기법과 정렬 테크닉을 알아본다. 그다음 결측값이 생기는 원인과 판다스로 결측값을 확인하고 처리하는 방법에 대해 익힌 뒤 이상값을 확인하고 처리하는 방법을 살펴본다.

4장_데이터 병합과 재형성

서로 다른 데이터프레임을 연결하고, 합쳐진 데이터프레임을 다시 다른 모양으로 변경하는 학습을 한다. 판다스 함수를 통해 흩어져 있는 데이터를 연결하고 병합하는 방법을 익히고, 테이블 형식의 데이터를 다양한 방식과 기준으로 재배치하거나 피벗하는 방법을 학습한다. 또한 데이터 병합이나 재형성 후의 처리 방법을 알아본다.

5장_데이터 집계와 그룹 연산

판다스의 groupby 개념과 활용법을 배우고 데이터를 그룹별로 나누어 요약 및 집계를 해본다. 또한 판다스에서 피벗 테이블과 그룹 빈도를 계산하는 크로스탭을 활용한 분석에 대해 알아본다.

6장_날짜시간 데이터 처리

판다스에서 사용하는 시계열 데이터의 종류인 datetime과 관련한 날짜와 시간에 대한 기초 지식을 학습한다. 날짜시간 데이터를 다룰 때 기본적으로 알고 있어야 할 데이터 타입에 대해 배우고 인덱스와 관련한 몇 가지 주요 처리 방법을 익힌다.

7장_데이터 시각화

대표적인 파이썬 데이터 시각화 라이브러리인 맷플롯립과 시본에 대해 설명한다. 먼저 파이썬으로 데이터 시각화 시 필수적으로 알고 있어야 할 맷플롯립의 핵심을 학습하고, 그다음에는 가장 많이 활용되는 시본의 주요 그래프를 알아본다.

8장_데이터 분석 : EDA 실습

앞에서 배운 기술을 어떻게 사용하고 응용하는지 익히기 위해 데이터 분석 실습 과정을 진행한다. 분석하려는 데이터의 특징을 파악하여 적합한 전처리 기법을 적용한 후 데이터를 더 잘 이해할 수 있도록 다양한 시각화 작업을 해본다.

참고 및 경고

NOTE 보충 설명, 참고 사항, 관련 용어 등을 본문과 구분하여 정리했다.

CAUTION 실습을 진행하면서 혼동하기 쉬운 내용을 표기했다.

개발 환경

이 책은 다음 환경을 기반으로 하여 설명하고 있다.

- **운영체제:** 윈도우 10(64비트)
- **파이썬:** 3.8
- **IDE:** 주피터 노트북

정오표와 피드백

편집 과정에서 오탈자를 확인하는 절차를 거쳤음에도 미처 발견하지 못한 오탈자나 내용에 대한 오류 문의는 출판사 도서 정보 페이지에 등록하거나 저자 이메일로 보내주기 바란다. 독자의 소중한 피드백은 모두 정리하여 다음 인쇄본에 반영하겠다. 책에서 사용하는 실습 예제는 아래 주소에서 받을수 있으며 책과 관련한 궁금한 점은 저자 홈페이지나 이메일로 문의하기 바란다.

- **실습 예제** – https://github.com/claryk0520/bumping-into-data-analysis
- **저자 이메일** – claryk0520@gmail.com
- **저자 블로그** – https://blog.naver.com/youji4ever

CONTENTS

CHAPTER 1

데이터 분석 준비

데이터 분석 기본

CONTENTS

CHAPTER 3

데이터 정제와 응용

CONTENTS

CHAPTER 5

데이터 집계와 그룹 연산

CHAPTER 6

날짜시간 데이터 처리

CONTENTS

CONTENTS

데이터 분석 준비

CHAPTER

01

데이터 분석을 학습하기로 한 여러분을 너무나도 환영한다.

빠르게 기술을 연마해서 당장 다음 달부터 데이터 분석을 실행하고 싶은 설렘으로 가득 차 있겠지만 이 장에서 소개하는 내용을 모두 읽고 나서 무슨 내용인지 도저히 이해되지 않는다면 아직 파이썬 데이터 분석을 학습할 준비가 되어 있지 않은 것이다. 그러한 독자는 먼저 파이썬 기초 지식을 쌓고 나서 이 책을 진행하면 책을 읽는 데 도움이 될 것이다.

이 장에서는 데이터 분석이란 무엇이며, 그 과정은 어떻게 이루어지는지, 그것을 하려는 사람은 어떠한 역량이 필요한지 살펴보겠다. 또한 파이썬 데이터 분석을 실행하기 위한 환경을 구축한 뒤 이 책을 읽어나가는 데 필요한 파이썬 핵심을 간단히 정리하고 핵심 라이브러리를 알아볼 것이다.

1.1 데이터 분석의 세계

데이터 분석에 대한 관심이 나날이 높아지고 있고 실제로 많은 회사에서 데이터 분석 능력을 요구하거나 우대해주고 있다. 본격적으로 파이썬 데이터 분석을 학습하기 전에 빅데이터 시대에 데이터 분석의 의미를 살펴보자. 데이터 분석 언어와 도구를 활용하여 데이터 분석을 하는 자체도 중요하지만 분석을 시작하기 전에 개념과 의미를 정리하고, 그 과정은 어떻게 이루어지는지 그리고 여러 언어 중에서 왜 파이썬을 가장 많이 사용하는지 그 이유를 알아보는 것도 의미가 있을 것이다.

1.1.1 빅데이터 시대의 데이터 분석가

방대한 빅데이터가 쌓이며 새로운 기회와 생태계가 눈앞에 있지만 가치 있는 데이터를 선정하고 인사이트를 찾는 것은 매우 어려운 일이다. 그래서 데이터와 관련한 일은 전문적이고 중요한 일일 수밖에 없다. 많은 기업이 보유하고 있는 데이터를 의미 있게 만들어보려는 목적으로 데이터 분석 관련 전문 기관과 전문가를 찾아 의뢰하거나 내부적으로 역량을 키우고 있으며, 앞으로도 수요가 더욱 더 증가할 것이다. 그렇다면 어떤 역량을 가진 사람이 이 분야에서 일할 수 있을까? 과거에는 통계, 컴퓨터 공학, 수학 등을 전공한 사람이 주로 수행했지만 지금은 다양한 분야의 도메인과 배경을 보유한 전문가들이 데이터를 탐색하거나 분석할 수 있는 기술을 장착해 도전하고 있으며 그들의 배경이나 경험과 융합되어 역할도 점차 확대되고 있는 추세다.

씨게이트 테크놀로지 Seagate Technology가 IT시장조사기관인 IDC에 의뢰해서 발행한 '데이터 에이지 2025' 백서에 따르면 2025년까지 전 세계 데이터양은 175ZB(제타바이트)에 달할 것이라는 전망이 있었다. 과거에는 데이터의 대부분을 소비자가 생산했지만 2025년에는 전체 데이터의 60% 가량이 기업에 의해 생성될 것이라고 예상했다. 그리고 가장 주목할 부분은 2025년에는 글로벌 데이터스피어 datasphere의 20%가 우리 삶에 중요한 영향을 끼치게 될 것이며, 10%는 우리 모두의 삶에 있어 매우 중요하고 핵심적인 데이터가 될 것이라고도 했다.

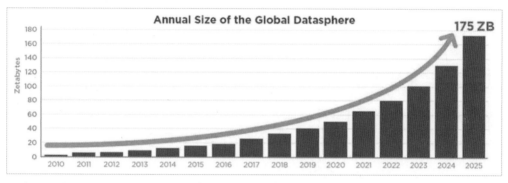

▶ 연간 글로벌 데이터스피어 크기(출처: IDC 데이터스피어 백서)

1.1.2 빅데이터! 데이터 과학? 데이터 분석!?

빅데이터, 데이터 과학, 데이터 분석, 머신러닝, AI 등은 현재 IT 관련 용어 중 가장 많이 언급되는 단어다. 그중에서도 데이터 분석이란 과연 무엇일까? 많은 용어 중 데이터 분석은 데이터 과학이란 단어와 함께 자주 언급되기도 하고 혼동되기도 한다. 데이터 과학과 데이터 분석 모두 빅데이터와 관련이 있다. 가장 먼저 빅데이터의 의미부터 살펴보자. 미국의 유명 리서치 회사인 가트너 Gartner는 '인사이트와 의사결정, 자동화 과정을 강화할 수 있는 정보 처리 과정의 혁신적인 형태이며, 높은 비용 효율을 요구하고, 방대하며 빠르고 다양한 형태의 정보 자산'이라고 정의했고, 위키피디아에서는 '일반적인 데이터 관리 및 처리 소프트웨어에서 다루기 어려울 정도로 거대하고 복잡한 데이터의 집합'이라고 정의했다. 또한 빅데이터는 정형 혹은 비정형의 방대한 양의 데이터를 설명하는 데 사용하는 전문 용어이기도 하다.

데이터 과학은 이러한 빅데이터를 준비하고, 정제하고, 분석하는 것과 관련된 모든 것을 포함하는 분야다. 정형 또는 비정형 데이터에서 정보와 인사이트를 추출하기 위해 사용되는 기술의 총 집합을 의미하기도 한다. 그래서 데이터 과학자는 통계학, 수학, 프로그래밍, 문제 정의 및 해결 능력, 데이터를 바라보는 다양한 관점과 시각 등 많은 역량과 경험을 갖추어야 한다.

그렇다면 데이터 분석은 어떨까? 데이터 분석은 정보 또는 인사이트를 도출하거나 패턴을 찾기 위한 목적으로 분석 언어나 알고리즘을 활용하여 원본 데이터 raw data 로부터 결론을 이끌어내는 작업이다. 큰 범위에서 보면 데이터 과학 영역에는 데이터 분석과 관련한 일도 포함되어 있기 때문에 데이터 과학의 일부라고 할 수도 있다. 그러므로 데이터 분석가가 되고 싶거나 데이터 과학자가 되고 싶은 사람 모두 이 분야에 첫발을 내딛는 것이라면 데이터 분석부터 시작하는 것은 좋은 선택일 수 있다.

1.1.3 데이터 분석 과정

데이터 분석 과정은 상황에 따라 단계가 생략되거나 확장될 수 있지만 일반적으로 다음 다섯 단계 과정을 거치게 된다. 각 과정의 일반적인 설명과 주의할 점을 살펴보자.

▶ 데이터 분석 과정

1. 데이터 분석 목적의 정의와 분석 방안 계획

데이터 분석가는 데이터 분석 목적을 가장 먼저 정의해야 한다. 일반적으로 분석 목적은 도메인과 연관된 비즈니스적인 문제나 해결해야 할 상황에서 비롯된다. 예를 들어 2개월 전부터 특정 쇼핑몰에서 고객 이탈률이 증가했다고 가정한다면 어느 영역에서 고객 이탈률이 증가했는지 웹사이트의 사용자 경험 관련 데이터를 분석하고 파악하는 목적을 수립할 수 있다. 목적을 수립한 후에는 상세한 데이터 분석 방안을 계획한다.

2. 데이터 수집

데이터 분석 방안을 계획한 후에는 데이터 분석에 사용할 데이터 수집이 필요하다. 수집되는 데이터는 분석의 깊이를 결정하기 때문에 중요하다. 기업에서 가장 기본적인 데이터 수집은 소프트웨어나 자동화 시스템을 통해 적재된 내부 자원을 활용하는 것이다. 대체로 정형 데이터structured data일 가능성이 높으며 각 기업의 도메인에 따라서 다양한 성격과 특징을 갖는다. 그다음 보조적으로 활용할 수 있는 데이터는 외부 사이트에서 API를 활용하여 수집하는 외부 데이터다. 이 데이터는 다양한 곳에서 수집되기 때문에 비정형 데이터unstructured data가 포함될 수 있다. 그리고 다양한 곳에서 공개되는 양질의 오픈 데이터셋도 함께 활용할 수 있다.

3. 데이터 정제

데이터 수집을 완료한 후에는 데이터를 정제하고 분류하는 작업을 수행한다. 수집된 데이터 그대로는 분석에 활용할 수 없기 때문에 데이터 정제 작업은 데이터 분석 프로세스에서 매우 중요한 과정이다. 중복되거나 비정상적이거나 왜곡시킬 가능성이 있는 데이터를 식별하여 제거하고, 값이 없는 데이터를 적합한 방식으로 처리하는 등의 작업도 필요하다. 실제 다수의 데이터 분석가들이 대부분의 시간을 데이터를 정제하는 데 사용할 만큼 많은 노력과 시간이 들어가는 과정이다.

4. 데이터 탐색과 분석

데이터 정제가 잘 완료되었다면 정제된 데이터를 활용하여 탐색하고 분석해야 한다. 데이터 분석 시 활용하는 방법은 여기에서 모두 열거하기 힘들 정도로 매우 다양하다. 기본적인 방법 중 하나는 데이터의 숨겨진 패턴을 찾아낼 때 사용하는 클러스터링, 이상 탐지, 연관 규칙 등의 데이터마이닝, 머신러닝 기술을 사용하는 것이다. 분석가가 수립한 다양한 관점을 기준으로 직접 언어로 프로그래밍하여 분석할 수도 있고, BI나 데이터 시각화/분석 소프트웨어를 활용해서 기본적으로 제공되는 옵션을 활용하기도 한다. 전자와 비교했을 때 후자는 비교적 쉬울 수도 있으나 각각의 장단점이 있다. 그리고 그 과정에는 데이터를 탐색하고 분석한 결과가 잘 드러나도록 용도에 맞는 그래프로 다양하게 시각화하는 작업도 포함된다.

5. 데이터 분석 결과 해석

마지막 과정은 데이터 분석 결과를 해석하는 것이다. 해석에 따라 4단계에서 실행한 데이터 분석 결과가 실제로 비즈니스적인 가치를 얻을 수 있는지 판단되기 때문에 아주 중요한 단계다. 그러나 데이터 분석가의 역량과 경험의 깊이에 따라 잘못된 해석을 하거나 정확성이 결여된 해석을 할 가능성도 있다. 그렇기 때문에 데이터 분석가는 항상 결과에 대한 정확성을 확보해야 하며 설명하기 쉽도록 분석 모델을 너무 복잡하지 않게 설계하는 것이 좋다는 것을 명심하자. 단순한 통계 관련 결과물을 놓고 비즈니스적인 의미를 해석하려 하기도 하고, 심지어 유의미한 분석 결과를 도출했는데도 불구하고 부서 간, 이해관계자 간의 견해 차이로 통합적인 활용을 잘하지 못하는 상황도 있기 때문이다.

지금까지 일반적인 데이터 분석 과정을 간단히 살펴봤다. 이 책에서는 앞서 언급한 데이터 분석의 모든 과정을 다루지는 않는다. 우리가 집중하고자 하는 영역은 준비된 데이터셋을 대상으로 데이터셋의 구조와 타입을 확인하고, 데이터를 정제하고, 다양한 각도로 데이터를 탐색하고 관찰할 수 있도록 다양한 방법을 학습하는 것이다. 위 과정을 기준으로 한다면 3단계와 4단계 사이에 해당한다고 할 수 있다. 4단계 중에서 정제된 데이터로 다양한 머신러닝 분석 기법을 적용하여 결과를 확인하는 부분은 이 책의 범주가 아니다. 이 부분은 이 책을 통해 기초 지식을 쌓은 후 전문 서적을 참조하길 바란다.

1.1.4 파이썬 언어 사용 이유와 특징

데이터 분석은 전문 기업에서 제공하는 솔루션이나 서비스를 활용할 수도 있지만 데이터 분석용 언어를 활용해서 분석하는 경우도 많다. 많은 언어 중 특히 사랑받고 있는 2가지 오픈소스 언어는 파이썬과 R이다. R이 통계에 특화된 언어라고 한다면 파이썬은 범용적으로 사용되는 언어라고 볼 수 있다. 파이썬은 단순히 데이터 분석 분야뿐만 아니라 웹 개발 분야에서도 높은 생산성을 내고, 배우기 쉽다는 이유로 개발자들에게 인기가 많다. 초보자도 쉽게 배울 수 있기 때문에 프로그래밍이 처음이라면 파이썬부터 시작하는 것은 좋은 선택이다. 파이썬으로 프로그래밍하는 법을 배우고 나면 다른 언어에도 쉽게 적응할 수 있을 것이다.

이 책에서 다루는 언어인 파이썬의 특징은 다음과 같다.

- **인터프리터 언어**: 컴파일 과정 없이 인터프리터가 소스 코드를 한 줄씩 읽어 들여 바로 실행하는 스크립트 형식이다. 결과를 바로 확인할 수 있기 때문에 코드 작성과 수정이 편리하다.

- **동적 타이핑**: 변수의 데이터 타입을 지정하지 않고 단순히 선언하는 것만으로 값을 지정할 수 있다. 변수의 데이터 타입은 코드가 실행되는 시점에 결정된다.

- **플랫폼 독립적:** 리눅스, 유닉스, 윈도우, 맥 등 대부분의 운영체제에서 동작한다. 파이썬 소스 코드를 어떤 운영체제에서도 활용할 수 있어 높은 생산성과 빠른 속도의 개발이 가능하다.
- **쉽고 간결한 문법:** 코드를 쉽고 간결하게 작성할 수 있도록 되어 있어 배우기 쉽고 활용하기 용이한 언어다. 서로 다른 블록에서 작성된 코드는 서로 영향을 주지 않고, 중괄호 { }로 구분하는 정적 타입 언어와 달리 파이썬은 들여쓰기로 코드를 구분한다.
- **일관성 있는 객체 모델:** 모든 숫자, 문자열, 데이터 구조, 함수, 클래스, 모듈 등이 파이썬 인터프리터에서 파이썬 객체라고 하는 상자 안에 저장된다. 각 객체는 연관된 데이터 타입(문자열이나 함수 등)과 내부 데이터를 갖고 있어 매우 유연하게 동작한다.

다른 언어에 비해 연산 속도가 조금 느리다는 단점이 있지만 최근에는 연산량이 많은 프로그램이 아니라면 속도 차이가 크게 느껴지지 않는다고 평가받고 있다. 게다가 생산성을 높이는 다양한 파이썬 라이브러리가 계속 추가되고 있고, 라이브러리 생태계 지원이 더욱 개선되어 데이터 처리 업무에서 크게 두각을 나타내고 있다. 파이썬은 범용 언어일 뿐만 아니라 데이터 과학 분야에서 계산도 훌륭하게 소화해내는 언어이기 때문에 데이터 분석과 애플리케이션 개발을 위한 최고의 언어라고 할 수 있다.

1.2 아나콘다 설치 및 주피터 노트북 실행

파이썬을 실행할 수 있는 다양한 애플리케이션이 존재한다. 이 책의 독자는 파이썬 개발 환경에 익숙하지 않을 것이라는 상황을 고려하여 무료로 사용할 수 있는 아나콘다 배포판을 이용하여 파이썬 데이터 분석 환경을 구축할 것이다. 이 책은 파이썬 3.8 버전을 사용하고 있으므로 독자분도 파이썬 3.8 버전(또는 그 이상)을 사용할 것을 추천한다. 모든 코드의 실행은 아나콘다에서 제공하는 주피터 노트북이라는 애플리케이션을 활용하여 진행할 것이다. 이 절에서는 아나콘다를 설치하고 주피터 노트북의 기본 설정과 사용법을 학습하겠다.

1.2.1 아나콘다 설치 및 관리

먼저 다음 주소를 입력해 아나콘다 설치를 위한 공식 사이트를 방문한다.

```
https://www.anaconda.com/products/distribution/
```

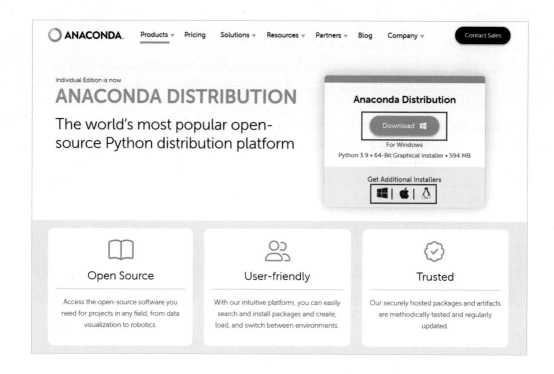

페이지 오른쪽에서 [Download] 버튼을 클릭해 아나콘다 최신 버전을 다운로드할 수 있다. 또는 [Download] 버튼 아래에 있는 아이콘(■ | ■ | △)을 클릭해 페이지 하단으로 내려가면 다음 그림처럼 아나콘다 인스톨러를 다운로드할 수 있는 영역이 나타난다.

다른 방법으로 구글에서 '아나콘다'를 검색하면 그림과 같은 서브 메뉴가 뜨는데 여기서 'Anaconda Distribution'을 선택해도 된다.

■ 아나콘다 설치

윈도우 사용자는 Windows 아이콘 아래에서, iOS 사용자는 MacOS 아이콘 아래에서 64-Bit Graphical Installer를 다운로드한다.

> **NOTE** 그래픽 인스톨러Graphical Installer는 마우스로 간단히 설치할 수 있는 인스톨러고, 커맨드 라인 인스톨러 Command Line Installer는 윈도우의 커맨드 프롬프트나 맥의 OS 터미널을 사용하여 설치할 수 있는 인스톨러다. 초보자의 경우 그래픽 인스톨러가 설치하기 쉽다.

다운로드를 마치면 실행 파일을 실행하고 인스톨러 권장 사항을 따라 아나콘다를 설치한다. 단순히 [Next] 버튼을 차례대로 클릭하면 설치가 완료된다.

실행 파일명은 다음과 같다.

- **윈도우**: Anaconda3-2022.05-Windows-x86_64.exe
- **맥OS**: Anaconda3-2022.05-MacOSX-x86_64.pkg

아나콘다 설치가 완료되었으면 윈도우 시작 메뉴에서 아나콘다 프롬프트^{Anaconda Prompt}를 실행한다. 이는 맥의 터미널 프로그램에 해당한다. 여기에 python이라고 입력하면 설치한 아나콘다 버전이 표시된 메시지를 확인할 수 있다. 맥에서는 ipython으로 확인할 수 있다.

```
(base) C:\Users\youji>python
Python 3.8.3 (default, Jul  2 2020, 17:30:36) [MSC v.1916 64 bit (AMD64)] ::
Anaconda, Inc. on win32
Type "help", "copyright", "credits" or "license" for more information.
>>>
```

'시작' 메뉴에서 '아나콘다 내비게이터^{Anaconda Navigator}'를 클릭해서 실행시켜보자. Install이라고 뜨는 애플리케이션은 아직 설치가 되지 않은 것이므로 추후 필요 시 설치하면 된다.

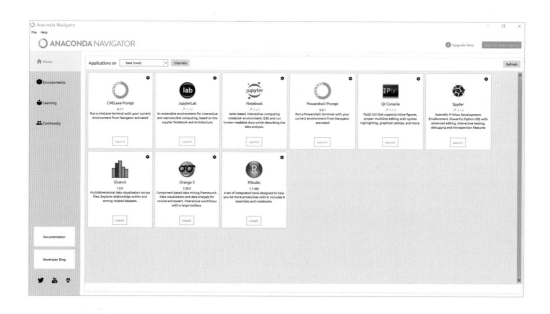

■ 아나콘다 관리

아나콘다를 설치한 후에도 관리가 필요하다. 아나콘다의 현재 버전을 확인하려면 아나콘다 프롬프트에서 다음 명령을 사용한다.

```
(base) C:\Users\youji>conda info
```

최신 버전의 아나콘다를 업데이트하려면 다음 명령을 실행한다.

```
(base) C:\Users\youji>conda update conda
```

1.2.2 파이썬 패키지 설치, 업데이트, 삭제

■ 패키지 설치

이 책에서 필요한 패키지는 이후 실습 과정에서 설치하겠지만 이와 별개로 개인적인 필요에 의해 추가로 파이썬 패키지를 설치해야 한다면 다음 명령어를 활용하면 된다. 먼저 아나콘다 배포판에 포함되어 있지 않은 패키지를 설치할 경우 아나콘다 프롬프트에서 conda 명령어로 할 수 있다.

```
(base) C:\Users\youji>conda install package_name
```

위 코드가 잘 실행되지 않는다면 pip 패키지 관리 도구를 활용하여 설치한다.

```
(base) C:\Users\youji>pip install package_name
```

복수의 패키지를 설치한다면 패키지명을 공백으로 구분하여 입력한다.

```
(base) C:\Users\youji>pip install package_name1 package_name2 package_name3
```

어떤 경우에는 코드가 특정 버전의 패키지에서만 실행되는데 그럴 때는 다음과 같이 버전을 지정해서 설치할 수 있다. pip 대신 conda 명령어로 설치해도 된다.

```
(base) C:\Users\youji>pip install pandas==1.1.1
```

■ 패키지 업데이트

대부분의 유명한 패키지는 업데이트가 자주 이루어지는 편이다. 업데이트를 하지 않으면 갑자기 패키지 내 함수가 실행되지 않는 경우가 있으니 자주 사용하거나 중요한 패키지는 주기적으로 업데이트하는 것이 좋다.

```
(base) C:\Users\youji>conda update package_name
또는
(base) C:\Users\youji>conda ugrade package_name
```

pip를 사용해서 업데이트할 때는 다음과 같이 한다.

```
(base) C:\Users\youji>pip install --upgrade package_name
```

■ 패키지 삭제

이 명령은 많이 사용하진 않지만 불필요한 패키지가 있다면 다음과 같이 삭제하자.

```
(base) C:\Users\youji>conda remove package_name
또는
(base) C:\Users\youji>conda uninstall package_name
```

pip를 사용해서 삭제할 때는 다음과 같이 한다.

```
(base) C:\Users\youji>pip uninstall package_name
```

■ 설치되어 있는 패키지 목록 확인

현재 설치되어 있는 모든 패키지 목록을 확인하는 경우에는 다음과 같이 한다.

```
(base) C:\Users\youji>conda list
```

pip를 사용해서 확인할 때는 다음과 같이 한다.

```
(base) C:\Users\youji>pip list
```

> **NOTE** 패키지 설치를 위해 conda와 pip 모두 사용할 수 있지만 conda 패키지를 pip로 업데이트하면 환경 설정에 문제가 생길 가능성이 있다. 본인이 어떤 것을 활용해서 설치했는지 잘 기억하지 못할 수도 있기 때문에 아나콘다를 사용하는 사람은 conda를 활용한 업데이트부터 시도할 것을 권장한다.

■ 주피터 노트북에서 패키지 관리

주피터 노트북에서도 명령어 앞에 ! 기호를 붙여 실행하면 앞서 소개한 모든 패키지 관련 명령을 동일하게 실행할 수 있다. 예를 들어 주피터 노트북에서 패키지를 설치하고 업그레이드할 때는 주피터 노트북 셀에서 다음 명령을 실행하면 된다.

```
!pip install package_name
!pip install --upgrade package_name
```

주피터 노트북을 사용하다가 아나콘다 프롬프트를 띄워서 패키지를 설치하거나 업데이트하기가 번거롭다고 생각되면 이러한 방식으로 패키지 관련 작업을 할 수 있다.

1.2.3 주피터 노트북 실행

아나콘다 설치가 완료되었다면 '시작' 메뉴에서 '주피터 노트북 아이콘'을 클릭하여 주피터 노트북을
실행할 수 있다.

다음은 주피터 노트북 화면이다.

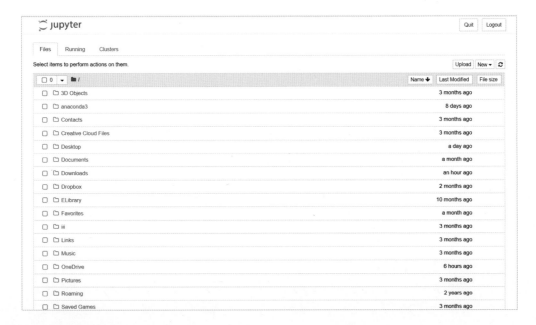

주피터 노트북 오른쪽 상단에 위치한 [New] 버튼을 클릭하여 나오는 메뉴 중 'Python 3'을 클릭하면 새로운 노트북이 생성된다.

주피터 프로젝트의 주요 구성 요소인 노트북은 코드와 텍스트, 그래프를 포함한 다양한 아웃풋을 대화형으로 구성할 수 있게 하는 애플리케이션이다. 특히 대화형 방식이기 때문에 코드 실행 결과가 바로 출력되어 초보자에게 더 적합하다. 보통 주피터 노트북은 로컬 개발 환경에서 사용되지만 서버에 설치하여 원격으로 접속하여 사용하는 것도 가능하다. 하지만 이 책에서는 로컬 환경에서 실행하는 것으로 진행한다.

1.2.4 주피터 노트북의 주요 기능

주피터 노트북과 관련하여 알아두면 도움이 되는 몇 가지 주요 기능을 알아보자.

■ 탭 자동 완성

탭 자동 완성 기능은 대부분의 대화형 데이터 분석 환경에서 사용할 수 있다. 주피터 노트북 셀에 코드 앞부분을 입력한 다음 탭을 누르면 네임스페이스에서 그 시점까지의 내용과 맥락에 맞는 객체나 함수를 포함한 변수나 키워드를 자동으로 추천한다. 다음 그림은 func_1과 func_2 변수가 존재하는 경우 fun까지 입력하고 탭을 누른 경우의 자동 완성 기능의 예다.

■ ? 기호: 자기 관찰

코드가 길어지고 변수가 많아지면 자신이 만들어놓은 변수나 함수조차 기억하지 못할 때도 있다. 이때 유용한 기능이 자기 관찰(인트로스펙션)이다. 궁금한 변수나 함수의 키워드 앞이나 뒤에 '?' 기호를 붙이면 해당 오브젝트에 대한 일반적인 정보를 제공한다. 변수가 데이터라면 데이터의 정보를 보여주고, 함수라면 정의된 문서를 보여준다. '??'처럼 기호를 2개 사용하면 함수의 소스 코드까지 보여준다.

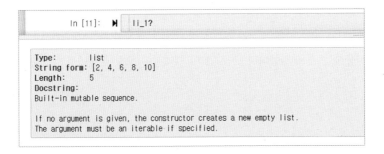

또 다른 유용한 활용 예를 보자. 만약 numpy 라이브러리를 np로 호출하여 최상단 네임스페이스 안에서 'load'를 포함하는 모든 함수 목록을 보고 싶다면 다음과 같이 한다.

```
np.__loader__
np.load
np.loads
np.loadtxt
```

■ 맷플롯립 통합 설정

이 기능을 실행하지 않으면 Rich Out(그래프, 이미지, 사운드, 애니메이션 등을 의미)을 출력하는 경우 주피터 노트북 화면에 나타나지 않거나 셀의 경우에는 세션의 제어권을 뺏기게 된다. 코드를 실행한 브라우저에서 바로 그래프를 출력하는 기능을 하니 항상 잊지 말고 설정해주자. 실제적인 활용은 7장 데이터 시각화에서 할 것이다.

```
%matplotlib inline
```

■ 주피터 노트북 대용: 구글 코랩

주피터 노트북을 설치하지 못하는 상황일 때 대체 가능한 대안인 구글 코랩$^{Google\ Colab}$을 소개한다. 구글 코랩은 기본적으로 주피터 노트북과 사용법이 거의 같은데 가장 편리한 점으로는 많은 라이브러리를 따로 설치하지 않아도 된다는 것이다. 또한 고성능의 GPU를 사용할 수 있어 코드 실행이 매우 빠르다. 단점으로는 데이터 파일을 마운트하는 과정이 조금 불편하다는 것이다. 구글 계정을 갖고 있는 누구나 무료로 사용할 수 있으니 아나콘다를 설치하지 못하는 상황이라면 구글 코랩을 활용하자. 상세한 사용법은 구글 검색을 활용하기 바란다.

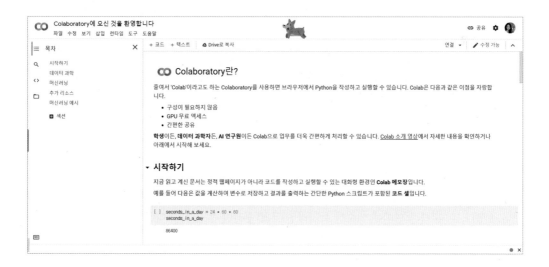

1.3 파이썬 핵심 정리

어떤 독자는 파이썬을 한 번도 배우지 않았을 수도 있고, 이미 기본 지식이 있을 수도 있다. 이 책은 파이썬 데이터 분석에 관한 내용이고, 지면 관계상 파이썬 언어의 전반적인 부분을 포함시키는 것은 불가능하다. 여기서는 데이터 분석을 하는 데 필수적으로 알고 있어야 할 파이썬의 데이터 타입과 문법 등 기본 지식만 핵심적으로 정리한다. 이 절에서 소개하는 내용이 잘 이해되지 않는다면 파이썬 기본 문법을 익힌 후 다시 진행하면 책을 읽는 데 도움이 될 것이다.

1.3.1 변수와 객체

파이썬 내에서 데이터를 저장하고, 참조하고, 조작하는 주요 개념인 변수와 객체의 의미를 간단하게 살펴보자.

■ 변수의 의미

파이썬에서 값을 할당하려면 간단하게 등호(=) 기호 왼쪽에 변수명을 적으면 된다. 파이썬은 대소 문자를 구분하니 변수명을 작성할 때 주의해야 한다. x라는 변수에 10이라는 값을 저장해보자.

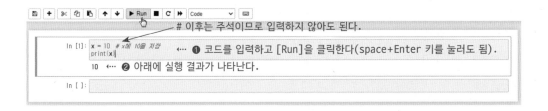

『A Whirlwind Tour of Python』(OReilly Media, 2016)의 저자 제이크 반더플라스[Jake VanderPlas]는 변수를 값을 담고 있는 상자의 개념보다는 값을 가리키고 있는 포인터라고 이해하는 것이 바람직하다고 했다. 이미 다른 언어에 익숙한 독자라면 무척 헷갈릴 수 있지만 다른 언어처럼 한 변수가 동일한 타입의 값만 가리킬 필요가 없고, 다른 타입의 객체를 가리키는 것도 가능하다. 이러한 특징 때문에 동적 타입 언어라는 말이 나온 것이다.

여기서 '포인터로서의 변수'라는 의미를 잘 이해해야 하는데 하나의 값을 두 개의 변수가 가리키고 있을 때 한 변수의 값을 바꾸면 다른 변수의 값도 바뀌게 된다. 다음 코드 예제로 확인해보자.

```
x = [1, 2, 3]
y = x
print(y)
```

```
[1, 2, 3]
```

x에 4를 추가해보자. 값을 추가할 때는 append() 함수를 사용한다.

```
x.append(4)   # x가 가리키는 리스트에 4를 추가
print(y)
```

```
[1, 2, 3, 4]
```

x에 4를 추가하기 전의 y의 값은 [1, 2, 3]이었지만 x에 4를 추가하니 y값도 [1, 2, 3, 4]로 변경되었다. 앞서 언급했다시피 변수를 버킷이 아닌 객체를 가리키는 포인터의 개념으로 이해하면 이러한 결과를 조금은 수월하게 받아들일 수 있을 것이다.

■ 객체 중심의 파이썬

앞에서 변수를 포인터라고 표현했다. 그런데 변수를 선언할 때 단순히 값만 선언하기 때문에 파이썬이 데이터 타입을 갖고 있지 않다고 생각할 수도 있을 것이다. 당연히 파이썬도 데이터 타입을 가지고 있고 타입은 변수의 이름이 아닌 객체 자체에 연결되어 있다. 파이썬 같은 객체 지향 언어에서 모든 객체는 속성의 의미인 메타데이터와 이와 연관된 기능을 가진 함수를 갖는다.

만약 x에 7.5라는 값을 선언하면 x에 숫잣값이 저장되고, 값에 해당하는 데이터 타입을 갖는다. 다른 언어를 사용했던 사람이라면 이 단순한 데이터 타입조차 속성과 메서드를 갖고 있다는 것을 예상하지 못하는 경우가 많다고 한다. 다음 예제를 살펴보자.

```
x = 7.5
print(x.real, "+", x.imag, 'i')
```

```
7.5 + 0.0 i
```

방금 사용한 real과 imag는 숫자형 데이터 타입이 갖고 있는 속성이기 때문에 그렇게 출력된 것이다. 함수는 괄호를 사용하여 호출한다는 것만 빼면 속성과 같다. 이번에는 is_integer() 함수를 이용해서 x의 값이 정수인지 여부를 확인해보자.

```
x = 7.5
x.is_integer()
```

```
False
```

```
x = 7.0
x.is_integer()
```

```
True
```

is_integer() 함수로 x가 7.0일 때만 True 값을 반환하는 것을 확인했다. 방금 사용한 함수 자체도 객체가 될 수 있다. 이번에는 이 함수의 타입을 확인해보자.

```
type(x.is_integer)
```

```
builtin_function_or_method
```

type() 함수를 활용하여 타입을 확인한 결과 is_integer() 함수는 파이썬의 빌트인 함수나 메서드라고 출력된 것을 확인할 수 있다. 이렇게 모든 것을 객체화하는 설계 덕분에 파이썬의 모든 것은 객체라는 말이 나온 것이고, 우리는 매우 편리하게 파이썬을 다양한 용도로 활용할 수 있는 것이다.

앞서 살펴본 것처럼 파이썬의 변수와 객체에는 특정한 데이터 타입이 있다. 파이썬 데이터 타입은 다시 단일 데이터 타입과 복합 데이터 타입으로 나눌 수 있는데 이를 학습해보자.

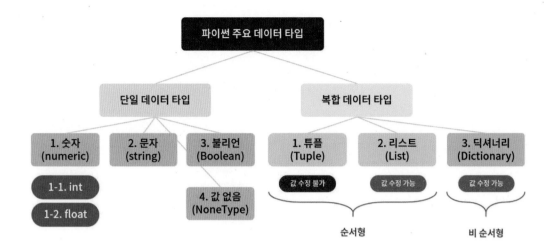

1.3.2 파이썬 단일 데이터 타입

파이썬에서 제공하는 대표적인 내장 데이터 타입으로는 숫자형, 문자형, 불리언, None 등이 있다. 이러한 단일 값을 저장하는 타입을 스칼라 타입이라고도 부르며 가장 기본이 되는 데이터 타입이다. 이 외에도 몇 가지가 더 있지만 초보자를 대상으로 한 이 책에서는 다루지 않는다.

그럼 본격적으로 파이썬 단일 데이터 타입에 대해 알아보자. 다음은 파이썬 표준 단일 데이터 타입 목록이다.

데이터 타입	예	설명
숫자형 정수(numeric integer)	x=1	정수
숫자형 실수(numeric float)	x=1.4	실수(부동소수점수)
문자형(string)	x='abcde'	문자
불리언(boolean)	x=True	논리 자료형이라고도 하며 True(참)와 False(거짓)를 나타내는 데이터 타입
논타입(NoneType)	x=None	null(값이 없음)을 의미하는 특별한 개체

■ 숫자형(numeric)

숫자 데이터 타입으로는 정수(int)와 실수(float)가 있다.

int

가장 기본적인 숫자 데이터 타입으로 소수점이 없는 모든 숫자는 정수로 나타낸다. 특히 파이썬 3의 편리한 특징으로 여겨지는 것이 있는데 기본적으로 정수를 나눗셈하면 실수로 변환된다는 점을 알아 두자.

```
x=10
type(x)
```

```
int
```

float

실수(부동소수점수)를 표현하며 내부적으로 배정밀도(64비트)를 가진다. 분수를 저장할 수 있고, 기본 10진법 표기나 지수 표기를 사용할 수 있다.

```
x=0.000005
y=5e-6
print(x == y)
```

```
True
```

```
x = 1400000.00
y = 1.4e6
print(x == y)
```

```
True
```

■ 문자형(string)

파이썬은 특히 유연한 문자열 처리 때문에 많은 사람에게 사랑받고 있다. 문자열은 작은따옴표(')나 큰따옴표(")를 둘러싸서 표현한다. A와 B라는 변수에 문자열을 생성해보자.

```
A = '문자열을 만들어 봐요!'
B = "문자열은 이렇게 만들 수도 있어요~"
print(A, B)
```

> 문자열을 만들어 봐요! 문자열은 이렇게 만들 수도 있어요~

파이썬에는 아주 유용한 문자열 관련 함수가 많으며 5장에서 상세히 학습하겠다. 여기에서는 문자열의 특징만 간단히 알아보자.

- 파이썬의 문자열은 변경이 불가능하다.
- 많은 파이썬 객체는 str( ) 함수를 사용해서 문자열로 변환할 수 있다.
- 역슬래시는(\)는 이스케이프 문자로 개행 문자(\n)나 유니코드 문자 같은 특수 목적의 문자를 나타내기 위해 사용한다. 역슬래시 문자를 나타내려면 역슬래시 자체를 이스케이프(\\)해야 한다.

■ 불리언(boolean)

파이썬에서 불리언은 True(참) 또는 False(거짓)을 나타낸다. 데이터 비교나 조건 연산자를 통해 True와 False로 반환되는 값이고, and와 or을 사용하여 조합할 수 있다.

```
case1 = (5 < 10)
case1
type(case1)
```

```
bool
```

한 가지 주의할 점은 파이썬이 대소문자를 구별하기 때문에 불리언 값인 True와 False의 첫 글자도 반드시 대문자여야 한다.

```
print(True, False)
```

```
True False
```

■ 타입 변환(형 변환)

앞서 학습한 int, float, str, bool 데이터 타입은 데이터 타입 변환을 위한 함수로도 사용할 수 있다.

정수는 float( ) 함수를 사용해서 실수로 강제 변환이 가능하다.

```
float(10)
```

```
10.0
```

문자열로 인식된 데이터도 float() 함수를 사용해서 실수로 변환할 수 있다.

```
s = '5.6328'
type(s)
```

```
str
```

```
f_value = float(s)
type(f_value)
```

```
float
```

이 상태에서 int() 함수를 사용하여 정수로 변환해보자.

```
int(f_value)
```

```
5
```

■ 논타입(NoneType)

파이썬에서 특별하게 사용되는 null 값을 의미하는 데이터 타입인 NoneType은 여러 상황에 사용되기는 하지만 주로 함수의 기본 반환값에 사용된다. 예를 들어 print() 함수는 아무것도 반환하지 않지만 값을 받도록 할 수 있다.

```
f_value = print('apple')
print(f_value)
```

```
apple
None
```

파이썬에서 반환값이 없는 함수는 실제로 None을 반환한다. 기술적인 측면에서 None은 명령어가 아니고 NoneType의 유일한 인스턴스라는 것을 기억하자.

1.3.3 파이썬 복합 데이터 타입

파이썬에는 앞서 살펴본 단일 데이터 타입을 포함할 수 있는 복합 데이터 타입이 존재한다. 주요 복합 데이터 타입으로 리스트^list, 튜플^tuple, 딕셔너리^dict, 집합^set이 있는데 이들 타입의 특징과 기본 사용법을 알아보자. 다음 표에서 알 수 있듯이 값을 어떤 기호로 묶느냐에 따라 데이터 타입이 결정된다.

데이터 타입	예	설명
리스트	[1, 2, 3]	순서가 있고 변경 가능함
튜플	(1, 2, 3)	순서가 있고 변경 불가능함
딕셔너리	{'a': 1, 'b': 2, 'c': 3}	순서가 없고 키와 값의 쌍을 이루는 모음
집합	{1, 2, 3}	순서가 없고 고유한 값들의 모음

■ 리스트

리스트는 데이터 분석 시 가장 많이 다루는 데이터 타입이다. 리스트는 값의 순서가 있고, 변경이 가능하다. 대괄호 [ ]나 list( ) 함수를 사용해서 생성할 수 있다. 대괄호를 사용해서 리스트를 생성하는 방법과 list( ) 함수를 활용해서 튜플을 리스트로 변경하는 방법을 알아보자.

```
list_a = [1, 3, 5, None]
print(list_a)
```

```
[1, 3, 5, None]
```

```
tup = ('apple', 'orange', 'banana')
print(tup)
list_b = list(tup)
print(list_b)
```

```
('apple', 'orange', 'banana')
['apple', 'orange', 'banana']
```

리스트 길이를 확인할 때는 len() 함수를 활용한다. 뒤에서 살펴보겠지만 다른 데이터 타입에도 같은 방식을 적용할 수 있다.

```
len(list_b)
```

```
3
```

지금까지는 한 가지 데이터 타입으로 이루어진 경우만 확인했는데, 복합 데이터 타입은 어떤 타입의 객체도 포함할 수 있는 강력한 특징을 갖고 있다. 다음은 숫잣값과 문잣값을 동시에 포함한 경우다.

```
list_c = [1, 'apple', 5.76, 3, 7, [2, 4, 6, 8]]
print(list_c)
```

```
[1, 'apple', 5.76, 3, 7, [2, 4, 6, 8]]
```

파이썬의 동적 타입 시스템 때문에 이러한 유연함이 가능하다. 대표적인 정적 타입인 C 언어의 경우 이러한 복합 데이터 타입을 만들려면 굉장히 복잡하다.

인덱싱과 슬라이싱

여기에서는 리스트 컬렉션(리스트 값 모음)의 개별 아이템에 접근하는 방법을 알아볼 것인데 이러한 방식을 인덱싱 또는 슬라이싱이라고 한다. 하나의 아이템에 접근하려면 인덱싱을 사용하고, 여러 개의 아이템에 접근하려면 슬라이싱을 사용한다.

먼저 list_d라는 리스트를 만들고 인덱싱을 해보자. 대괄호 [ ] 안의 숫자는 리스트 컬렉션의 순번을 의미하는데 파이썬은 1이 아닌 0부터 시작한다는 점을 주의해야 한다. 다음 예제에서 list_d[0]은 리스트 내 첫 번째, list_d[2]는 세 번째에 위치한 아이템을 의미한다.

```
list_d = [1, 3, 5, 7, 9, 2, 4, 6, 8, 10]
print(list_d[0])
print(list_d[2])
```

```
1
5
```

맨 뒤에서부터 위치를 나타내려면 음수를 사용하면 된다.

```
print(list_d[-1])
print(list_d[-3])
```

```
10
6
```

이번에는 선택하고자 하는 수치의 범위를 지정하여 슬라이싱을 해보자. 인덱싱 연산자 [ ] 안에 start:stop에 해당하는 수치를 입력하여 슬라이싱할 수 있다. 인덱싱할 때와 마찬가지로 맨 뒤에서부터 지정하려면 음수를 사용한다.

```
print(list_d[2:6])
print(list_d[-6:-2])
```

```
[5, 7, 9, 2]
[9, 2, 4, 6]
```

파이썬 리스트의 인덱싱과 슬라이싱 방법은 추후 학습할 판다스나 넘파이 라이브러리에도 동일한 방법으로 적용 가능하다. 처음에는 매우 헷갈릴 수 있지만 계속 반복하다 보면 자연스럽게 이해하게 되고 응용이 가능해질 것이다.

인덱싱과 슬라이싱에 관해서는 추후 판다스 라이브러리를 활용한 데이터 분석 과정에서 더 자세히 학습하겠다.

리스트는 복합 데이터 타입 중 가장 기본적이고 중요한 데이터 타입이기 때문에 다른 타입보다 더 꼼꼼하게 이해하면서 살펴보기 바란다. 방금 살펴본 리스트 타입에 활용 가능한 내장 함수가 있다. 더 상세하게 알고 싶다면 파이썬 공식 도큐먼트 사이트를 활용하면 된다.

리스트 타입에 적용 가능한 함수 목록은 다음 주소에서 확인할 수 있다.

https://docs.python.org/ko/3.8/library/stdtypes.html#list

■ 튜플

파이썬의 튜플은 리스트와 여러 가지 면에서 비슷하지만 리스트가 변경 가능한 데이터 타입인 반면 튜플은 1차원의 고정된 크기를 가지는 변경 불가능한 순차 자료형 데이터 타입이다. 튜플 타입을 생성하는 가장 쉬운 방법은 괄호를 사용하여 쉼표로 구분된 값을 대입하는 것이다. 괄호 없이도 정의가 가능하다는 특징이 있는데 다음 코드로 확인해보자.

```
t = (1, 2, 3)
print(t)
t = 1, 2, 3
print(t)
```

```
(1, 2, 3)
(1, 2, 3)
```

t로 정의된 튜플을 출력해보면 2가지 방식 모두 튜플 타입으로 잘 생성된 것을 확인할 수 있다.

값을 추가하는 방식이나 인덱싱은 리스트와 같은 방식으로 가능하니 설명은 생략하고 리스트에서 언급하지 않은 튜플의 특징 위주로 살펴보자. 다음과 같은 방법으로 두 변수의 값을 쉽게 바꿀 수 있다.

```
a, b = 3, 5
print(a)
print(b)
```

```
3
5
```

```
b, a = a, b
print(a)
print(b)
```

```
5
3
```

앞서 언급했다시피 튜플은 크기와 내용의 변경이 불가능하기 때문에 인스턴스 함수가 많지 않다. 가장 유용하게 사용되는 함수 중 하나를 소개하면 주어진 값과 같은 값이 몇 개 있는지 반환하는 count() 다. 물론 이 함수는 리스트에도 적용할 수 있다. 다음은 튜플 컬렉션에 숫자 1이 몇 개 들어 있는지 확인하는 코드다.

```
tup = (1, 4, 3, 3, 2, 2, 5, 1, 1)
tup.count(1)
```

```
3
```

튜플에 적용 가능한 함수 목록은 다음 주소에서 확인할 수 있다.

```
https://docs.python.org/ko/3.8/library/stdtypes.html#tuple
```

■ 딕셔너리

리스트와 튜플에 이어서 파이썬 내부 구현의 기본을 구성하는 데 가장 중요한 데이터 타입인 딕셔너리에 대해 알아보도록 하자. 유연한 크기의 키와 값이 쌍을 이루는 매핑으로 구성되며 중괄호 {}를 사용하여 생성할 수 있고 키와 값은 콜론으로 구분된다.

```
nums = {'one' : 1, 'two' : 2, 'three' : 3}
print(nums)
```

```
{'one': 1, 'two': 2, 'three': 3}
```

딕셔너리의 키와 값을 확인하려면 다음과 같이 한다.

```
keys = nums.keys()
values = nums.values()
print(keys, values)
```

```
dict_keys(['one', 'two', 'three']) dict_values([1, 2, 3])
```

앞서 살펴본 리스트와 튜플의 인덱싱 방식처럼 특정 딕셔너리 값에 접근하거나 값의 저장이 가능하다. 다만 딕셔너리는 인덱스가 0부터 시작하는 숫자가 아니고 딕셔너리에 있는 키가 인덱스다. 딕셔너리는 리스트나 튜플과 다르게 순차 자료형이 아니다. 방금 만든 nums 딕셔너리의 'two'라는 키 값을 통해 값을 얻어내려면 다음과 같이 하면 된다.

```
nums['two']
```

```
2
```

새로운 아이템을 추가하는 것도 마찬가지다.

```
nums['four'] = 'some value'
print(nums)
```

```
{'one': 1, 'two': 2, 'three': 3, 'four': 'some value'}
```

딕셔너리는 리스트와 튜플처럼 순서가 있는 타입이 아니다. 순서가 없기 때문에 매우 효율적으로 설계되어 있고 딕셔너리 사이즈에 관계없이 임의의 아이템에 접근하는 속도가 매우 빠른 장점을 갖고 있다.

딕셔너리에 적용 가능한 함수 목록은 다음 주소에서 확인할 수 있다.

```
https://docs.python.org/ko/3.8/library/stdtypes.html#dict
```

■ 집합

마지막 복합 데이터 타입은 딕셔너리와 마찬가지로 순서 없이 유일한 아이템만 담는 집합이다. 딕셔너리와 유사하지만 값은 없고 키만 가지고 있으며 set() 함수나 중괄호 {}를 사용해서 생성한다.

```
set([1, 1, 1, 2, 3, 3,])
```

```
{1, 2, 3}
```

```
{1, 1, 1, 2, 3, 3}
```

```
{1, 2, 3}
```

수학의 집합처럼 합집합, 교집합, 차집합, 대칭차집합 같은 산술 연산이 가능하다. 다음과 같은 2개의 집합이 있다고 가정하자

```
a = {1, 2, 3, 4, 5}
b = {3, 4, 5, 6, 7, 8,}
```

다음은 두 집합의 합집합을 구하는 코드다.

```
a | b    # a.union(b)로 해도 됨
```

```
{1, 2, 3, 4, 5, 6, 7, 8}
```

이번에는 두 집합에 공통으로 존재하는 아이템들의 집합인 교집합을 구해보자.

```
a & b    # a.intersection(b)로 해도 됨
```

```
{3, 4, 5}
```

집합은 주로 수학 연산 및 계산 목적에 사용되기 때문에 다른 데이터 타입에 비해 사용 빈도가 높진 않다. 그러나 주요 복합 데이터 타입의 한 가지로 알아둘 필요는 있으며 더 상세한 관련 함수는 파이썬 온라인 공식 사이트를 참조하자.

집합에 적용 가능한 함수 목록은 다음 주소에서 확인할 수 있다.

```
https://docs.python.org/ko/3.8/library/stdtypes.html#set
```

1.3.4 파이썬 흐름 제어문

다른 프로그래밍 언어와 마찬가지로 파이썬에도 조건문과 반복문 그리고 표준 흐름 제어를 위한 제어문이 있다. 파이썬을 이용한 데이터 분석 시 가장 사용 빈도가 높은 흐름 제어문과 함수를 알아보자. 조건문인 if..elif..else, 반복문인 for와 while, 반복문을 좀 더 세밀하게 조정해주는 break, continue, pass 그리고 연속된 정수를 생성하는 range() 함수에 대해 알아볼 것이다.

■ 조건문 : if..elif..else 문

가장 많이 알려진 제어문이며 불리언 조건에 따라 코드 블록을 실행한다. 콜론(:)과 공백 문자로 코드 블록을 정의한다. 다음은 숫자가 음수인지 양수인지 4가지 경우로 판단하는 if..elif..else 문 예제다.

```
x = 3

if x < 0 :
    print('음수군요.')
elif x == 0 :
    print('0과 같군요.')
elif 0 < x < 5 :
    print('양수지만 5보다는 작군요.')
else :
    print('양수네요.')
```

```
양수지만 5보다는 작군요.
```

x = 3이므로 elif 0 < x < 5 :에 해당하는 메시지가 출력된 것을 확인할 수 있다. 처음과 끝부분의 조건은 각각 if와 else를 사용하고 그 사이의 조건은 elif를 활용하는데, elif의 개수는 자유롭게 정할 수 있다. elif는 else if를 의미한다.

■ 반복문 : for 문과 range() 함수

for 문은 파이썬 내장 복합 데이터 타입인 리스트나 튜플 내의 아이템들을 처음부터 마지막까지 순차적으로 출력할 때 사용한다. 일부 코드를 반복적으로 실행할 수 있다. 매우 많이 사용하는 제어문이므로 반드시 알아두어야 한다. 먼저 기본적인 for 문의 예제 코드를 살펴보자. 출력 함수인 print()에 매개변수 end를 넣어주는 이유는 결괏값을 출력할 때 다음 줄로 넘기지 않고 한 줄에 연속해서 출력하기 위해서다. 물론 사용하지 않아도 무방하다.

```
for n in [1, 3, 5, 7, 9] :
    print(n, end=' ')
```

```
1 3 5 7 9
```

리스트 컬렉션에 있던 5개의 숫자가 차례대로 출력되었다.

for 문은 숫자 리스트를 자동으로 생성해주는 range() 함수와 함께 사용하는 경우가 많다. range() 함수의 특성을 잠깐 살펴보자. 연속된 정수를 넘겨주며 시작 값, 마지막 값, 단계 값을 지정할 수 있다. 주의할 점은 마지막 값 바로 이전 정수까지 반환한다는 것이다.

```
list(range(10))
```

```
[0, 1, 2, 3, 4, 5, 6, 7, 8, 9]
```

```
list(range(0, 20, 2))
```

```
[0, 2, 4, 6, 8, 10, 12, 14, 16, 18]
```

```
list(range(5, 0, -1))
```

```
[5, 4, 3, 2, 1]
```

위 결과에서 알 수 있듯이 단계 값을 음수로 지정하면 시작 값과 마지막 값에 의해 생성되는 리스트가 역순으로 출력된다.

for 문과 range() 함수를 함께 활용하는 예제를 살펴보자. 만약 1부터 20까지의 숫자 중 2씩 건너뛴 값들을 모두 더한다고 하면 다음과 같이 작성할 수 있다. num이라는 변수의 시작 값을 0으로 정의하고, for 문과 함께 사용하는 range() 함수의 매개변수에 시작 값을 1, 마지막 값을 20보다 1이 큰 21, 건너뛰고 싶은 크기는 2를 입력하면 된다.

```
num = 0

for i in range(1, 21, 2):
    num = num + i
print(num)
```

```
100
```

■ 응용: for 문과 if..elif..else 문

데이터 분석 과정에서는 방금 학습한 for 문과 바로 전에 학습한 if..elif..else 문을 함께 활용하는 빈
도가 높다. 앞서 살펴본 if..elif..else 문으로 음수인지 양수인지 알려주는 메시지를 출력하는 코드를
for 문과 결합해서 사용하는 예제를 작성해보자. 먼저 nums라는 변수를 판단하고자 하는 숫자 리스
트로 정의해준다. 그리고 for 문에 의해 nums에 담긴 리스트의 개별 값들이 if..elif..else 문을 순차
적으로 돌며 각 숫자마다 조건에 해당하는 메시지를 차례대로 출력한다.

```
nums = [-8, 32, 7, -1, 15, 51]

i = 0
for num in nums:
    i = i + 1
    if num < 0 :
        print('%d번째 숫자는 음수네요.' %i)
    elif 0 < num < 20 :
        print('%d번째 숫자는 양수지만 20보다는 작군요.' %i)
    elif 21 < num < 40 :
        print('%d번째 숫자는 양수지만 40보다는 작군요.' %i)
    else :
        print('%d번째 숫자는 양수고 50보다 크군요.' %i)
```

```
1번째 숫자는 음수네요.
2번째 숫자는 양수지만 40보다는 작군요.
3번째 숫자는 양수지만 20보다는 작군요.
4번째 숫자는 음수네요.
5번째 숫자는 양수지만 20보다는 작군요.
6번째 숫자는 양수고 50보다 크군요.
```

for 문과 range( ) 함수를 활용한 응용은 데이터 분석 과정에 다양하게 활용된다. 위 예제는 개별 숫
자에 대해 조건별로 다른 메시지를 출력하는 것이지만 조건별로 데이터의 수치를 다르게 조정해야 할
때나 기존 변수를 활용하여 새로운 변수를 생성하거나 삭제해야 할 때 등 다양한 상황에서 응용이 가
능하다는 점을 알아두자.

이 외에도 continue와 break의 조합은 반복문의 흐름을 세밀하게 조절할 때 사용한다. 특정 조건일
경우 다음 코드로 넘어가게 하거나 반복문 자체를 빠져나가게 한다.

그리고 for 문처럼 반복문에 해당하지만 일정 조건을 만족할 때까지 계속 블록 내의 코드를 반복하는
while 문도 있는데 명시된 조건식이 False가 되거나 break를 사용해서 명시적으로 반복을 끝낼 때

까지 계속 실행된다. for 문과 마찬가지로 while 문과 continue를 조합해서 특정 조건에 해당하는 경우에만 다음으로 넘길 수도 있는데 이 부분은 독자 스스로 학습해보길 바란다.

1.3.5 반복적인 작업에 적용할 수 있는 테크닉

데이터 분석 과정에서 가장 자주 사용되는 작업은 비슷한 데이터 처리나 계산을 반복하는 작업이다. 예를 들어 특정 문자를 소문자에서 대문자로 변경해야 하는 경우나 데이터에 동일하게 포함된 특정 숫자나 문자를 삭제해야 하는 경우 등을 들 수 있다. 파이썬에는 이러한 반복적인 작업을 효율적으로 해결하거나 좀 더 간결하게 하는 함수들이 있다.

■ 리스트 내포

1.3.3절 파이썬 복합 데이터 타입 부분에서 리스트 타입을 생성하는 방법을 학습했다. 여기서는 파이썬에서 가장 많이 사용하는 리스트 생성 방법을 살펴보겠다. 예를 들어 range() 함수를 활용하여 10까지의 정수의 2배수를 리스트로 만드는 루프가 있다고 해보자.

```
result = []
for i in range(10) :
    result.append(i * 2)
result
```

```
[0, 2, 4, 6, 8, 10, 12, 14, 16, 18]
```

방금 만든 반복문을 활용해서 생성한 리스트는 다음과 같이 대괄호 [ ]로 감싼 1줄 코드로도 동일하게 생성할 수 있다. 임시로 정의한 i에 1회성 조건을 정의하고 for 문과 range() 함수를 활용해서 1줄로 간단하게 만든 것이다.

```
[i * 2 for i in range(10)]
```

```
[0, 2, 4, 6, 8, 10, 12, 14, 16, 18]
```

이러한 방식을 리스트 컴프리헨션 또는 리스트 내포라고 하는데 파이썬에서 가장 사랑받는 기능 중 하나다. 리스트를 생성하는 기존 방법보다 훨씬 간결하게 생성할 수 있기 때문이다.

리스트 내포 기본 반복문의 끝에 조건을 추가하면 반복을 제어할 수도 있다. 길이가 3 이상인 문자열만 추출하여 대문자로 바꾼다고 가정하고 반복문을 작성해보자. 역시 임시로 정의한 x에 소문자를 대문자로 변경해주는 upper() 함수를 활용하고 for 문과 if 문을 중첩하여 1줄 코드로 만들어서 해결할 수 있다.

```python
text = ['am', 'banana', 'car', 'dark', 'drink', 'effect']
[x.upper() for x in text if len(x) > 3]
```

```
['BANANA', 'DARK', 'DRINK', 'EFFECT']
```

이 간결한 식과 익숙해지면 일반적인 반복문보다 가독성은 물론이고 코드 작성이 한결 쉬워질 것이다.

이와 같은 방식으로 집합과 사전 데이터 타입도 생성 가능하다.

대괄호 대신 중괄호 {}를 사용하면 집합이 만들어진다. 방금 만든 text의 문자열 길이를 담고 있는 집합을 만들어보자.

```python
text_length = {len(x) for x in text}
text_length
```

```
{2, 3, 4, 5, 6}
```

잠시 후에 살펴볼 map() 함수를 활용해서 만들 수도 있다.

```python
set(map(len, text))
```

```
{2, 3, 4, 5, 6}
```

2개 이상의 for 문을 중첩하여 리스트를 생성할 수도 있다. 중첩된 리스트 표기법은 처음에 머릿속으로 그려내기가 조금 복잡하다. for 문은 중첩의 순서에 따라 나열되고 필터링하려는 조건을 추가하려면 기본 반복문의 경우와 마찬가지로 가장 끝에 위치시킨다.

숫자 튜플이 담긴 리스트를 단순한 리스트 타입으로 변환하는 경우의 예제를 살펴보자.

```
tuples = [(1, 2, 3), (4, 5, 6), (7, 8, 9)]

simple_list = [x for tup in tuples for x in tup]
print(simple_list)
```

```
[1, 2, 3, 4, 5, 6, 7, 8, 9]
```

■ 순차형 데이터 타입에 활용 가능한 유용한 반복자 함수

순차형 데이터 타입인 리스트와 튜플에 매우 유용하게 사용할 수 있는 몇 가지 반복자 함수가 있다.

enumerate( )

상황에 따라서는 배열의 값뿐만 아니라 인덱스를 반복해야 하는 경우도 있다. 다음과 같이 items에 담긴 값들을 인덱스와 함께 반복해야 하는 상황이 있다고 하자. 앞서 학습한 반복문인 for 문을 활용하면 다음과 같은 코드로 작성할 수 있다.

```
items = [0, 5, 10, 15, 20]
for i in range(len(items)) :
    print(i, items[i])
```

```
0 0
1 5
2 10
3 15
4 20
```

그러나 이처럼 인덱스와 리스트에 담긴 값을 쌍으로 출력할 때는 enumerate( ) 함수를 활용하는 것이 효율적이다.

```
for i, v in enumerate(items) :
    print(i, v)
```

```
0 0
1 5
2 10
3 15
4 20
```

zip( )

파이썬의 zip( ) 함수는 리스트나 튜플 등 여러 개의 순차형 데이터를 서로 짝지어서 반복할 필요가 있을 때 활용한다. 방금 enumerate( )처럼 인덱스를 반복해서 출력하기도 하지만 zip( )으로 함께 반복하려는 값들을 묶어주는 것이 더 좋은 방법이다. 여러 개의 순차형 데이터를 받을 수 있는데 넘겨받는 데이터 값의 길이가 다른 경우 가장 짧은 크기로 zip( )의 길이가 결정된다는 점을 알아두자.

```python
li_1 = [0, 5, 10, 15, 20]
li_2 = [5, 25, 125, 256, 512]
for i, v in zip(li_1, li_2) :
    print(i, v)
```

```
0 5
5 25
10 125
15 256
20 512
```

sorted( )

파이썬의 sorted( ) 함수는 순서가 정렬되지 않은 데이터를 정렬된 순차형 데이터 타입으로 반환한다. 리스트의 sort( ) 함수와 방식이 비슷하고 숫자와 문자 모두에 적용할 수 있다.

```python
sorted([9, 3, 1, 6, 8, 2, 5, 4, 7, 0])
```

```
[0, 1, 2, 3, 4, 5, 6, 7, 8, 9]
```

```python
sorted('Happy day!')
```

```
[' ', '!', 'H', 'a', 'a', 'd', 'p', 'p', 'y', 'y']
```

■ 함수 정의와 기본 구조

지금까지 살펴본 파이썬 내장 함수 및 기능 관련 예제 코드는 간단한 일회성 코드 블록이었다. 그러나 같은 일을 반복하거나 비슷한 코드를 한 번 이상 실행해야 한다면 함수를 직접 정의해서 사용하는 것이 좋다. 파이썬에서 함수 사용의 목적은 코드를 재사용하고 조직화하기 위한 것이며 파이썬을 사용하는 데 있어서 가장 중요하게 여겨지는 부분이기도 하다.

파이썬에서 함수 정의는 def를 활용하고 기본적으로 다음과 같은 구조를 갖고 있다.

```
def 함수명(입력 매개변수):
    코드 1
    코드 2
    [리턴값]
```

함수의 기본 구조를 기준으로 2개의 매개변수를 입력받아 이 둘의 합계를 만들어내는 plus()라는 이름의 함수를 정의해보자.

```
def plus(a, b):
    total = a + b
    return total
```

plus()라는 함수가 생성되었다. 함수에 매개변수값을 입력하기 전까지는 아무것도 출력하지 않는다. 함수를 호출해서 매개변숫값을 직접 입력해보자.

```
plus(5, 8)
```

```
13
```

함수 정의 중요 개념 1: 디폴트 매개변수

함수에 전달되는 매개변수에 특정한 값을 지정하지 않은 경우 디폴트로 지정된 값을 사용하게 할 수 있다. 이 값을 디폴트 매개변수라고 한다. multiplication()이라는 이름으로 정의한 다음 함수의 매개변수 부분을 보면 a와 b 값은 필수로 입력해야 하지만 c 값의 경우에는 별도로 입력하지 않으면 디폴트 값(기본값)인 5로 설정되도록 했다.

```
def multiplication(a, b, c=5) :
    return a * b * c
```

매개변수에 a와 b의 값만 입력해서 함수를 실행해보자.

```
multiplication(2, 4)
```

```
40
```

c 값을 입력하지 않았지만 c의 디폴트 값인 5가 대입되어 a * b * c = 2 * 4 * 5에 해당하는 결과가 반환된 것을 확인할 수 있다.

함수 정의 중요 개념 2: 리턴값

방금 살펴봤던 코드에서도 사용했듯이 함수로부터 결괏값을 돌려받기 위해서는 return 문을 사용한다. return 문은 단독으로 사용하면 아무런 값도 전달하지 않기 때문에 코드 블록의 마지막 부분에 주로 사용한다. 함수에서 리턴하는 값은 하나 이상일 수도 있는데, 필요한 개수만큼 return 다음에 콤마로 구분해서 입력하면 된다.

```
def show() :
    a = 5
    b = 3
    c = 7
    return a, b, c
```

show() 함수를 호출해보자.

```
show()
```

```
(5, 3, 7)
```

■ map() 함수

파이썬에는 함수를 매개변수로 전달하는 내장 함수가 있는데 대표적인 함수로 map()과 filter()가 있다. 두 가지 함수 모두 특정 함수와 정의된 리스트를 활용하여 새로운 리스트를 생성하는 역할을 한다. 그리고 공통적인 사항으로 첫 번째 매개변수에는 함수, 두 번째 매개변수에는 리스트를 넣어주어야 한다.

map() 함수를 활용해서 리스트를 생성해보자. 먼저 어떤 값을 3배 해주는 람다를 활용한 함수와 5개의 값으로 구성된 리스트를 정의하자.

```
func_1 = lambda x: x * 3

li_1 = [2, 4, 6, 8, 10]
```

위에서 정의한 함수와 리스트를 map() 함수에 직접 활용해보자. li_1에서 정의한 기본 리스트 값들이 람다에서 정의한 3배수 값으로 출력된다. 여기서 기억해야 할 점은 map() 함수를 다시 list() 함수로 감싸주어야 한다는 것이다.

```
list(map(func_1, li_1))
```

```
[6, 12, 18, 24, 30]
```

이상으로 파이썬 언어의 핵심 부분을 학습했다. 이 책은 라이브러리를 활용한 데이터 분석으로 진행될 것이지만 아무리 라이브러리를 활용한다 하더라도 파이썬의 기본 데이터 구조나 문법 등을 알지 못하고 데이터 분석 학습을 진행하면 쉽게 이해되지 않고 중간에 막히는 부분이 많이 생길 것이다. 적어도 파이썬 기초 부분은 시간이 좀 걸리더라도 사전에 이해를 한 후 다음 과정을 진행하길 바란다.

1.4 파이썬 데이터 분석 주요 라이브러리

파이썬으로 데이터 분석을 효율적으로 하기 위해 필수적으로 알아야 할 대표적인 라이브러리가 4가지 있다. 이들은 산술 계산의 중심축인 넘파이, 구조화된 데이터 처리에 강력한 판다스, 다양한 형태의 데이터 시각화 및 그래프를 생성하는 맷플롯립, 통계 시각화를 빠르게 구현하는 시본으로 파이썬에서 기본으로 제공하는 것이 아니고 외부에서 만들어져 배포된 오픈소스다. 파이썬 내장 함수를 사용하여 어떻게 해서든 데이터 분석 과정을 수행할 수는 있지만 라이브러리를 활용하는 것이 훨씬 더 쉽고 간편하게 처리 가능하며, 이 책에서도 이들 핵심 라이브러리 4가지를 활용한다. 참고로 라이브러리라는 용어는 패키지 또는 모듈이라고 부르기도 한다. 이 책에서는 라이브러리라는 용어를 주로 사용할 것이다.

1.4.1 넘파이 라이브러리

넘파이^{numpy}는 Numerical Python을 줄인 표현으로 파이썬에서 산술 계산과 통계 관련 작업을 할 때 가장 기본이 되는 라이브러리다. 빠르고 효율적인 다차원 배열 객체인 ndarray 기능으로 고속 배열 처리를 하므로 배열 원소를 다루거나 배열 간의 다차원 수학 계산을 수행하는 데 필요한 많은 함수를 제공한다. 이는 데이터 분석뿐만 아니라 추후 인공지능 관련 개발을 할 때도 반드시 필요하다.

파이썬의 많은 산술 계산 관련 라이브러리가 넘파이 배열을 기본 데이터 구조로 사용하거나 넘파이와 쉽게 연동할 수 있는 기능을 제공한다. 넘파이 공식 사이트에서 좀 더 자세한 정보를 확인하길 바란다.

넘파이 공식 사이트: https://numpy.org/doc/stable/

1.4.2 판다스 라이브러리

판다스^{pandas}라는 이름은 다차원으로 구조화된 데이터를 뜻하는 경제학 용어인 패널 데이터$^{panel\ data}$와 파이썬 데이터 분석$^{python\ data\ analysis}$에서 유래했다. 2010년 처음 개발되었을 당시에는 금융 및 사

업 분석 문제 해결 목적으로 개발되었기 때문에 사업의 진행 순서에 따라 생성된 데이터를 다루는 시계열 기능과 관련 함수가 핵심 특성이었다.

판다스는 구조화된 데이터, 즉 엑셀 형식의 데이터를 빠르고 쉽게 다룰 수 있도록 설계되어 고급 데이터 구조와 관련된 함수를 제공한다. 넘파이의 '고성능 배열 간 연산 기능'을 바탕으로 스프레드시트와 SQL 같은 관계형 데이터베이스의 유연한 데이터 처리 기능을 결합한 것이다. 그래서 대부분의 함수가 넘파이와 유사한 점이 많다. 판다스 개발자인 웨스 매키니[Wes McKinney]가 설계 당시 R의 data.frame 객체를 참고했기 때문에 판다스는 시리즈[Series]와 데이터프레임[DaraFrame]이라는 데이터 구조를 제공한다. 이러한 데이터 구조 덕분에 다양한 방식으로 색인되어 있는 데이터를 변형하거나, 자르거나, 합치거나, 부분집합만 선택할 수 있도록 해준다. 이 외에도 통합된 시계열 기능, 산술 연산과 축약 연산, 누락 데이터 처리 기능 등 방대한 기능을 수행한다.

데이터를 알맞게 가공하고 처리하는 과정은 데이터 분석에서 가장 중요한 부분이기 때문에 이러한 역할을 수행하는 판다스 라이브러리를 집중적으로 학습할 필요가 있다.

판다스 공식 사이트: https://pandas.pydata.org/docs

1.4.3 맷플롯립 라이브러리

파이썬 플랫폼에서 활용 가능한 데이터 시각화 라이브러리는 매우 다양해짐과 동시에 고도화되고 있다. 그중에서도 맷플롯립[matplotlib]을 가장 기본적인 파이썬 시각화 도구로 선택해야 하는 이유는 파이썬의 다른 라이브러리들과 잘 연동되어 있기도 하고 가장 많이 사용되고 있기 때문이다. 맷플롯립은 라인그래프, 박스플롯(상자그림), 산점도(스캐터 플롯), 막대그래프, 히스토그램 등의 정형화된 그래프 외에도 저수준의 API를 사용한 다양한 시각화 도구를 제공한다. 앞서 언급한 넘파이, 판다스와 아주 잘 연동된다.

이 라이브러리의 장점은 사용자 정의와 자유도가 높아서 다양하게 커스터마이징이 가능하다는 점이다. 이 책에서는 다양하고 화려한 시각화 예제보다는 맷플롯립 시스템의 핵심 개념과 기본적인 활용에 중점을 둘 것이다.

맷플롯립 예제: https://matplotlib.org/stable/gallery/index.html

1.4.4 시본 라이브러리

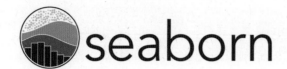

시본seaborn은 맷플롯립을 토대로 돌아가는 고급 데이터 시각화 라이브러리다. 통계 관련 시각화 작업에는 사실 맷플롯립보다 시본이 훨씬 더 좋은 선택이다. 다양한 색상 테마는 물론 통계 전용 그래프와 고급 인터페이스를 제공하기 때문에 상당히 직관적이며 간편하게 좋은 그래프를 얻을 수 있다. 짧은 코드로 고수준의 그래프를 그려내지만 세부적인 수정을 할 때는 맷플롯립보다 복잡하고 어렵다.

다른 시각화 라이브러리도 마찬가지지만 데이터의 특성에 맞지 않는 그래프를 사용하면 에러가 나거나 출력되지 않는다. 시본은 데이터의 분포를 포함한 상관관계, 선형관계, 범주형 데이터를 표현하는 등의 다양한 API가 있으니 시본 공식 사이트에서 다양한 예제와 샘플도 참고하도록 하자.

시본 예제: `http://seaborn.pydata.org/examples/index.html`

1.5 데이터셋

세상에는 아주 다양한 형태와 구조의 데이터가 존재하지만 이 책은 데이터 분석을 막 시작하려는 독자를 대상으로 하므로 엑셀 형식의 데이터를 주로 사용할 것이다. 이 형식의 데이터는 대부분 각 컬럼의 형식이 문자, 숫자, 날짜 등으로 구성되며, 탭이나 쉼표로 구분되는 텍스트 파일 형식으로 저장되어 있는 것이 특징이다.

1.5.1 이 책에서 활용할 데이터셋

이 책에서는 시본 라이브러리에서 제공하는 데이터셋을 주로 활용하겠다. 이미 라이브러리도 설치한 상태이기 때문에 라이브러리를 임포트하여 시본이 제공하는 데이터셋 이름을 확인해보자.

라이브러리를 임포트할 때 import seaborn as sns라고 입력하는 이유는 seaborn을 호출할 때 이름 그대로 입력하는 것보다 줄여서 sns라고 입력하는 것이 훨씬 간편하기 때문이다.

```
import seaborn as sns
```

라이브러리를 임포트했으니 시본 라이브러리의 데이터셋 목록을 확인해보자. 다음 코드는 seaborn을 sns로 호출하고, 시본의 get_dataset_names() 함수를 사용하겠다는 의미다.

```
sns.get_dataset_names()
```

```
['anagrams', 'anscombe', 'attention', 'brain_networks', 'car_crashes', 'diamonds',
 'dots', 'exercise', 'flights', 'fmri', 'gammas', 'geyser', 'iris', 'mpg',
 'penguins', 'planets', 'tips', 'titanic']
```

사용 가능한 데이터셋을 출력하니 총 18개다. 저자는 새로운 라이브러리나 패키지의 사용법을 배우거나 살펴볼 때 주로 시본의 데이터셋을 사용하는 편이다. 각 데이터셋의 특징이나 타입이 다 다른데 개별 데이터셋의 특징을 미리 알고 있으면 본인의 목적에 맞는 데이터셋을 선택해서 빠르게 실험해볼 수 있다. 지금 당장은 그런 특징을 파악하는 것은 무리이므로 일단 데이터셋 이름만 확인해보자.

1.5.2 오픈 데이터셋

다양한 곳에 공개되어 있는 오픈 데이터셋을 소개하겠다. 3장에서는 여기에서 소개하는 사이트 중 캐글에서 제공하는 타이타닉 데이터셋을 활용해서 실습을 진행할 것이다. 이 절에서 언급하는 것보다 훨씬 더 많은 리소스가 있지만 이 정도 범위에서 사용해도 혼자 공부하는 용도로는 크게 손색이 없으니 추후에 잘 활용하길 바란다.

■ 공공 데이터 포탈: https://www.data.go.kr/

우리나라에서 보유하고 있는 다양한 공공 데이터를 제공한다.

■ Data.gov: https://data.gov

대규모 데이터셋 수집 업체이며 미국 정부에서 공개하는 데이터 사이트다.

■ 캐글: https://www.kaggle.com/

무료 데이터셋뿐만 아니라 데이터 과학 전반에 관한 다양하고 훌륭한 리소스를 제공한다.

■ FiveThirtyEight: https://data.fivethirtyeight.com/

데이터셋뿐만 아니라 구역 데이터[zone data]에 대한 의미 있는 통찰력과 해설도 확인할 수 있는 훌륭한 사이트다. 일부 기사와 그래픽을 산출한 데이터와 코드도 제공한다.

■ 데이터 월드: https://data.world/

다양한 카테고리의 수십만 개 무료 데이터셋을 제공한다.

■ 구글 데이터셋 검색: https://datasetsearch.research.google.com/

웹을 통해 수천 개의 저장소에 액세스함으로써 거의 2,500만 개 이상의 데이터셋에 연결해준다.

■ UC 어바인 머신러닝 레포지토리: https://archive.ics.uci.edu/ml/index.php

머신러닝 학습 커뮤니티로 622개의 데이터셋을 제공한다. 머신러닝을 학습할 계획이라면 여기에서 제공하는 데이터셋을 활용하기 바란다.

■ 나스닥 퀀들: https://www.quandl.com/

투자 전문가에게 재무, 경제 관련 최고 수준의 서비스를 하는 곳으로 데이터셋도 제공한다. 세계 최고의 헤지 펀드, 자산 관리자 및 투자 은행의 분석가가 사용하며 금융 데이터셋이 필요한 사람에게도 유용하다.

■ 월드 뱅크 오픈 데이터: https://data.worldbank.org/

데이터 월드처럼 상당한 양의 데이터셋을 무료로 제공하며 다양한 리소스도 있다.

앞서 언급한 사이트에서 다양한 분야의 데이터셋을 다운로드하여 자신만의 데이터 분석을 시도해보기 바란다. 참고로 이 책의 예제를 진행하는 데 사용할 데이터셋은 모두 이 책의 깃허브에 올려두었으므로 따로 다운로드할 필요는 없다.

데이터 분석 기본

CHAPTER

02

이 장에서는 파이썬에서 데이터 분석을 하기 위해 가장 필수적으로 알아야 할 라이브러리인 넘파이와 판다스의 기본 사용법을 학습할 것이다.

데이터를 불러오고, 생성하고, 선택하고, 골라내고, 삭제하고 새로운 모양으로 변경하는 등 기초적인 데이터 처리 방법을 배운다. 넘파이와 판다스 라이브러리는 공통적인 부분도 있지만 각 특징과 사용하는 방법이 다른 점도 많아서 라이브러리 고유의 특징과 함께 활용 목적에 맞는 함수들을 파악하는 것이 중요하다.

가장 학습량이 많은 장이라 버거울 수도 있지만 데이터 분석 기술을 자유롭게 사용할 수 있어야 이후 과정과 자연스럽게 연결되니 꼭 세심하게 학습하길 바란다.

2.1 넘파이 기본

넘파이는 파이썬에서 계산과 연산을 위한 가장 중요한 토대가 되는 필수 라이브러리다. 한 번 정도는 들어봤을 만한 사이킷런Scikit-learn이나 텐서플로TensorFlow 등 과학 계산을 위한 대부분의 패키지가 넘파이의 배열array 객체를 공통으로 사용한다. 넘파이는 대용량 데이터 배열을 효율적으로 처리할 수 있게 설계되었기 때문이다. 넘파이 자체가 과학 계산을 위한 함수나 모델링을 제공하진 않지만 넘파이의 배열과 기본 연산을 이해한 후 배열을 기반으로 작동하는 판다스를 학습하면 훨씬 더 효율적이다. 이 책에서는 넘파이가 제공하는 방대한 기능 중 배열 객체와 산술 연산, 인덱싱 관련 내용에 한정해서 다루도록 하겠다.

2.1.1 ndarray 생성하기

넘파이의 핵심 특징은 파이썬에서 대규모 데이터셋을 담을 수 있는 빠르고 유연한 데이터 구조인 ndarray 기능으로 N차원의 배열 객체다.

■ 라이브러리 임포트

넘파이 패키지를 사용하려면 먼저 라이브러리를 임포트한 후 사용해야 한다는 것을 잊지 말자. 넘파이를 호출하기 편하도록 약어인 np로 지정해서 임포트한다.

```
import numpy as np
```

넘파이 버전을 알아보자.

```
print(np.__version__)
```

```
1.23.1
```

이 책의 예제는 넘파이 라이브러리 1.23.1 버전으로 작성했다.

■ 기본 배열 생성 : array ( )

배열을 생성하는 가장 간단 방법은 array ( ) 함수를 활용하는 것이다. 앞 장에서 배웠던 파이썬의 리스트처럼 순차형 객체를 넘겨받고, 넘겨받은 데이터를 포함한 새로운 넘파이 배열을 생성한다.

```
data_1 = [5, 9, 2.5, 3, 1]
array_1 = np.array(data_1)
array_1
```

```
array([5. , 9. , 2.5, 3. , 1. ])
```

같은 길이의 리스트를 포함한 순차 데이터는 리스트 수와 동일한 다차원의 배열로 변환된다.

```
data_2 = [[1, 3, 5, 7, 9], [2, 4, 6, 8, 10]]
array_2 = np.array(data_2)
array_2
```

```
array([[ 1,  3,  5,  7,  9],
       [ 2,  4,  6,  8, 10]])
```

방금 만든 array_2의 차원과 각 차원의 크기를 확인해보면 다음과 같은데 array를 만들 때 사용했던 data_2에 담긴 리스트 수를 추론하여 2차원 형태로 생성되었다.

```
print(array_2.ndim)
print(array_2.shape)
```

```
2
(2, 5)
```

앞서 만든 array_1과 array_2의 데이터 타입을 확인해보자. 각 배열에 담긴 값의 데이터 타입을 추론하여 데이터 타입이 부여된다.

```
print(array_1.dtype)
print(array_2.dtype)
```

```
float64
int32
```

■ 0 또는 1의 배열 생성 : ones ( ), zeros ( )

np는 다양한 배열을 생성하는 여러 가지 함수를 지원한다. 그중 zeros ( )라는 함수는 지정한 길이나 모양에 맞춰 0으로 채워진 배열을 생성한다.

```
np.zeros(10)
```

```
array([0., 0., 0., 0., 0., 0., 0., 0., 0., 0.])
```

```
np.zeros((5, 10))
```

```
array([[0., 0., 0., 0., 0., 0., 0., 0., 0., 0.],
       [0., 0., 0., 0., 0., 0., 0., 0., 0., 0.],
       [0., 0., 0., 0., 0., 0., 0., 0., 0., 0.],
       [0., 0., 0., 0., 0., 0., 0., 0., 0., 0.],
       [0., 0., 0., 0., 0., 0., 0., 0., 0., 0.]])
```

ones ( )는 zeros ( )와 동일하지만 배열을 1로 채운다.

```
np.ones((2, 3, 8))
```

```
array([[[1., 1., 1., 1., 1., 1., 1., 1.],
        [1., 1., 1., 1., 1., 1., 1., 1.],
        [1., 1., 1., 1., 1., 1., 1., 1.]],

       [[1., 1., 1., 1., 1., 1., 1., 1.],
        [1., 1., 1., 1., 1., 1., 1., 1.],
        [1., 1., 1., 1., 1., 1., 1., 1.]]])
```

■ 시작과 끝 수치 지정 배열 생성 : arange( )

파이썬의 range( ) 함수와 비슷한 기능을 하는 arange( ) 함수도 있다. 매개변수에 배열 개수만 지정해서 생성할 수도 있고, 시작 값, 종료 값, 단계 값을 지정해서 생성할 수도 있다.

```
np.arange(10)
```

```
array([0, 1, 2, 3, 4, 5, 6, 7, 8, 9])
```

```
np.arange(5, 30, 3)    # 시작, 종료, 단계 지정
```

```
array([ 5,  8, 11, 14, 17, 20, 23, 26, 29])
```

넘파이 패키지의 배열을 사용하는 이유

앞서 파이썬 기초 부분에서 학습한 복합 데이터 타입 중 리스트가 숫자형도 담을 수 있다는 것을 배웠는데 굳이 넘파이의 배열을 사용하는 이유가 무엇일까?

리스트는 하나의 변수에 모든 값이 담긴 채로 처리되는데 그러한 경우 데이터 처리 속도가 매우 느려지고 메모리 낭비도 크다는 단점이 있다. 넘파이의 배열은 리스트와 달리 메모리 소모가 작고, 많은 데이터를 빠르게 처리한다. 리스트와 닮은 구석이 있긴 하지만 다음과 같은 특징을 가지고 있다.

- 리스트는 서로 다른 타입의 값을 한 변수에 담을 수 있지만 배열은 담겨진 모든 값이 같은 타입이어야 한다.
- 리스트는 데이터 수가 변경되지만 배열은 데이터 수를 변경할 수 없다.

파이썬에서 배열 타입을 (내장 데이터 타입으로) 제공하지 않기 때문에 배열 관련 데이터를 다룰 때는
파이썬 표준 패키지인 넘파이를 임포트해서 사용해야 한다.

2.1.2 ndarray의 dtype 객체

연산 중심으로 설계 된 넘파이는 ndarray 생성 시 따로 타입을 지정하지 않거나 정수로 생성하면
dtype이 int64로, 실수로 생성하면 dtype이 float64로 생성된다. ndarray 생성 시 특정 dtype을
지정해서 생성하는 것도 가능하다. 여기서 dtype은 ndarray가 메모리에 있는 특정 데이터를 처리하
기 위해 필요한 정보 또는 메타데이터를 담은 특수한 객체를 말한다. 먼저 다음과 같은 2개의 array
를 생성하자.

```
array_1 = np.array([1, 3, 5, 7, 9], dtype=np.float32)
array_2 = np.array([1, 3, 5, 7, 9], dtype=np.int16)
```

방금 생성한 array_1과 array_2의 dtype을 확인하자. array를 생성할 때 dtype을 지정했기 때문
에 그에 맞는 dtype을 출력한다.

```
array_1.dtype
```

```
dtype('float32')
```

```
array_2.dtype
```

```
dtype('int16')
```

astype() 함수를 이용해 array의 dtype을 다른 타입으로 명시적으로 변환할 수 있다.

```
array_2_float = array_2.astype(np.float64)
array_2_float.dtype
```

```
dtype('float64')
```

앞의 예제는 정수를 실수로 변환한 것이었지만 만약 실수를 정수로 변환한다면 소수점 아래 자리가 삭제된다. 숫자 형식의 문자열을 담고 있는 array의 경우 역시 astype() 함수를 활용해서 숫자로 변환 가능하다.

```
num_strings = np.array(['-3.15', '5', '8.4', '21', '-12'], dtype=np.string_)
num_strings.dtype
```

```
dtype('S5')
```

```
num_strings = num_strings.astype(float)   # float 대신 np.float64 입력 가능
num_strings
```

```
array([ -3.15,   5.  ,   8.4 ,  21.  , -12.  ])
```

```
num_strings.dtype
```

```
dtype('float64')
```

넘파이에서 알아두어야 할 데이터 타입을 다음 표에 정리해두었다. 초보자의 경우 이 정도만 알고 있어도 충분하다.

dtype 종류	dtype 코드	설명
int8	i1	부호가 있는 8비트(1byte) 정수형
int16	i2	부호가 있는 16비트 정수형
int32f	i4	부호가 있는 32비트 정수형
int64	i8	부호가 있는 64비트 정수형
float16	f2	반정밀도 부동소수점수(실수)
float32	f4 또는 f	단정밀도 부동소수점수(실수)
float64	f8 또는 d	배정밀도 부동소수점수(실수), 파이썬의 float 객체와 호환됨
float128	f16 또는 g	확장 정밀도 부동소수점수(실수)
bool	?	True 또는 False 값을 갖는 불리언형
object	O	파이썬 객체형
string_	S	고정된 길이의 아스키 문자열형(각 문자는 1byte)

2.1.3 배열의 산술 연산

배열의 중요한 특징은 for 문을 사용하지 않고도 데이터를 처리할 수 있다는 것인데 이를 벡터화라고
한다. 크기가 같은 배열의 산술 연산은 원소 단위로 처리된다. 먼저 다음과 같이 크기가 같은 배열 2개
를 생성하자.

```
array_1 = np.array([[1., 2., 3., 4., 5.], [6., 7., 8., 9., 10.]])
array_2 = np.array([[1., 3., 5., 7., 9.], [2., 4., 6., 8., 10.]])
```

배열과 배열 간에는 대부분의 산술 연산이 가능하다.

```
array_1 * array_2
```

```
array([[  1.,   6.,  15.,  28.,  45.],
       [ 12.,  28.,  48.,  72., 100.]])
```

```
array_1 - array_2
```

```
array([[ 0., -1., -2., -3., -4.],
       [ 4.,  3.,  2.,  1.,  0.]])
```

```
1 / array_1
```

```
array([[1.        , 0.5       , 0.33333333, 0.25      , 0.2       ],
       [0.16666667, 0.14285714, 0.125     , 0.11111111, 0.1       ]])
```

```
array_2 ** 0.25
```

```
array([[1.        , 1.31607401, 1.49534878, 1.62657656, 1.73205081],
       [1.18920712, 1.41421356, 1.56508458, 1.68179283, 1.77827941]])
```

배열 간의 비교 연산은 불리언 배열을 반환한다.

```
array_1 > array_2
```

```
array([[False, False, False, False, False],
       [ True,  True,  True,  True, False]])
```

배열의 크기가 다른 경우의 연산은 브로드캐스팅^{broadcasting}이라고 하는데 이 책에서는 다루지 않으므로 관심 있는 독자는 인터넷에서 관련 자료를 찾아볼 것을 추천한다.

2.1.4 인덱싱과 슬라이싱 기초

인덱싱과 슬라이싱 원리를 이해해야 원하는 값을 추출할 수 있다. 데이터의 부분집합이나 개별 값을 선택하기 위한 매우 다양한 넘파이 인덱싱 방법이 존재한다. 앞서 파이썬 핵심 과정에서 인덱싱 관련 내용을 리스트를 중심으로 학습했는데 1차원 배열은 표면적으로는 그와 비슷하게 동작한다.

먼저 1차원 배열부터 살펴보자. arange() 함수로 15개의 배열을 생성하고 배열에서 7번째 값을 선택해보자.

```
array_1d = np.arange(15)
array_1d
```

```
array([ 0,  1,  2,  3,  4,  5,  6,  7,  8,  9, 10, 11, 12, 13, 14])
```

```
array_1d[7]
```

```
7
```

대괄호 [ ] 안에 원하는 순번을 입력해주면 된다. 2개 이상인 경우에는 대괄호로 한 번 더 감싸준다.

```
array_1d[[7, 9]]
```

```
array([7, 9])
```

이번에는 이 배열의 4번째부터 7번째까지 범위를 지정하여 슬라이싱을 해보자. 슬라이스로 생성한 값에 특정 값을 대입할 수도 있다.

```
array_1d[4:7]
```

```
array([4, 5, 6])
```

```
array_1d[4:7] = 10
array_1d
```

```
array([ 0,  1,  2,  3, 10, 10, 10,  7,  8,  9, 10, 11, 12, 13, 14])
```

이번에는 다차원 배열인 경우를 알아보자. 2차원 배열에서는 각 인덱스에 해당하는 요소가 단일 값이 아닌 1차원 배열이 된다. 대괄호 [ ]로 인덱스를 호출하면 1차원 배열이 출력되며, 배열 내의 원소를 호출하려면 그 옆에 대괄호 [ ]로 1차원 배열 내 원소의 순번을 입력한다.

```
array_2d = np.array([[2, 4, 6], [3, 6, 9], [4, 8, 12]])
array_2d
```

```
array([[ 2,  4,  6],
       [ 3,  6,  9],
       [ 4,  8, 12]])
```

```
array_2d[1]
```

```
array([3, 6, 9])
```

```
array_2d[1][2]    # array_2d[1, 2] 형식을 사용해도 됨
```

```
9
```

방금 실행한 array_2[1][2] 코드에서 [1]은 로우(행)로, [2]는 컬럼(열)으로 생각하면 이해하기 쉬울 것이다.

앞서 1차원 배열에 대해 슬라이싱을 해봤는데 이번에는 2차원 배열인 array_2d에 대해 슬라이싱을 해보자. 다음 코드의 슬라이싱 부분을 보면 [:2]라고 되어 있는데 이것은 첫 번째 행부터 두 번째 행까지 선택하라는 의미다.

```
array_2d[:2]
```

```
array([[2, 4, 6],
       [3, 6, 9]])
```

여러 개의 인덱스를 넘겨서 다차원의 슬라이싱도 가능하다.

```
array_2d[:2, :2]
```

```
array([[2, 4],
       [3, 6]])
```

만약 범위를 지정하는 것이 아니고 개별적인 행만 선택하고자 한다면 다음과 같이 할 수도 있다. 다음 코드에서 [0, 1] 부분은 첫 번째와 두 번째 인덱스만 콜론으로 구분하여 선택한 것이다. 1개 행만 선택할 때는 대괄호를 사용하지 않는다.

```
array_2d[[0, 1], :2]
```

```
array([[2, 4],
       [3, 6]])
```

그냥 콜론만 사용하면 인덱스 전체를 선택한다는 의미이다.

```
array_2d[:, :1]
```

```
array([[2],
       [3],
       [4]])
```

중복된 이름이 포함된 배열이 있는 경우에는 불리언 값으로도 데이터 선택이 가능한데 이 부분은 추후 판다스 라이브러리를 사용해 학습하겠다.

2.1.5 난수 생성하기

넘파이의 random이라는 서브 모듈은 다양한 종류의 확률 분포를 기반으로 하는 표본값을 생성하는 함수를 제공한다. 파이썬에도 비슷한 기능의 내장 모듈인 random이 있지만 한 번에 하나의 값만 생성한다. 넘파이의 random 모듈은 그에 비해 훨씬 큰 표본을 생성하면서 수십 배 이상 빠른 속도를 낸다. 추후에 특정한 알고리즘 관련 실험을 한다거나 여러 데이터 분석 상황에서 이러한 표본값들이 필요할 순간이 올 텐데 주로 많이 사용하는 함수로는 rand(), randn(), randint()가 있다.

■ 난수 시드값 지정 : seed()

난수를 생성할 때는 보통 초기에 시드값을 정해놓고 생성하는데 그 이유는 시드값에 따라 난수를 생성하는 알고리즘이 정해지기 때문이다. 그러므로 나중에 같은 시드값을 사용해서 난수를 생성해야 동일한 난수 표본값을 추출할 수 있다.

```
np.random.seed(1000)
```

> **NOTE** 시드 설정 후 랜덤으로 난수를 생성해보면 사람이 예측하기 어려운 숫자들이 계속 생성될 것이다. 하지만 시드 설정을 방금 설정한 값에 다시 맞추고(즉, 시드를 설정한 코드를 다시 실행하고) 난수를 생성하면 동일한 값이 추출된다.

■ 난수 생성 (균등분포) : rand()

먼저 rand() 함수를 활용한 난수를 생성해보자. 이 함수는 균등분포로 실수 난수를 생성한다.

```
np.random.rand(5)
```

```
array([0.65358959, 0.11500694, 0.95028286, 0.4821914 , 0.87247454])
```

```
np.random.rand(10)
```

```
array([0.21233268, 0.04070962, 0.39719446, 0.2331322 , 0.84174072,
       0.20708234, 0.74246953, 0.39215413, 0.18225652, 0.74353941])
```

■ 난수 생성(표준정규분포) : randn( )

randn( ) 함수는 표준편차가 1이고 평균값이 0인 정규분포로 실수 난수를 생성한다.

```
np.random.randn(10)
```

```
array([-0.4122031 , -0.07400906, -0.92893693,  1.39006147,  1.19506933,
        0.70734239,  0.99296211,  0.13946394, -0.08988248, -0.14974264])
```

```
np.random.randn(5, 3)
```

```
array([[ 0.4055338 , -0.75133127,  0.93131848],
       [-0.24745023, -0.27072883, -1.27939856],
       [-1.07900875, -0.08796666,  2.05225999],
       [-1.23931612,  1.10970741, -1.15768513],
       [ 0.09870641, -1.4651006 , -1.75193341]])
```

■ 난수 생성(정수) : randint( )

randint( ) 함수는 정수 난수를 생성한다. 기본 매개변수는 randint(low, high =None, size =None) 으로서 3가지 매개변수를 입력하여 추출할 수 있다. high 값을 입력하지 않으면 0과 low 값 사이의 난수를 생성하며, size에는 난수 배열의 크기를 입력하면 된다.

```
np.random.randint(10, size=15)
```

```
array([9, 6, 2, 9, 5, 8, 5, 6, 9, 6, 7, 6, 3, 4, 8])
```

```
np.random.randint(5, 25, size=10)
```

```
array([ 6,  8, 18, 18, 18, 12, 23,  5,  9, 19])
```

```
np.random.randint(5, 25, size=(3, 8))
```

```
array([[ 8,  5, 17, 17, 17, 23, 22, 21],
       [20, 13, 14,  6, 22, 19, 18,  5],
       [ 7,  7,  6, 15, 13,  7, 19, 21]])
```

■ 난수 생성(정규분포): normal()

이번에는 normal() 함수를 사용하여 표준정규분포로부터 5×3 배열의 난수를 생성해보자. 매개변수 loc과 scale을 지정하지 않으면 표준정규분포로부터 난수를 생성한다.

```
np.random.normal(size=(5, 3))
```

```
array([[ 0.66728131, -0.80611561, -1.19606983],
       [-0.40596016, -0.18237734,  0.10319289],
       [-0.13842199,  0.70569237,  1.27179528],
       [-0.98674733, -0.33483545, -0.0994817 ],
       [ 0.4071921 ,  0.91938754,  0.31211801]])
```

이 외에도 난수를 생성할 수 있는 주요 함수들을 다음 표에 정리해놨으니 참고하여 연습해보고 필요한 상황에 활용하길 바란다. 다음은 random 모듈에서 제공하는 난수 관련 중요 함수다.

함수	설명
seed()	난수를 생성하는 시드 지정
rand()	균등분포로 실수인 난수 생성
randn()	표준편차가 1이고 평균값이 0인 정규분포로 실수인 난수 생성
randint()	지정한 최소, 최대 범위에서 정수인 난수 생성
normal()	정규분포(가우시안)로 실수인 난수 생성
binomial()	이항분포로 실수인 난수 생성
uniform()	0~1 사이의 균등분포로 실수인 난수 생성

■ 데이터 순서 변경 : shuffle( )

생성한 데이터의 순서를 바꾸려면 shuffle( ) 함수를 사용한다. 먼저 arange( ) 함수를 활용해서 10개의 정수 데이터를 생성하는 예제를 학습하자.

```
data = np.arange(10)
data
```

```
array([0, 1, 2, 3, 4, 5, 6, 7, 8, 9])
```

방금 생성한 10개의 데이터를 무작위로 섞어 다시 출력해보자. 순서가 잘 뒤섞인 것을 확인할 수 있다.

```
np.random.shuffle(data)
data
```

```
array([8, 3, 4, 9, 2, 5, 6, 7, 0, 1])
```

■ 데이터 무작위 샘플링 : choice( )

난수 생성과 관련하여 샘플링 방법에 대해 알아둘 필요가 있다. 이미 생성된 데이터 중에서 무작위로 일부만 추출하는 것을 샘플링이라고 하는데 random 모듈에서 choice( ) 함수가 그 역할을 한다. 이는 shuffle( ) 함수와 비슷한 매개변수를 가진다. data에 숫자를 입력하면 arange( ) 함수로 정수 데이터가 생성되는데 기존의 배열을 입력해도 된다.

다음은 10까지의 정수 중 5개만 샘플링하는 코드다.

```
np.random.choice(10, 5, replace=False)
```

```
array([6, 0, 2, 7, 4])
```

방금 choice( ) 함수의 매개변수 중 replace는 복원 또는 비복원 설정을 하는 속성이다. True로 설정하면 반복을 허용하므로 중복된 데이터가 추출된다. True는 기본 옵션이므로 생략해도 된다.

```
np.random.choice(10, 5, replace=True)
```

```
array([9, 5, 6, 3, 9])
```

그리고 probability를 의미하는 p를 사용하여 생성하는 데이터 배열의 각 원소의 선택 확률을 지정할 수 있다.

```
np.random.choice(3, 12, p=[0.3, 0.7, 0])
```

```
array([1, 1, 0, 1, 1, 0, 1, 0, 1, 1, 1, 1], dtype=int64)
```

참고로 배열이나 정수가 아닌 문자열 리스트를 입력하면 리스트 내 오브젝트를 활용하여 지정한 개수에 맞는 데이터를 생성할 수 있다.

```
np.random.choice(['apple', 'banana', 'orange'], 8)
```

```
array(['apple', 'apple', 'apple', 'banana', 'orange', 'apple', 'banana',
       'banana'], dtype='<U6')
```

2.1.6 넘파이 주요 함수

넘파이에서 많이 활용하는 주요 함수를 통계, 불리언 배열, 정렬, 집합으로 구분해서 학습하겠다.

■ 통계 관련 함수

넘파이에는 데이터의 전체 배열 또는 한 축을 기준으로 통계를 계산하는 수학 함수들이 있다. 수치 데이터 분석 시 자주 사용하게 되니 잘 알아두자. 일단 예제 학습을 위해 임의의 정수 데이터를 생성해서 array라는 변수에 저장한다.

```
array = np.random.randint(30, size=20)
array
```

```
array([12, 28,  1, 13, 10,  7, 23,  6, 23, 19, 15,  5,  3, 23, 12,  7, 23,
        2, 26, 26])
```

데이터의 길이 확인: len( )

len( ) 함수는 데이터의 총 개수를 반환한다. 데이터의 길이라고 보면 된다.

```
len(array)
```

```
20
```

데이터의 표본평균: mean( )

mean( ) 함수는 표본의 평균을 계산하며 array.mean와 같은 형식으로 입력해도 동일하다.

```
np.mean(array)
```

```
16.2
```

데이터의 중앙값: median( )

median( ) 함수는 데이터를 정렬했을 때 가운데에 위치한 수, 즉 중앙값을 구한다. 데이터 수가 짝수면 가운데에 있는 2개 수의 평균값을 사용한다.

```
np.median(array)
```

```
16.5
```

데이터의 표준편차와 표본분산: std( ), var( )

std( ) 함수는 표본분산의 양의 제곱근 값인 표준편차를 구하고, var( ) 함수는 데이터와 표본평균 간의 거리의 제곱의 평균값인 표본분산을 구한다. 표본분산 값이 작으면 데이터가 밀집해 있다는 것이고, 값이 크면 흩어져 있다는 의미다. 2가지 함수 모두 선택적으로 자유도를 줄 수 있으며 분모의 기본값은 n이다.

```
np.std(array)
```

```
7.73692445355388
```

```
np.var(array)
```

```
59.86
```

최솟값과 최댓값: min( ), max( )

min( ) 함수는 데이터 중 가장 작은 값인 최솟값, max( ) 함수는 가장 큰 값인 최댓값을 구한다.

```
np.min(array)
```

```
0
```

```
np.max(array)
```

```
27
```

데이터 전체 합 계산: sum( )

배열 전체 혹은 특정 축을 기준으로 모든 원소의 합을 계산하려면 sum( ) 함수를 활용한다.

```
array.sum()
```

```
324
```

누적합과 누적곱 : cumsum( ), cumprod( )

cumsum( ) 함수와 cumprod( ) 함수는 각각 원소의 누적합과 누적곱의 배열을 반환한다. 누적곱의 경우 숫자가 기준 이상으로 커지면 0을 반환한다.

```
array.cumsum()
```

```
array([ 12,  40,  41,  54,  64,  71,  94, 100, 123, 142, 157, 162, 165,
       188, 200, 207, 230, 232, 258, 284], dtype=int32)
```

```
array.cumprod()
```

```
array([         12,         336,         336,        4368,       43680,
           305760,     7032480,    42194880,   970482240,  1259293376,
         1709531456,   -42277312,  -126831936,  1377832768,  -645875968,
         -226164480,  -906815744, -1813631488,    90221568, -1949206528],
       dtype=int32)
```

사분위수

데이터 표본을 동일하게 4개로 나눈 값을 확인하는 방법도 있다. 데이터를 크기가 커지는 순서대로 정렬했을 때 1/4, 2/4, 3/4 위치에 있는 수를 말하며, 1사분위수, 2사분위수, 3사분위수라고 한다.

사분위수는 백분위수 함수를 활용해서 구할 수 있으며 다음 코드는 차례대로 최솟값, 25% 백분위수, 50% 백분위수, 75% 백분위수, 최댓값을 구하는 방법이다.

```
np.percentile(array, 0)
```

```
1.0
```

```
np.percentile(array, 25)
```

```
6.75
```

```
np.percentile(array, 50)
```

```
12.5
```

```
np.percentile(array, 75)
```

```
23.0
```

```
np.percentile(array, 100)
```

```
28.0
```

■ 불리언 배열 관련 함수

통계 데이터를 불리언 값인 1(True) 또는 0(False)으로 강제 반환할 수 있다. 다음 코드는 array >
0이라는 조건에 해당하는 불리언 배열 값에 sum() 함수를 적용한 경우다. 조건에 해당하는 개수를
반환받는다.

```
array = np.random.randn(50)
(array > 0).sum()
```

```
19
```

불리언 배열 관련 함수 중에서 any()와 all()이 유용하다. any()는 데이터 중 1개 이상의 True 값
존재 여부를 알려주고, all()은 데이터 전체가 True 값인지 알려준다.

```
bools = np.array([1, 1, 0, 0])
bools
```

```
array([1, 1, 0, 0])
```

```
bools.any()
```

```
True
```

```
bools.all()
```

```
False
```

■ 정렬 관련 함수

리스트 타입과 마찬가지로 배열도 정렬 함수인 sort()로 데이터를 정렬할 수 있다.

```
array = np.random.randint(20, size=10)
array
```

```
array([16,  8,  1,  9, 13,  8,  4,  2,  2,  2])
```

```
array.sort()
array
```

```
array([ 1,  2,  2,  2,  4,  8,  8,  9, 13, 16])
```

■ 집합 관련 함수

넘파이는 1차원 ndarray의 집합 연산을 위한 함수도 제공한다. 그중에서 가장 기본적이고 자주 사용하는 함수만 알아보자.

유일값: unique

배열 내에서 중복된 값을 모두 제거한 유일값만 정렬된 형태로 반환해주는 unique() 함수를 알아보자. 먼저 다음과 같이 과일 이름이 들어 있는 fruits라는 배열을 만든다. 이 배열은 문자 타입이며 8개의 값을 가지고 있다.

```
fruits = np.array(['apple', 'banana', 'kiwi', 'apple', 'kiwi', 'lemon', 'banana',
'lemon'])
fruits
```

```
array(['apple', 'banana', 'kiwi', 'apple', 'kiwi', 'lemon', 'banana',
       'lemon'], dtype='<U6')
```

unique() 함수를 사용하면 총 4개의 유일값이 배열로 반환된다.

```
np.unique(fruits)
```

```
array(['apple', 'banana', 'kiwi', 'lemon'], dtype='<U6')
```

방금 데이터 내 유일값은 파이썬 내장 함수인 sorted()로도 구할 수 있다. 대신 리스트 타입으로 반환된다.

```
sorted(set(fruits))
```

```
['apple', 'banana', 'kiwi', 'lemon']
```

숫자 데이터에 적용해보면 유일한 숫자 데이터만 반환된다.

```
numbers = np.array([5 ,7, 1, 2, 1, 7, 8, 5])
numbers
```

```
array([5, 7, 1, 2, 1, 7, 8, 5])
```

```
np.unique(numbers)
```

```
array([1, 2, 5, 7, 8])
```

배열에 공통으로 존재하는 값 추출 : intersect1d( )

intersect1d( ) 함수는 2개 배열에 공통으로 존재하는 값만 추출한다. 방금 생성했던 numbers 배열에 이어 numbers_2 배열도 생성하자.

```
numbers_2 = np.array([1, 4, 6, 9, 2, 3, 5, 1])
numbers_2
```

```
array([1, 4, 6, 9, 2, 3, 5, 1])
```

그리고 이 2개 배열을 intersect1d( ) 함수에 전달하면 2개 배열에 공통적으로 존재하는 3개의 값만 배열로 반환되는 것을 확인할 수 있다.

```
np.intersect1d(numbers, numbers_2)
```

```
array([1, 2, 5])
```

다음은 배열 집합 연산 관련 함수 목록이다.

함수	설명
unique(x)	배열 x에서 중복되지 않는 유일한 값만 반환
intersect1d(x, y)	배열 x와 y에 공통적으로 존재하는 값을 정렬하여 반환
union1d(x, y)	배열 x와 y의 합집합을 반환
in1d(x, y)	배열 x의 개별값이 y에 포함되는지 여부를 불리언 배열로 반환
setdiff1d(x, y)	배열 x와 y의 차집합을 반환
setxor1d(x, y)	1개의 배열에는 포함되지만 2개의 배열 모두에는 포함되지 않는 원소들의 집합인 대칭차집합을 반환

지금까지 넘파이 라이브러리에서 활용도가 높은 함수들을 살펴봤다. 이 부분만 정확하게 이해한다면 수치 관련 데이터를 다루거나 변형하는 데 큰 어려움은 없을 것이다. 하지만 고차원의 배열 계산 능력을 향상시키기 위해 배열을 다른 모양으로 변환하는 재형성 작업이 가능한 reshape( ) 함수, 배열의 리스트를 받아서 주어진 축에 따라 하나의 배열로 합치는 작업을 하는 concat( ) 함수, 큰 배열을 만들기 위해 배열을 반복하거나 복제하는 repeat( )와 tile( ) 함수 등도 알아두면 좋다. 또한 다른 모양

을 가진 배열 간의 산술 연산을 수행하는 브로드캐스팅 개념과 관련 함수도 학습한다면 한 차원 높은 수준의 데이터 분석이 가능하니 추후 추가적인 학습을 할 것을 추천한다. 이제 넘파이에서 다루지 않은 복잡하거나 까다로운 작업을 판다스 라이브러리를 통해 차근차근 학습하기로 하자.

2.2 판다스 기본

파이썬 데이터 분석에 있어 가장 핵심적인 라이브러리인 판다스의 학습을 시작하자. 판다스는 넘파이 배열 기반의 처리 방식을 많이 차용해서 설계되었지만 단일 산술 배열 데이터를 처리하는 데 특화되어 있는 넘파이와 가장 큰 차이점은 데이터베이스 스타일의 데이터나 다양한 타입의 데이터 위주로 처리를 한다는 것이다. 앞으로 많은 장에서 판다스를 활용한 데이터 분석 기법을 학습할 것이다. 이 장에서는 판다스의 기본적인 구조와 파일을 읽고 저장하는 내용을 학습한다.

먼저 pandas를 약어 pd로 지정해서 임포트한다. 판다스를 사용하기 전에 항상 판다스 라이브러리를 임포트하는 것을 잊지 말자.

```
import pandas as pd
```

판다스 버전을 알아보자.

```
print(pd.__version__)
```

```
1.4.3
```

이 책의 판다스 예제는 판다스 라이브러리 1.4.3 버전을 사용해서 작성했다.

2.2.1 데이터 기본 구조

판다스에는 2가지 데이터 구조가 존재한다. 바로 시리즈와 데이터프레임인데 데이터 분석을 잘하기 위해서는 이 두 개의 데이터 구조에 익숙해져야 한다. 시리즈와 데이터프레임의 특성과 데이터를 생성하는 방법을 알아보자.

시리즈				시리즈				데이터프레임		
	Apple				Banana				Apple	Banana
0	4			0	2			0	4	2
1	3	+		1	5	=		1	3	5
2	5			2	4			2	5	4
3	7			3	1			3	7	1
4	2			4	3			4	2	3

■ 시리즈를 생성하는 방법과 특징

시리즈는 라벨이 있는 1차원 배열 구조다. 앞서 살펴본 넘파이 배열과 같은 데이터 구조라고 보면 되고, 넘파이 데이터 타입 대부분도 담을 수 있다. 그리고 배열 데이터와 연관된 인덱스라는 것이 존재한다. 시리즈를 생성해서 확인해보자. 가장 간단하게 시리즈를 생성하는 방법은 Series() 함수에 배열 데이터를 담아서 작성하는 것이다.

```
ser = pd.Series([1 ,3, 5, 7, 9])
ser
```

```
0    1
1    3
2    5
3    7
4    9
dtype: int64
```

시리즈의 index와 values

방금 시리즈가 출력된 문자열을 살펴보면 왼쪽이 인덱스이고, 오른쪽이 해당 인덱스가 갖는 값이다. 기본 인덱스의 시작은 0이고 총 길이를 N이라고 했을 때 N-1까지의 숫자가 표시된다. 특정 시리즈의 인덱스와 배열을 얻으려면 index와 values를 활용하면 된다.

```
ser.index
```

```
RangeIndex(start=0, stop=5, step=1)
```

```
ser.values
```

```
array([1, 3, 5, 7, 9], dtype=int64)
```

넘파이 배열을 활용해서 시리즈 생성하기

이번에는 넘파이 랜덤 모듈을 활용하여 생성된 ndarray 값으로 시리즈를 생성해보자. 시리즈를 생성할 때 매개변수 항목 중 data와 index에 값을 지정해줄 수 있다. 다음은 데이터와 인덱스를 미리 변수로 저장한 후 Series() 함수의 매개변숫값에 저장해둔 변수를 지정하여 시리즈를 생성한 예다.

```
data = np.random.randint(0, 10, 5)
index = ['a', 'b', 'c', 'd', 'e']
series = pd.Series(data=data, index=index, name='series_from_ndarray')
print(series)
```

```
a    8
b    7
c    0
d    2
e    4
Name: series_from_ndarray, dtype: int32
```

딕셔너리를 활용해서 시리즈 생성하기

파이썬 핵심 부분에서 설명했듯이 파이썬 내장 복합 데이터 타입으로 딕셔너리가 존재한다. 이 딕셔너리를 활용하여 시리즈 생성이 가능하다. 이는 고정 길이의 정렬된 딕셔너리 형태라고 이해하면 된다.

> **NOTE** 파이썬 함수 중에는 반드시 딕셔너리 타입으로만 인수를 받아야 하는 것들이 있는데 이때 시리즈 객체를 대체해서 사용할 수 있다는 점을 알아두자.

data란 변수에 지역명과 숫자로 key와 value로 구성된 딕셔너리를 만든 후 Series() 함수로 시리즈를 생성해준다. 이때 딕셔너리의 key 값을 인덱스로 활용하기 때문에 시리즈의 매개변수에 index 값을 입력하지 않아도 된다.

```
data = {'서울': 70000, '부산': 52000, '대전': 35000, '광주': 40000, '제주도': 28000}
series = pd.Series(data=data)
print(series)
```

```
서울      70000
부산      52000
대전      35000
광주      40000
제주도     28000
dtype: int64
```

인덱스 순서 지정해서 시리즈 생성하기

인덱스의 순서를 지정해서 시리즈를 생성하고 싶다면 원하는 인덱스를 변수로 만든 후 전달하면 된다.

```
city = ['광주', '대전', '부산', '서울', '울릉도']
series = pd.Series(data=data, index=city, name='series_from_dict')
print(series)
```

```
광주      40000.0
대전      35000.0
부산      52000.0
서울      70000.0
울릉도         NaN
Name: series_from_dict, dtype: float64
```

그런데 '울릉도'라는 기존에 없던 인덱스가 생성되었으므로 해당 값이 NaN으로 출력된다. 이러한 값을 누락된 값, 결측값, 손실값, Null 값 등 다양한 용어로 부르며 판다스를 활용하여 이를 처리하는 방법은 3장 데이터 정제와 응용에서 학습할 것이다.

이 책에서는 NaN을 표현할 때 앞으로 결측값이란 용어 1가지로 한정해서 사용할 것이다.

시리즈의 이름과 값 확인하기

시리즈 객체 자체와 시리즈의 인덱스 모두 매개변수 name을 갖고 있다. 우리는 시리즈를 생성할 때 name을 지정해주었기 때문에 시리즈의 이름을 확인할 수 있다.

```
series.name
```

```
'series_from_dict'
```

값을 확인하려면 values를 사용한다.

```
series.values
```

```
array([40000., 35000., 52000., 70000.,     nan])
```

시리즈를 리스트로 변환

때로는 시리즈를 다시 리스트 타입으로 변환해야 할 필요가 있는데 그러한 경우에는 tolist() 함수를
활용한다.

```
series_tolist = series.tolist()
type(series_tolist)
```

```
list
```

■ 데이터프레임을 생성하는 방법과 특징

판다스가 테이블 형식의 데이터를 처리하는 데 특화되어 있다고 했는데 이에 해당하는 판다스의 데이
터 구조가 바로 데이터프레임이다. 우리가 판다스로 데이터 분석을 하면서 가장 많이 다루게 될 데이
터 구조다. 데이터프레임은 세로 방향의 컬럼(열)과 가로 방향의 로우(행)로 구성된다. 각 컬럼에는
서로 다른 타입의 값이 들어갈 수 있다. 데이터프레임 역시 시리즈처럼 컬럼과 로우에 인덱스를 갖고
있다. 인덱스의 모양이 같은 시리즈가 담겨 있는 딕셔너리 형태로 이해해도 된다. 1차원 구조인 시리
즈가 담겨 있기 때문에 데이터프레임은 2차원 형태로 생각하면 된다.

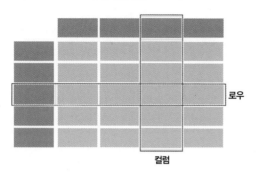

데이터프레임

로우

컬럼

▶ 판다스 데이터프레임의 구성 요소

리스트가 담긴 딕셔너리를 활용하여 데이터프레임 생성하기

먼저 가장 기본적인 방법으로 데이터프레임을 생성해보자. 흔하게 사용하는 방법은 리스트에 담긴 딕셔너리를 활용하거나 시리즈처럼 넘파이의 배열을 활용하는 것이다. 데이터프레임의 인덱스는 시리즈와 같은 방식으로 적용되고 딕셔너리의 key 순서에 따라서 컬럼이 정렬된다(데이터 수치는 e-나라지표의 지역별 인구 및 인구밀도 페이지를 참고함).

```python
data = {'도시' : ['서울', '서울', '서울', '부산', '부산', '부산'],
        '연도' : [2020, 2019, 2018, 2020, 2019, 2018],
        '인구수' : [15865, 15964, 16034, 4342, 4380, 4416]}
frame = pd.DataFrame(data)
frame
```

	도시	연도	인구수
0	서울	2020	15865
1	서울	2019	15964
2	서울	2018	16034
3	부산	2020	4342
4	부산	2019	4380
5	부산	2018	4416

컬럼 순서를 지정해서 데이터프레임 생성하기

데이터프레임 객체 생성 시 매개변수 columns에 컬럼 순서를 지정해서 생성할 수도 있다.

```
frame = pd.DataFrame(data, columns=['연도', '도시', '인구수'])
frame
```

	연도	도시	인구수
0	2020	서울	15865
1	2019	서울	15964
2	2018	서울	16034
3	2020	부산	4342
4	2019	부산	4380
5	2018	부산	4416

시리즈와 마찬가지로 매개변수 columns에 기존에 없던 컬럼 이름을 입력하면 결측값으로 저장된다.

```
frame = pd.DataFrame(data, columns=['연도', '도시', '인구수', '변화율'])
frame
```

	연도	도시	인구수	변화율
0	2020	서울	15865	NaN
1	2019	서울	15964	NaN
2	2018	서울	16034	NaN
3	2020	부산	4342	NaN
4	2019	부산	4380	NaN
5	2018	부산	4416	NaN

여러 개의 시리즈를 결합하여 데이터프레임 생성하기

데이터프레임을 시리즈가 담겨 있는 딕셔너리 형태라고 볼 수 있다고 했다. 넘파이 배열로 시리즈를
여러 개 생성한 뒤 그것들을 활용해서 데이터프레임을 생성해보자. 3개 모두 시리즈의 길이와 인덱스
의 길이를 동일하게 설정했다.

```
data = {'컬럼1' : pd.Series(data=np.random.randint(10, 100, 5), index=['가', '나', '
다', '라', '마']),
        '컬럼2' : pd.Series(data=np.random.randint(10, 100, 5), index=['가', '나', '
다', '라', '마']),
        '컬럼3' : pd.Series(data=np.random.randint(10, 100, 5), index=['가', '나', '
다', '라', '마'])}
frame = pd.DataFrame(data=data)
frame
```

	컬럼1	컬럼2	컬럼3
가	54	88	60
나	28	12	23
다	36	58	76
라	26	44	50
마	99	52	77

데이터프레임 값 확인하기

시리즈와 마찬가지로 데이터프레임도 values를 사용할 수 있는데 해당 데이터프레임에 저장된 2차
원의 배열 값을 보여준다. name은 갖고 있지 않다.

```
frame.values
```

```
array([[54, 88, 60],
       [28, 12, 23],
       [36, 58, 76],
       [26, 44, 50],
       [99, 52, 77]])
```

데이터프레임을 생성할 수 있는 입력 데이터의 종류

방금 살펴본 방법 외에도 데이터프레임을 생성할 수 있는 입력 데이터의 종류는 다양하다. 다음 표를
참조하여 입력 가능한 데이터의 종류를 살펴보자. 표에 나와 있지 않은 더 많은 종류의 데이터가 있
으며 표에는 일반적인 데이터 종류만 나열했다.

종류	설명
2차원 ndarray	행렬 형식의 데이터, 선택적으로 로우와 컬럼의 이름을 전달 가능
배열, 리스트, 튜플을 담은 딕셔너리	딕셔너리의 모든 항목은 같은 길이여야 하며, 각 항목의 내용이 데이터프레임의 컬럼이 됨
시리즈를 담은 딕셔너리	시리즈의 개별 값이 컬럼이 됨. 각 시리즈의 인덱스가 하나로 합쳐져서 각 로우와 인덱스가 연결됨
딕셔너리를 담은 딕셔너리	내부에 있는 딕셔너리가 컬럼이 됨. 키 값은 '시리즈를 담은 딕셔너리'와 마찬가지로 합쳐져서 각 로우와 인덱스가 연결됨
딕셔너리나 시리즈에 담긴 리스트	리스트의 각 항목이 데이터프레임의 로우가 됨. 합쳐진 딕셔너리의 키 값이나 시리즈의 인덱스가 데이터프레임의 컬럼명이 됨
리스트나 튜플에 담긴 리스트	2차원 ndarray의 경우와 같은 방식으로 처리됨
다른 데이터프레임	인덱스를 따로 지정하지 않으면 데이터프레임의 인덱스가 그대로 사용됨

2.2.2 판다스 데이터 타입

판다스에서 사용되고 처리 가능한 다양한 데이터 타입에 대해 알아보자.

■ 판다스 dtype

판다스에도 고유의 dtype이 존재하는데 각 타입의 특징을 파악해 놓아야 추후 데이터 분석 시 자신이 생성하거나 외부에서 로드한 데이터셋의 데이터 타입이 실제와 다른 경우 적합한 데이터 타입으로 변경할 수 있다.

시리즈를 만든 후 타입을 확인하면 넘파이처럼 해당 데이터의 dtype 정보가 제공된다. 그리고 뒷부분에서 학습하겠지만 데이터프레임의 개별 컬럼도 dtype이 있고, 데이터프레임 전체도 배열 값을 확인할 수 있다. 이것은 판다스의 dtype이 넘파이의 배열 및 dtype을 사용하기 때문이다. 판다스가 제공하는 dtype은 다음 표와 같다.

dtype 종류	설명
object	파이썬 객체형
string	문자형 데이터 타입
int64	넘파이의 부호가 있는 정수형과 동일
float64	넘파이의 부동소수점(실수)형과 동일

dtype 종류	설명
bool	True 또는 False 값을 갖는 불리언형
category	범주형 데이터 타입. 순서 혹은 레벨을 가질 수도 있음
datetime64	시간대가 있는 datetime 데이터를 위한 확장형 데이터 타입. 날짜값과 시간값이 있음
timedelta[ns]	2개 datetime의 사잇값 또는 차잇값을 표현하는 데이터 타입

표에서 알 수 있듯이 판다스는 넘파이에서 보지 못했던 '카테고리'나 '데이트타임', '타임델타'라는 데이터 타입도 지원한다. 나중에 살펴보자.

■ 파이썬 내장 데이터 타입, 넘파이 dtype, 판다스 dtype 비교

1장에서 살펴본 파이썬 내장 데이터 타입뿐만 아니라 넘파이와 판다스 라이브러리에도 각 고유의 데이터 타입이 존재한다. 라이브러리 고유의 데이터 타입 중에는 파이썬 내장 데이터 타입과 호환되는 것도 있고, 라이브러리 독자적으로 존재하는 것도 있어서 처음 학습할 때는 조금 혼란스러울 것이다. 이 세 가지 데이터 타입의 특징을 비교해보면 이해하기가 쉬울 것이라고 생각해서 이들을 비교하는 표를 작성했다.

데이터 타입	파이썬 내장 데이터 타입	넘파이 dtype	판다스 dtype
파이썬 객체형(복합 형태)	object	object	object
텍스트 또는 문자형	string	string_	string
정수형	int	int_, int8, int16, int32, int64	int64
부동소수점(실수)형	float	float_, float16, float32, float64	float64
불리언형	bool	bool_	bool
범주형	×	×	category
날짜시간 데이터 타입	datetime	datetime64[ns]	datetime64
2개 datetime의 차잇값	×	×	timedelta[ns]
값없음(NoneType)	None	nan	None

다양한 형태의 데이터 처리에 강력한 판다스가 가장 많은 종류의 데이터 타입을 지원하고, 산술 계산에 특화되어 있는 넘파이는 특별히 정수형과 실수형에 관련한 다양한 데이터 타입을 제공한다. 처음부터 모든 타입을 다 파악한 상태에서 진행할 필요는 없으니 모두 외워야 한다는 부담은 갖지 말자. 반복적으로 학습하다 보면 저절로 익숙해질 것이다.

2.3 데이터 로드와 저장

판다스로 데이터를 로드하는 방법과 로드할 때 사용할 수 있는 주요 옵션을 살펴보고, 데이터를 처리한 후 파일을 저장하는 방법도 살펴본다.

2.3.1 데이터 로드

앞서 판다스에서 데이터를 생성하는 방법을 학습했지만 실제로 데이터 분석을 하기 위해서는 외부 데이터셋을 불러들여서 분석하는 경우가 훨씬 더 많다. 데이터 자체는 스스로 어떠한 타입이라는 정보를 포함하지 않아서(HDF5나 Feather 등의 경우는 제외) 판다스의 데이터 로드 관련 함수들은 데이터 로드와 동시에 데이터 타입을 추론하는 작업도 함께 수행할 수 있게 한다. 이 절에서는 대표적인 csv 파일을 기준으로 하여 로드하는 여러 가지 방법을 학습하겠다.

■ CSV 파일 로드하기

데이터 로드 시 가장 많이 사용하게 될 함수는 read_csv()다. 이 책에서 제공하는 datasets 폴더 내에 있는 예제 파일 example_1.csv를 이 함수로 로드하여 df라는 이름의 변수에 담아보자.

```
df = pd.read_csv('../datasets/example_1.csv')
```

> **NOTE** 여기서 주의할 점은 괄호 안의 데이터가 들어 있는 경로와 파일명이다. ../datasets/example_1.csv 중에서 ../ 기호는 현재 폴더의 위치에서 한 단계 높은 상위 경로로 이동하겠다는 의미이며, 이동한 위치에서 datasets라는 이름의 폴더로 들어간 후 example_1.csv라는 이름의 파일에 접근하겠다는 것이다. 접근하고자 하는 파일이 현재 실행 중인 주피터 노트북 파일과 동일한 위치에 있다면 파일명만 입력해도 된다.

데이터를 확인해보면 쉼표로 구분되어 있는 csv 파일이기 때문에 데이터프레임 형식으로 읽어온다.

```
df
```

	a	b	c	d	e	keyword
0	1	2	3	4	5	Hello
1	11	12	13	14	15	Good
2	21	22	23	24	25	Nice
3	31	32	33	34	35	Beautiful
4	41	42	43	44	45	GoGo

그리고 read_table() 함수로 읽을 수도 있다. 함수의 매개변수 중 구분자를 의미하는 sep에 쉼표를 지정해주면 된다.

```
pd.read_table('../datasets/example_1.csv', sep=',')
```

	a	b	c	d	e	keyword
0	1	2	3	4	5	Hello
1	11	12	13	14	15	Good
2	21	22	23	24	25	Nice
3	31	32	33	34	35	Beautiful
4	41	42	43	44	45	GoGo

■ 컬럼명 항목이 없는 데이터 로드하기

모든 데이터가 컬럼명 항목을 다 갖고 있진 않다. 컬럼명이 없는 데이터인 example_2.csv를 로드하자.

```
pd.read_csv('../datasets/example_2.csv')
```

	1	2	3	4	5	Hello
0	11	12	13	14	15	Good
1	21	22	23	24	25	Nice
2	31	32	33	34	35	Beautiful
3	41	42	43	44	45	GoGo

출력된 데이터프레임을 보면 헤더 영역을 데이터가 차지하고 있다. 이럴 땐 read_csv() 함수의 매 개변수 중 header를 None이라고 입력하면 된다. 원본 데이터에 헤더가 없으니 데이터의 1행을 헤 더로 만들지 말라고 요청하는 것이다.

```
pd.read_csv('../datasets/example_2.csv', header=None)
```

	0	1	2	3	4	5
0	1	2	3	4	5	Hello
1	11	12	13	14	15	Good
2	21	22	23	24	25	Nice
3	31	32	33	34	35	Beautiful
4	41	42	43	44	45	GoGo

이 코드를 실행하면 헤더 영역에 0부터 시작하는 숫자가 채워지고 데이터는 테이블에 잘 채워진다. 이 상태에서 헤더를 원하는 컬럼명으로 변경하면 되는데 이 방법은 3장 데이터 정제와 응용에서 다룬다.

로드할 때 컬럼명을 바로 지정할 수도 있다. 매개변수 name에 출력되는 컬럼 순서대로 이름을 정해서 입력해주면 된다.

```
pd.read_csv('../datasets/example_2.csv', names=['컬럼1', '컬럼2', '컬럼3', '컬럼4', '컬
럼5', '키워드'])
```

	컬럼1	컬럼2	컬럼3	컬럼4	컬럼5	키워드
0	1	2	3	4	5	Hello
1	11	12	13	14	15	Good
2	21	22	23	24	25	Nice
3	31	32	33	34	35	Beautiful
4	41	42	43	44	45	GoGo

■ 특정 컬럼을 인덱스로 지정해서 로드하기

데이터의 인덱스를 특정 컬럼의 값을 인덱스로 지정해서 로드할 수 있다. 다음은 example_2.csv의

컬럼 중 '키워드'라는 이름의 컬럼을 인덱스로 지정하여 로드하는 방법이다. 실행하면 '키워드' 컬럼이
인덱스로 지정된 것을 확인할 수 있다.

```
col_names = ['컬럼1', '컬럼2', '컬럼3', '컬럼4', '컬럼5', '키워드']
pd.read_csv('../datasets/example_2.csv', names=col_names, index_col='키워드')
```

키워드	컬럼1	컬럼2	컬럼3	컬럼4	컬럼5
Hello	1	2	3	4	5
Good	11	12	13	14	15
Nice	21	22	23	24	25
Beautiful	31	32	33	34	35
GoGo	41	42	43	44	45

데이터셋의 특정 변수가 인덱스여야 하는 상황에 유용하게 사용할 수 있다.

■ 일부 행을 건너뛰고 데이터 로드하기

데이터의 일부 행을 건너뛰고 로드하고 싶다면 skiprows라는 매개변수를 활용한다. 건너뛰어야 하
는 행이 2개 이상이면 반드시 리스트 형태로 입력해야 한다. 파이썬은 0부터 시작하므로 1과 3으로
입력하면 데이터상 1행과 3행이 생략되어 출력된다.

```
pd.read_csv('../datasets/example_1.csv', skiprows=[1, 3])
```

	a	b	c	d	e	keyword
0	11	12	13	14	15	Good
1	31	32	33	34	35	Beautiful
2	41	42	43	44	45	GoGo

skiprows는 대용량 데이터셋을 줄여서 로드할 때도 사용할 수 있다. 생략할 행 대신 람다 함수를 활
용한 코드를 입력한다. 넘파이 random 모듈의 rand() 함수를 활용하여 일정한 비중을 넘어가는 수
치의 배열을 만들어 로드하는 것이다.

다음 코드는 데이터셋의 50%만 추출하겠다는 의미다. 전체 데이터가 5행이라서 3행만 추출되어 데이터프레임이 만들어졌다.

```
pd.read_csv('../datasets/example_1.csv', skiprows = lambda x : x > 0 and np.random.
rand() > 0.5)
```

	a	b	c	d	e	keyword
0	11	12	13	14	15	Good
1	21	22	23	24	25	Nice
2	41	42	43	44	45	GoGo

이는 데이터를 샘플링하는 방법 중 한 가지이며, 데이터 수가 많은 경우에 유용하게 사용할 수 있다. 뒤에 상세하게 학습하겠다.

■ NA(결측값)가 포함된 데이터 로드하기

결측값이 포함된 데이터를 로드하는 일은 실제로 정말 많이 발생한다. 그러므로 결측값을 잘 처리하는 일은 매우 중요한 데이터 분석 기술 중 하나다. 판다스는 보통 비어 있는 항목이나 NA 또는 Null과 같은 문자를 결측값으로 인식한다. 비어 있는 값도 있고 NA라는 문자가 입력된 값도 있는 'example_3.csv' 파일을 로드하자.

```
na_data = pd.read_csv('../datasets/example_3.csv')
na_data
```

	step	a	b	c	d	e	keyword
0	one	1.0	2.0	3.0	4	5.0	Hello
1	two	11.0	12.0	13.0	14	NaN	Good
2	three	NaN	22.0	23.0	24	25.0	Nice
3	four	31.0	32.0	NaN	34	35.0	Beautiful
4	five	41.0	NaN	43.0	44	45.0	NaN

판다스는 결측값에 해당되는 값을 NaN이라고 표시한다. 실제로 결측값인지 아닌지 판단하려면 isnull() 함수를 사용한다. NaN 문자가 표시된 위치와 동일한 위치에 True 값이 출력된다.

```
pd.isnull(na_data)
```

	step	a	b	c	d	e	keyword
0	False	False	False	False	False	False	False
1	False	False	False	False	False	True	False
2	False	True	False	False	False	False	False
3	False	False	False	True	False	False	False
4	False	False	True	False	False	False	True

매개변수 na_values를 활용하여 데이터셋에서 결측값으로 인식되기 원하는 값을 특별히 지정할 수 있다. Null과 NaN 외에도 step 컬럼의 one과 two라는 값도 결측값으로 인식하게 하자.

```
na_data = pd.read_csv('../datasets/example_3.csv', na_values=['Null', 'NaN', 'one',
'two'])
na_data
```

	step	a	b	c	d	e	keyword
0	NaN	1.0	2.0	3.0	4	5.0	Hello
1	NaN	11.0	12.0	13.0	14	NaN	Good
2	three	NaN	22.0	23.0	24	25.0	Nice
3	four	31.0	32.0	NaN	34	35.0	Beautiful
4	five	41.0	NaN	43.0	44	45.0	NaN

결측값으로 잘 인식되었다. 나중에 적합한 처리를 해주면 된다.

■ 인코딩 관련 에러 대응하기

csv 파일 데이터 로드 시 인코딩 관련 문제에 대응하는 방법을 알아보자. 한글 문자열이 포함되어 있는 데이터를 로드할 때는 인코딩 관련 에러 메시지를 자주 만나게 될 것이다. 컴퓨터 보급 초기에는 아스키 방식이 표준이었으나 점차 표현해야 할 문자 종류가 증가하면서 문자들을 표준화하기 위해 다양한 처리 방식이 개발되었다. 한글 역시 아스키 범위 내에서 표현이 힘들기 때문에 인코딩 처리가 필요하다. 그런데 다양한 인코딩 방식이 존재하기 때문에 이 방식 차이에 의한 문제가 발생한다. 예를 들어 데이터 내의 문자열은 cp949 방식으로 저장되어 있는데 읽어오는 인코딩 방식을 utf-8로 지정하면 당연히 문제가 생긴다. 일반적인 에러 상황은 크게 UnicodeDecodeError 관련 메시지가 출력되거나 데이터를 읽었지만 한글 문자열이 깨지는 경우 두 가지다.

에러 1: UnicodeDecodeError 예시 메시지

```
pd.read_csv('../datasets/서울시_지하철호선별_역별_승하차수.csv').head()
```

```
UnicodeDecodeError: 'utf-8' codec can't decode byte 0xb1 in position 0: invalid
start byte
```

에러 2: 공공 데이터 포탈에서 다운로드한 csv 파일을 로드했는데 문자열이 깨진 경우의 예

```
pd.read_csv('../datasets/서울시_지하철호선별_역별_승하차수.csv').head()
```

	◆◆◆◆◆◆◆	8◆◆◆◆	◆◆◆◆	◆◆◆ō˚◆◆◆	◆◆◆◆◆ō˚◆.1	◆◆◆◆◆.1
0	20210527	◆◆◆◆◆ ż◆	4.19◆◆◆	2711	2708	20210530
1	20210527	◆◆◆◆◆◆	◆◆◆◆	6327	6127	20210530
2	20210527	88◆◆	◆◆◆◆◆◆	7602	8441	20210530
3	20210527	38◆◆	◆◆◆◆◆◆	8696	8498	20210530
4	20210527	◆◆μ◆	◆◆◆д◆◆	18780	21785	2021053

1. 이러한 경우에는 가장 먼저 read_csv() 함수의 매개변수 engine에 'python'이라고 설정한 후 다시 로드한다.

2. 그래도 동일한 현상이 반복된다면 매개변수 encoding에 적합한 코덱 타입을 설정해주어야 한다. 공공 데이터 포탈에서 제공하는 데이터셋은 일반적으로 'cp949'로 인코딩되는 경우가 많으므로 encoding에 'cp949'라고 입력해주면 한글이 깨끗하게 잘 나올 것이다.

3. 만약 다른 경로로 얻은 한글이 포함된 데이터라면 인코딩 처리된 코덱 타입을 파악하여 맞는 것으로 설정하면 잘 나온다. 'cp949' 외에 가장 많이 사용하는 인코딩 타입은 'utf-8'과 'euc-kr' 등이 있으니 이 타입으로 시도하면 대부분 해결될 것이다.

한글이 깨진 채로 로드된 '서울시_지하철호선별_역별_승하차수.csv' 파일의 인코딩 타입을 'cp949'로 지정해서 다시 로드해보자. 공공 데이터에서 제공하는 데이터는 대부분 'cp949' 코덱으로 인코딩되기 때문에 이 타입으로 지정해서 로드하면 잘 열린다.

```
pd.read_csv('../datasets/서울시_지하철호선별_역별_승하차수.csv', encoding='cp949',
engine='python').head()
```

	사용일자	호선명	역명	승차총승객수	하차총승객수	등록일자
0	20210527	우이신설선	4.19민주묘지	2711	2708	20210530
1	20210527	경원선	가능	6327	6127	20210530
2	20210527	8호선	가락시장	7602	8441	20210530
3	20210527	3호선	가락시장	8696	8498	20210530
4	20210527	경부선	가산디지털단지	18780	21785	2021053

utf-8로 인코딩된 데이터 로드 시 발생하는 에러 처리 방법

한글이 포함된 문자열은 일반적으로 'utf-8'로 인코딩되어 있는 경우가 많지만 'utf-8'로 설정해도 잘 열리지 않는 경우가 있다. 이러한 경우에는 'utf-8-sig'로 시도하면 대부분 잘 열릴 것이다.

파이썬 표준 인코딩 목록

encoding에 들어갈 수 있는 모든 인코딩 종류는 다음 링크에서 확인할 수 있다.

```
https://docs.python.org/3/library/codecs.html#standard-encodings
```

파이썬에서 제공하는 표준 인코딩 코덱 종류와 해당 언어 정보를 제공한다. 한글 관련 인코딩 종류는 목록의 Language 컬럼에서 'Korean'에 해당하는 코덱을 참고하면 된다.

> **NOTE** 앞서 언급한 속성을 설정해도 해결되지 않는 경우가 드물게 있을 수 있다. 이러한 경우에는 엑셀에서 csv 파일을 오픈하여 인코딩 코드 종류를 직접 변경한 뒤 csv 파일을 다시 저장해주어야 한다. 엑셀에서 인코딩 방식을 변경하는 방법은 구글에서 검색해서 찾아보도록 하자.

■ 판다스로 로드 가능한 파싱 함수 목록

지금까지 판다스로 가장 많이 로드할 가능성이 높은 csv 파일을 로드하는 방법과 주요 옵션 설정을 학습했는데 살펴본 속성 외에도 더 많은 속성과 함수를 제공하고 있다. 이 책에서 언급하지 않은 상황이 발생한다면 판다스 공식 사이트의 read_csv() 함수의 매개변수 관련 페이지를 참고하면 해결할 수 있을 것이다.

https://pandas.pydata.org/pandas-docs/stable/reference/api/pandas.read_csv.html

추가로 csv 외에 로드할 수 있는 파싱 함수에 대해 정리하고 다음 과정으로 넘어가자.

판다스에서는 csv 같은 플랫 파일을 기본으로 엑셀, HTML, JSON 등 다양한 형식의 데이터를 불러오는 함수를 제공한다. 각 함수마다 불러오는 방식이나 제공하는 속성이 다르므로 필요한 상황이 온다면 반드시 판다스 공식 사이트에서 개별 함수의 특성을 파악하고 사용하도록 하자. 기본 원리는 read_csv() 함수와 크게 다르지 않으니 활용하기 어렵지 않을 것이다.

분류	함수명	설명
플랫 파일	read_csv()	csv 파일, URL, 파일 형태의 객체로부터 구분된 데이터 로드, 데이터 구분자는 쉼표(,) 형식
	read_table()	csv 파일, URL, 파일 형태의 객체로부터 구분된 데이터 로드, 데이터 구분자는 탭(\t) 형식
	read_fwf()	고정폭의 컬럼 형식에서 데이터 로드(구분자가 없고, 선택적으로 파일 반복 가능)
Pickle	read_pickle()	파이썬 피클 포맷으로 저장된 객체 로드
Clipboard	read_clipboard()	클립보드에 있는 데이터 로드. 웹페이지의 테이블을 읽어올 때 특히 유용함
Excel	read_excel()	엑셀 파일에서 테이블 형식의 데이터 로드
JSON	read_json()	JSON 문자열 데이터 로드
HTML	read_html()	HTML 문서 내 테이블 데이터 로드
SQL	read_sql_table()	SQL 데이터베이스 테이블 데이터 로드
	read_sql_query()	SQL 쿼리 데이터 로드
	read_sql()	SQL 쿼리 또는 데이터베이스 테이블 데이터 로드
HDF5	read_hdf()	판다스에서 저장한 HDF5 파일 데이터 로드
Feather	read_feather()	Feather 바이너리 파일 데이터 로드
STATA	read_stata()	Stata 파일 데이터 로드
SPSS	read_spss()	SPSS 파일 데이터 로드
SAS	read_sas()	SAS 파일 데이터 로드

2.3.2 데이터프레임 출력 관련 설정

판다스로 로드한 모든 데이터는 데이터프레임 형태로 출력되는데 출력과 관련하여 몇 가지 환경 설정을 하는 방법도 알아둘 필요가 있다. 우리가 사용하는 주피터 노트북에서 데이터프레임을 출력하면 인터페이스 자체의 화면 사이즈 제약이 있다. 기본적인 출력 형태를 사용해도 데이터 분석을 수행할 수는 있지만 컬럼이나 로우 수가 많은 경우에는 중간 부분이 잘리거나 생략되어 데이터 확인이 힘든 경우도 있기 때문이다.

■ 현재 출력 컬럼과 로우 수 확인하기

먼저 디폴트로 출력되는 컬럼과 로우 수를 get_option() 함수로 확인해보자.

```
pd.get_option("display.max_columns")
```

```
20
```

```
pd.get_option("display.max_rows")
```

```
60
```

기본적으로 최대 컬럼과 로우 수는 각각 20개와 60개로 설정되어 있다. 추후에 출력 수를 변경한 후 몇 개인지 다시 확인하는 경우에도 같은 명령어를 사용하면 된다.

■ 최대 출력 컬럼 수 지정하기

최대 출력 컬럼 수를 변경하는 방법을 학습하기 위해 이 책에서 제공하는 데이터 중 example_wide.
csv 파일을 불러오자. 이 예제 데이터에는 많은 수의 컬럼이 저장되어 있다.

```python
pd.read_csv('../datasets/example_wide.csv')
```

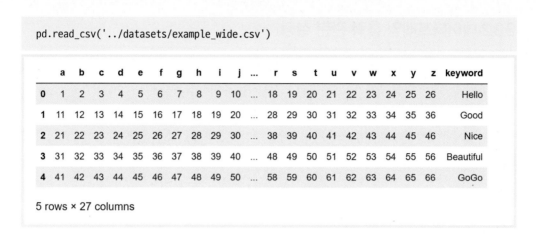

	a	b	c	d	e	f	g	h	i	j	...	r	s	t	u	v	w	x	y	z	keyword
0	1	2	3	4	5	6	7	8	9	10	...	18	19	20	21	22	23	24	25	26	Hello
1	11	12	13	14	15	16	17	18	19	20	...	28	29	30	31	32	33	34	35	36	Good
2	21	22	23	24	25	26	27	28	29	30	...	38	39	40	41	42	43	44	45	46	Nice
3	31	32	33	34	35	36	37	38	39	40	...	48	49	50	51	52	53	54	55	56	Beautiful
4	41	42	43	44	45	46	47	48	49	50	...	58	59	60	61	62	63	64	65	66	GoGo

5 rows × 27 columns

디폴트 컬럼 출력 수가 20개이므로 20개를 넘어가는 컬럼은 ... 부분에 생략되어 있다. 이제 컬럼 최
대 출력 수를 직접 설정해보자. 지금 로드한 데이터가 27개의 컬럼을 갖고 있으니 그 이상의 수치인
30개로 지정하자.

```python
pd.set_option("display.max_columns", 30)
pd.read_csv('../datasets/example_wide.csv')
```

	a	b	c	d	e	f	g	h	i	j	k	l	m	n	o	p	q	r	s	t	u	v	w	x	y	z	keyword
0	1	2	3	4	5	6	7	8	9	10	11	12	13	14	15	16	17	18	19	20	21	22	23	24	25	26	Hello
1	11	12	13	14	15	16	17	18	19	20	21	22	23	24	25	26	27	28	29	30	31	32	33	34	35	36	Good
2	21	22	23	24	25	26	27	28	29	30	31	32	33	34	35	36	37	38	39	40	41	42	43	44	45	46	Nice
3	31	32	33	34	35	36	37	38	39	40	41	42	43	44	45	46	47	48	49	50	51	52	53	54	55	56	Beautiful
4	41	42	43	44	45	46	47	48	49	50	51	52	53	54	55	56	57	58	59	60	61	62	63	64	65	66	GoGo

set_option() 함수 대신 options의 display 관련 함수로도 최대 출력 컬럼 수를 설정할 수 있으니
참고로 알아두자. 다음 코드도 같은 결과를 얻는다.

```
pd.options.display.max_columns = 30
pd.read_csv('../datasets/example_wide.csv')
```

■ 최대 출력 로우 수 지정하기

이번에는 최대 출력 로우 수를 지정하는 방법을 알아보자. 최대 컬럼 출력 수를 지정하는 경우보다 활용도가 낮지만 필요한 상황도 있기 때문에 알아두면 좋을 것이다. 60개 이상의 행을 가진 데이터를 로드해야 학습이 가능한데 시본 라이브러리에서 제공하는 데이터셋 중 하나인 아이리스를 로드하자.

```
import seaborn as sns
iris = sns.load_dataset('iris')
iris
```

	sepal_length	sepal_width	petal_length	petal_width	species
0	5.1	3.5	1.4	0.2	setosa
1	4.9	3.0	1.4	0.2	setosa
2	4.7	3.2	1.3	0.2	setosa
3	4.6	3.1	1.5	0.2	setosa
4	5.0	3.6	1.4	0.2	setosa
...	...	...	...	...	...
145	6.7	3.0	5.2	2.3	virginica
146	6.3	2.5	5.0	1.9	virginica
147	6.5	3.0	5.2	2.0	virginica
148	6.2	3.4	5.4	2.3	virginica
149	5.9	3.0	5.1	1.8	virginica

150 rows × 5 columns

총 150개의 행을 갖고 있지만 상단과 하단의 각 5개 행을 제외하고는 …으로 생략되어 있다. 150개의 모든 행을 확인하고 싶다면 다음 코드를 입력한다.

```
pd.set_option("display.max_rows", 150)
iris
```

Out[26]:

	sepal_length	sepal_width	petal_length	petal_width	species
0	5.1	3.5	1.4	0.2	setosa
1	4.9	3.0	1.4	0.2	setosa
2	4.7	3.2	1.3	0.2	setosa
3	4.6	3.1	1.5	0.2	setosa
4	5.0	3.6	1.4	0.2	setosa
5	5.4	3.9	1.7	0.4	setosa
6	4.6	3.4	1.4	0.3	setosa
7	5.0	3.4	1.5	0.2	setosa
8	4.4	2.9	1.4	0.2	setosa
9	4.9	3.1	1.5	0.1	setosa
10	5.4	3.7	1.5	0.2	setosa

아이리스의 모든 행이 출력되었다. 스크롤을 내리면 데이터의 끝부분까지 확인할 수 있다.

> **NOTE** 데이터의 전체 행을 보고 싶다면 최대 출력 컬럼 수에 반드시 데이터셋 길이 이상의 수를 입력해야 한
> 다. 데이터셋 길이가 3000개라면 pd.set_option("display.max_rows", 3000)처럼 3000 이상의 수를 입력해야 한
> 다는 것을 잊지 말자.

2.3.3 데이터 저장

판다스로 데이터를 저장하는 방법을 학습하자. 데이터 처리나 분석을 하고 난 뒤 가장 나중에 데이터
를 저장하지만 콘텐츠 구성상 이 정도에서 저장 방법을 알아보는 것이 적합한듯하여 소개한다. 데이
터 로드 학습 과정에서 판다스는 csv 외에도 Excel, Pickle, HDF5, Feather 등 다양한 타입의 파
일을 로드할 수 있다고 했다. 그러므로 방금 언급한 다양한 타입으로 저장하는 것도 가능하다. 하지
만 처음부터 다양한 타입을 사용하는 경우는 흔치 않기 때문에 csv 파일 기준으로 학습하겠다.

■ 데이터를 CSV 파일로 저장하기

데이터프레임을 csv 파일로 저장하는 방법을 알아보자. to_csv() 함수의 () 안에 원하는 경로와 파일명을 입력하면 된다. iris 데이터셋을 datasets 폴더에 저장하는 경우를 예로 들겠다.

```
iris.to_csv('../datasets/iris.csv')
```

코드를 실행한 후 datasets 폴더를 확인해보면 iris.csv라는 이름의 파일이 생성되었을 것이다.

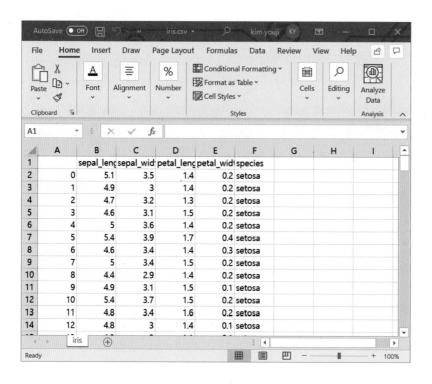

저장할 때 사용할 수 있는 몇 가지 옵션이 있다. 데이터셋의 모든 컬럼 중 원하는 컬럼만 모은 데이터프레임을 저장할 수 있다. 아이리스 데이터셋의 5개 컬럼 중 sepal_length, sepal_width, species 3개 컬럼만 선택하여 csv로 저장해보자.

```
iris.to_csv('../datasets/iris_sepal.csv', columns=['sepal_length', 'sepal_width',
'species'])
```

코드를 실행한 후 datasets 폴더에서 iris_sepal.csv라는 이름의 파일을 확인해보면 3개 컬럼만 저장되어 있을 것이다. 데이터셋을 저장할 때 매개변수 header를 이용하여 헤더를 생략할 수도 있다. header는 기본이 True로 설정되어 있으며 헤더를 생략하려면 header를 False로 설정하면 된다.

```
iris.to_csv('../datasets/iris_noheader.csv', header=False)
```

코드를 실행한 후 datasets 폴더에서 iris_noheader.csv라는 이름의 파일을 확인해보면 헤더가 저장되어 있지 않을 것이다.

이번에는 헤더를 원하는 이름으로 변경해서 저장해보자. header에 이름을 입력하면 헤더명이 변경된다. 컬럼 수가 2개 이상이니 리스트 타입으로 컬럼 순서에 맞춰 원하는 이름을 입력한다.

```
iris.to_csv('../datasets/iris_headername.csv', header=['꽃받침_길이', '꽃받침_넓이', '꽃잎_길이', '꽃잎_넓이', '종류'], encoding='cp949')
```

> **NOTE** 판다스로 한글 문자열이 포함된 데이터셋을 로드할 때와 마찬가지로 저장할 때도 인코딩 옵션을 사용해야 한글 그대로 저장된다. encoding 속성을 사용하며 적합한 인코딩 타입을 지정해서 저장하면 한글이 포함된 데이터를 문자열 그대로 저장할 수 있다. 위 코드에서는 맨 뒤에 encoding='cp949'를 입력하여 한글이 깨지는 것을 방지했다.

저장할 때 인덱스를 생략할 수도 있다. 매개변수 index를 활용하며 True가 기본 설정이므로 False로 설정해주면 인덱스를 생략하고 저장한다.

```
iris.to_csv('../datasets/iris_noindex.csv', index=False)
```

이상으로 판다스의 데이터프레임을 csv 파일로 저장하는 방법을 알아보았는데 살펴본 속성 외에도 더 많은 속성이 있으니 판다스 공식 사이트에서 'to_csv' 키워드를 검색하여 필요할 때 살펴보면 된다.

■ 데이터를 엑셀 파일로 저장하기

csv 파일 다음으로 많이 사용하는 파일은 excel이다. 가장 기본적으로 활용할 수 있는 함수는 to_
excel()이다. 저장할 때 사용할 수 있는 속성이 to_csv() 함수와 매우 비슷하니 필요한 매개변수를
같이 활용하면 된다. 다음 코드를 실행하면 판다스 데이터프레임을 가장 간단하게 엑셀 파일로 저장할
수 있다.

```
iris.to_excel('../datasets/iris.xlsx')
```

자주 사용하게 될 대표적인 데이터 저장 파일 타입 2가지를 학습해보았는데 이 외에도 판다스로 가능
한 파일 파싱 함수 목록에 나오는 대부분의 타입으로 저장할 수 있다. 나머지 타입(예: Pickle 타입,
HTML 타입 등)으로의 저장은 사용 비중이 조금 떨어지는 편이다. 필요한 경우 판다스 공식 사이트
에서 함수 이름을 검색하여 사용법을 익히도록 하자.

실제 데이터 분석에 활용하는 데이터는 학습 과정에서 사용하는 예제 파일과 같지 않고 상태가 좋지
않은 경우가 많다. 그리고 에러의 종류도 매우 다양하다. 이 책에서 모든 에러 상황을 소개하는 것은
불가능하기 때문에 에러 메시지를 잘 확인하여 판다스 공식 사이트에서 관련 키워드로 검색하거나
구글에서 검색하면 문제를 해결하는 데 도움을 받을 수 있을 것이다.

2.4 데이터 확인

판다스로 데이터 로드를 잘 완료했다면 그다음 가장 먼저 해야 할 일은 무엇일까? 바로 데이터를 전
반적으로 확인해보고 살펴보는 것이다. 지금부터 판다스를 이용해서 데이터를 다양한 기준으로 확인
해보자.

먼저 판다스와 시본 라이브러리를 임포트한다.

```
import pandas as pd
import seaborn as sns
```

2.4.1 데이터의 처음과 끝부분 확인

데이터 확인에 활용할 데이터는 시본 라이브러리에서 제공하는 펭귄 데이터셋이다. 시본의 load_dataset() 함수로 penguins 데이터셋을 불러와 df에 저장한 후 출력해보자.

참고로 penguins 데이터셋은 펭귄의 종류와 각 종류의 펭귄이 서식하는 섬, 개별 펭귄의 성별, 부리 길이와 깊이, 지느러미 길이, 몸무게 등 신체 사이즈 관련 값을 담고 있다.

```
df = sns.load_dataset('penguins')
df
```

	species	island	bill_length_mm	bill_depth_mm	flipper_length_mm	body_mass_g	sex
0	Adelie	Torgersen	39.1	18.7	181.0	3750.0	Male
1	Adelie	Torgersen	39.5	17.4	186.0	3800.0	Female
2	Adelie	Torgersen	40.3	18.0	195.0	3250.0	Female
3	Adelie	Torgersen	NaN	NaN	NaN	NaN	NaN
4	Adelie	Torgersen	36.7	19.3	193.0	3450.0	Female
...	...	...	...	...	...	...	...
339	Gentoo	Biscoe	NaN	NaN	NaN	NaN	NaN
340	Gentoo	Biscoe	46.8	14.3	215.0	4850.0	Female
341	Gentoo	Biscoe	50.4	15.7	222.0	5750.0	Male
342	Gentoo	Biscoe	45.2	14.8	212.0	5200.0	Female
343	Gentoo	Biscoe	49.9	16.1	213.0	5400.0	Male

344 rows × 7 columns

데이터셋은 344개의 로우와 7개의 컬럼으로 구성되어 있다.

■ 데이터 앞부분 확인하기

데이터의 앞부분을 확인하려면 head() 함수를 사용한다. 다음 코드를 실행하면 데이터셋의 처음 5개 데이터를 보여주는데 디폴트가 5로 설정되어 있기 때문이다.

```
df.head()
```

	species	island	bill_length_mm	bill_depth_mm	flipper_length_mm	body_mass_g	sex
0	Adelie	Torgersen	39.1	18.7	181.0	3750.0	Male
1	Adelie	Torgersen	39.5	17.4	186.0	3800.0	Female
2	Adelie	Torgersen	40.3	18.0	195.0	3250.0	Female
3	Adelie	Torgersen	NaN	NaN	NaN	NaN	NaN
4	Adelie	Torgersen	36.7	19.3	193.0	3450.0	Female

만약 5개가 아닌 10개를 보고 싶다면 head() 함수의 괄호 안에 10을 입력한다. 확인하고 싶은 개수를 입력하면 해당 개수만큼 데이터를 보여준다.

```
df.head(10)
```

	species	island	bill_length_mm	bill_depth_mm	flipper_length_mm	body_mass_g	sex
0	Adelie	Torgersen	39.1	18.7	181.0	3750.0	Male
1	Adelie	Torgersen	39.5	17.4	186.0	3800.0	Female
2	Adelie	Torgersen	40.3	18.0	195.0	3250.0	Female
3	Adelie	Torgersen	NaN	NaN	NaN	NaN	NaN
4	Adelie	Torgersen	36.7	19.3	193.0	3450.0	Female
5	Adelie	Torgersen	39.3	20.6	190.0	3650.0	Male
6	Adelie	Torgersen	38.9	17.8	181.0	3625.0	Female
7	Adelie	Torgersen	39.2	19.6	195.0	4675.0	Male
8	Adelie	Iorgersen	34.1	18.1	193.0	3475.0	NaN
9	Adelie	Torgersen	42.0	20.2	190.0	4250.0	NaN

10행까지의 데이터를 확인해보니 4행은 모두 결측값이며, sex 컬럼에 다수의 결측값이 존재함을 알수 있다.

■ 데이터 끝부분 확인하기

이번에는 데이터의 끝부분을 확인해보자. 앞부분이 머리를 의미하는 head()였던 것처럼 끝부분은 꼬리를 의미하는 tail()을 활용하면 된다. 디폴트로 보여주는 개수는 5개지만 10개를 확인해보자.

```
df.tail(10)
```

	species	island	bill_length_mm	bill_depth_mm	flipper_length_mm	body_mass_g	sex
334	Gentoo	Biscoe	46.2	14.1	217.0	4375.0	Female
335	Gentoo	Biscoe	55.1	16.0	230.0	5850.0	Male
336	Gentoo	Biscoe	44.5	15.7	217.0	4875.0	NaN
337	Gentoo	Biscoe	48.8	16.2	222.0	6000.0	Male
338	Gentoo	Biscoe	47.2	13.7	214.0	4925.0	Female
339	Gentoo	Biscoe	NaN	NaN	NaN	NaN	NaN
340	Gentoo	Biscoe	46.8	14.3	215.0	4850.0	Female
341	Gentoo	Biscoe	50.4	15.7	222.0	5750.0	Male
342	Gentoo	Biscoe	45.2	14.8	212.0	5200.0	Female
343	Gentoo	Biscoe	49.9	16.1	213.0	5400.0	Male

끝부분에도 결측값이 존재한다. 데이터셋을 로드하면 이렇게 데이터의 시작과 끝부분을 확인해서 어떠한 값이 있는지 미리 살펴보도록 하자.

2.4.2 데이터 차원과 길이 확인

데이터의 볼륨을 확인해보자. 데이터를 처리하거나 가공하면 데이터의 모양과 길이도 변하는데 이 절에서 소개하는 함수를 활용해서 확인하면 된다.

■ 데이터 차원 확인하기

데이터가 어느 정도의 차원으로 구성되어 있는지 모양을 확인하려면 shape 함수를 활용한다. 코드를 실행하면 데이터프레임의 차원을 튜플 타입으로 반환한다.

```
df.shape
```

```
(344, 7)
```

펭귄 데이터의 차원은 (344, 7)이라고 출력되는데 이는 344개의 행(로우)과 7개의 열(컬럼)로 구성되었다고 이해하면 된다.

■ 모든 값의 개수 확인하기

데이터프레임의 모든 값의 개수를 확인할 수 있는 함수는 size다. 데이터프레임의 경우에는 모든 셀의 데이터 수를 반환하고, 시리즈의 경우에는 행 수를 반환한다.

```
df.size
```

```
2408
```

결과를 확인해보면 2408이라고 나오는데 344개의 행 수와 7개의 열 수를 곱하면 총 2408이 되므로 이 데이터의 모든 값의 개수는 2408개가 된다.

■ 데이터 길이 확인하기

데이터의 길이만 간단하게 확인하고자 할 때는 len() 함수를 활용한다. 결국 행 수를 확인하는 것과 같다.

```
len(df)
```

```
344
```

2.4.3 데이터 타입 확인과 변경

데이터의 모양을 확인했으니 이번에는 데이터프레임 각 컬럼의 데이터 타입을 확인해보자. 또한 확인한 데이터 타입이 실제 데이터 타입과 다르게 지정되어 있는 경우 변경하는 방법도 알아보자.

■ 데이터 타입 확인하기

데이터 타입을 단순하게 확인할 때는 dtypes 함수를 사용한다. 데이터프레임에 사용하면 데이터의 모든 컬럼 이름과 해당 데이터 타입을 1라인씩 출력한다.

```
df.dtypes
```

```
species                object
island                 object
bill_length_mm         float64
bill_depth_mm          float64
flipper_length_mm      float64
body_mass_g            float64
sex                    object
dtype: object
```

species, island, sex 등 3개 컬럼은 object 타입으로 나왔는데 이것은 판다스가 이 데이터에 대해 처음 추론한 데이터 타입이다. object 타입은 복합적인 형태로 다른 타입보다 성격이 조금 모호하다고 볼 수 있다.

■ 자동으로 데이터 타입 변경하기

그런데 방금 출력해본 데이터 타입 중 object 타입으로 판단된 species, island, sex 컬럼은 텍스트 형식인데 판다스가 제대로 판단하지 못한 것 같다. 이렇게 적합한 데이터 타입이 아닌 경우에는 자동으로 데이터 타입을 추론하는 convert_dtypes() 함수를 사용할 것을 추천한다.

```
df = df.convert_dtypes()
df.dtypes
```

```
species                string
island                 string
bill_length_mm         Float64
bill_depth_mm          Float64
flipper_length_mm      Int64
body_mass_g            Int64
sex                    string
dtype: object
```

코드 결과를 확인해보면 방금 언급한 3개 변수의 데이터 타입이 string으로 잘 변경되었다. 뿐만 아니라 flipper_length_mm과 body_mass_g 컬럼도 해당 값이 정수이기 때문에 int64 타입으로 변경되었다. 좀 더 가능성이 높은 혹은 적합해 보이는 데이터 타입으로 자동 변경해주는 역할을 하는 것이다. 그러나 이것은 100% 정확성을 보장하지는 않는다. 올바르게 변경되었다고 생각되면 넘어가고, 아니라고 생각되면 다시 수동으로 변경하는 작업을 해야 한다. 계속해서 이에 대해 학습하자.

■ 수동으로 데이터 타입 변경하기

사실 string 타입은 많은 경우 단순 텍스트보다는 일정한 구간, 영역 또는 범주를 의미하는 카테고리일 확률이 높다. 이러한 경우 astype() 함수로 직접 특정 데이터 타입으로 변경한다.

타입 변경 방법 1

다음 코드는 컬럼 1개씩 category 데이터 타입으로 변경하는 방법이다. 왼쪽에 df라는 데이터를 입력하는 이유는 변경한 값을 원래 데이터에 저장하기 위함이다. 이렇게 하지 않으면 코드를 실행한 순간 1회성으로 변경은 되지만 저장은 되지 않는다. astype() 함수에 컬럼명, 변경하려는 데이터 타입명을 순서대로 중괄호 {} 안에 입력하여 전달한다.

```
df = df.astype({'species':'category'})
df = df.astype({'island':'category'})
df = df.astype({'sex':'category'})
```

타입 변경 방법 2

컬럼명과 데이터 타입 세트를 동시에 여러 개 입력해서 실행할 수도 있다.

```
df = df.astype({'species':'category', 'island':'category', 'sex':'category'})
```

타입 변경 방법 3

다음 코드도 같은 방식으로 적용된다. 변경하려는 데이터의 컬럼을 왼쪽에 지정하고 astype() 함수의 () 안에 데이터 타입을 입력하면 된다.

```
df['species'] = df['species'].astype('category')
df['island'] = df['island'].astype('category')
df['sex'] = df['sex'].astype('category')
```

위 세 가지 방식 중 한 가지를 실행한 후 데이터 타입을 확인해보자.

```
df.dtypes
```

```
species              category
island               category
bill_length_mm         Float64
bill_depth_mm          Float64
flipper_length_mm        Int64
body_mass_g              Int64
sex                  category
dtype: object
```

string이었던 데이터 타입이 category로 잘 변경되었다.

유의 사항 1: astype( ) 함수에 적용 가능한 데이터 타입

astype( ) 함수의 타입 변경 속성으로 들어갈 수 있는 데이터 타입은 앞에서 이미 배운 넘파이와 판다스의 모든 데이터 타입이다.

유의 사항 2: 결측값이 있는 경우 발생하는 에러

데이터에 결측값이 존재하면 에러가 발생하기도 한다. 이때 빠르게 해결할 수 있는 방법으로 결측값이 있는 행을 삭제하는 것이다. 물론 적당한 값을 채워 넣을 수도 있다. 결측값이 있는 경우의 데이터 처리는 뒷부분에서 학습한다.

2.4.4 데이터프레임 요약 정보 확인

info( ) 함수로 데이터프레임의 전반적인 요약 정보를 확인할 수 있다. 이 함수는 인덱스의 범위, 컬럼 수, 각 컬럼당 null이 아닌 값의 수, 메모리 사용량을 포함하여 데이터프레임에 대한 전반적인 정보를 제공한다. 데이터프레임에만 적용 가능하고 시리즈에는 적용할 수 없다.

```
df.info()
```

```
<class 'pandas.core.frame.DataFrame'>
RangeIndex: 344 entries, 0 to 343
Data columns (total 7 columns):
 #   Column             Non-Null Count  Dtype
---  ------             --------------  -----
 0   species            344 non-null    category
 1   island             344 non-null    category
 2   bill_length_mm     342 non-null    Float64
 3   bill_depth_mm      342 non-null    Float64
 4   flipper_length_mm  342 non-null    Int64
 5   body_mass_g        342 non-null    Int64
 6   sex                333 non-null    category
dtypes: Float64(2), Int64(2), category(3)
memory usage: 13.6 KB
```

이미 앞에서 확인했지만 데이터프레임의 전체 길이가 344행인데 344개가 되지 않는 컬럼이 5개나 있다. 각 컬럼의 데이터 타입 정보도 제공하기 때문에 한눈에 많은 정보를 확인할 수 있어 편리하다.

2.4.5 기술통계 확인

기술통계는 통계 기법에 속하며 데이터 표본의 특징을 나타내는 요약된 정보라고 볼 수 있다. 본격적인 통계 분석 관련 학습은 5장 데이터 집계와 그룹 연산에서 학습하겠지만 데이터 분석 초반에 데이터를 탐색하는 과정에서는 기술통계 기법이 많이 사용된다.

■ 기술통계 정보 확인하기

기술통계 정보를 하나의 테이블로 제공하는 함수인 describe()가 있다. 제공하는 결과에는 결측값을 제외한 데이터 분포의 중심 경향, 분산, 차원의 모양을 요약하는 통계가 포함된다. 숫자 또는 오브젝트 데이터 타입인 변수의 집합에 관해서도 모두 분석해준다. 출력되는 정보는 어떤 변수를 선택하느냐에 따라 달라진다. 펭귄 데이터셋을 다시 로드한 후 describe() 함수를 적용해보자.

```
df = sns.load_dataset('penguins')
df.describe()
```

	bill_length_mm	bill_depth_mm	flipper_length_mm	body_mass_g
count	342.000000	342.000000	342.000000	342.000000
mean	43.921930	17.151170	200.915205	4201.754386
std	5.459584	1.974793	14.061714	801.954536
min	32.100000	13.100000	172.000000	2700.000000
25%	39.225000	15.600000	190.000000	3550.000000
50%	44.450000	17.300000	197.000000	4050.000000
75%	48.500000	18.700000	213.000000	4750.000000
max	59.600000	21.500000	231.000000	6300.000000

출력된 테이블을 확인해보면 4개의 컬럼만 나오는데, 기본적으로 수치형 변수와 관련된 기술통계 정보만 제공하기 때문이다. 숫자 타입 컬럼의 경우 데이터프레임 인덱스에는 데이터 수(count), 평균값(mean), 표준편차(std), 최솟값(min), 최댓값(max), 백분위수(25%, 50%, 75%)가 포함된다. 기본적으로 하위 백분위수는 25고 상위 백분위수는 75다. 백분위수 50은 중앙값과 동일하다.

모든 변수를 포함한 기술통계 테이블을 확인하려면 다음과 같이 코드를 입력한다. 결과는 생략한다.

```
df.describe(include='all')
```

모든 변수를 기준으로 출력하니 범주형 또는 문자형 변수 관련 통곗값들이 상단에 올라오게 된다. 오브젝트 타입만 따로 확인하려면 다음과 같이 입력한다.

```
df.describe(include=[object])
```

	species	island	sex
count	344	344	333
unique	3	3	2
top	Adelie	Biscoe	Male
freq	152	168	168

오브젝트 데이터의 경우 결과 테이블의 인덱스에 데이터 수(count), 고윳값 수(unique), 가장 많이 출연하는 값(top)과 빈도(freq)에 관한 데이터프레임을 제공한다.

describe() 함수의 매개변수에 include 또는 exclude를 활용하여 포함시키고 싶은 데이터 타입의 컬럼만 기술통계를 계산하거나 포함시키고 싶지 않은 데이터 타입의 컬럼을 제외하고 기술통계를 계산할 수 있다. 다음 예제 코드를 확인하여 필요한 상황에 사용하도록 하자.

활용 예

◆ 숫자 데이터 타입의 변수만 기술통계 계산하기

```
df.describe(include=[np.number])
```

◆ 카테고리 데이터 타입의 변수를 제외하고 기술통계 계산하기

```
df.describe(exclude=['category'])
```

■ 백분위수 구하기

describe() 함수가 제공하는 결과 중 백분위수가 있었는데 이를 넘파이와 판다스로 계산하는 방법을 알아보자.

넘파이로 백분위수 구하기

백분위수를 배열로 추출하고 싶다면 넘파이의 percentile() 함수를 활용한다. 펭귄 데이터의 bill_depth_mm 컬럼의 백분위수 중 최솟값, 1사분위수, 2사분위수, 3사분위수, 최댓값을 계산한다고 가정하자. 데이터에 결측값이 있으면 에러가 발생할 수 있으니 빈 값에 모두 0을 채운 후 계산했다.

```
df = df.fillna(0)
point_5 = np.percentile(df['bill_depth_mm'], q=[0, 25, 50, 75, 100])
point_5
```

```
array([ 0. , 15.5, 17.3, 18.7, 21.5])
```

앞서 describe() 함수로 계산한 백분위수와 거의 동일한 값이 출력되었다. 개별적인 원소에 접근하려면 배열 내 순서대로 접근한다.

```
print(point_5[0])
print(point_5[1])
print(point_5[2])
```

```
0.0
15.5
17.3
```

판다스로 백분위수 구하기

판다스는 quantile() 함수를 사용한다. quantile() 함수의 ()에 리스트로 원하는 백분위수를 소수점으로 입력하면 해당 값을 출력한다.

```
df.quantile([0, .25, .5, .75, 1.0])
```

	bill_length_mm	bill_depth_mm	flipper_length_mm	body_mass_g
0.00	0.00	0.0	0.0	0.0
0.25	39.20	15.5	190.0	3550.0
0.50	44.25	17.3	197.0	4025.0
0.75	48.50	18.7	213.0	4750.0
1.00	59.60	21.5	231.0	6300.0

물론 1개의 백분위수만 출력할 수도 있다.

```
df.quantile(.25)
```

```
bill_length_mm          39.2
bill_depth_mm           15.5
flipper_length_mm      190.0
body_mass_g           3550.0
Name: 0.25, dtype: float64
```

```
df['bill_length_mm'].quantile(.25)
```

```
39.2
```

■ 데이터 수 파악하기

count() 함수는 각 컬럼이나 로우 기준으로 결측값이 아닌 모든 데이터의 셀 수를 계산한다. None, NaN, NaT과 선택적으로 numpy.inf 값 등이 결측값으로 인지된다. 데이터프레임과 bill_length_mm 컬럼에 적용한 예제를 보자.

```
df.count()
```

```
species              344
island               344
bill_length_mm       342
bill_depth_mm        342
flipper_length_mm    342
body_mass_g          342
sex                  333
dtype: int64
```

```
df['bill_length_mm'].count()
```

```
344
```

각 컬럼에서 결측값을 제외한 수를 반환했다.

이와 반대로 개별 행에 포함된 컬럼 수를 알고 싶다면 다음과 같이 한다.

```
df.count(axis='columns')
```

```
0      7
1      7
2      7
3      7
4      7
      ..
339    7
340    7
341    7
342    7
343    7
Length: 344, dtype: int64
```

■ 최댓값 찾기

max() 함수는 해당 데이터의 기준 축에서 가장 큰 값을 출력한다. 만약 데이터가 오브젝트 타입이라면 가장 빈도가 높은 값이 출력된다.

```
df.max()
```

```
species              Gentoo
island            Torgersen
bill_length_mm         59.6
bill_depth_mm          21.5
flipper_length_mm     231.0
body_mass_g          6300.0
dtype: object
```

```
df['bill_length_mm'].max()
```

```
59.6
```

최댓값이 있는 id를 알고 싶다면 idxmax() 함수를 활용한다. 방금 살펴봤던 bill_length_mm 컬럼에서 최댓값이 위치한 인덱스를 찾아보자.

```
df['bill_length_mm'].idxmax()
```

```
253
```

최댓값 59.6은 253번째에 위치하고 있다. 만약 최댓값이 여러 개라면 해당 값이 있는 첫 번째 행의 인덱스를 출력한다.

■ 최솟값 찾기

min() 함수는 최댓값과는 반대로 가장 작은 값을 출력한다. 오브젝트 타입 컬럼의 경우에는 빈도가 가장 낮은 값이 출력된다.

```
df.min()
```

```
species            Adelie
island             Biscoe
bill_length_mm        0.0
bill_depth_mm         0.0
flipper_length_mm     0.0
body_mass_g           0.0
dtype: object
```

```
df['bill_length_mm'].min()
```

```
0.0
```

최솟값이 있는 인덱스를 찾으려면 idxmin() 함수를 사용한다.

```
df['bill_length_mm'].idxmin()
```

```
3
```

■ 평균값 계산하기

데이터의 평균을 계산하는 mean() 함수는 당연히 숫자 타입 컬럼의 평균값만 계산하여 출력한다.

```
df.mean()
```

```
bill_length_mm        43.666570
bill_depth_mm         17.051453
flipper_length_mm    199.747093
body_mass_g         4177.325581
dtype: float64
```

■ 표준편차 계산하기

std() 함수는 표준편차를 출력한다. 기본적으로 N-1로 정규화 처리된다.

```
df.std()
```

```
bill_length_mm        5.459584
bill_depth_mm         1.974793
flipper_length_mm    14.061714
body_mass_g         801.954536
dtype: float64
```

■ 데이터 합계 구하기

sum() 함수는 모든 데이터의 합계를 출력한다. 넘파이의 함수인 sum()과 동일하다. 문잣값인 경우 문자가 합쳐져서 출력된다.

```
df.sum()
```

```
species              AdelieAdelieAdelieAdelieAdelieAdelieAdelieAdel...
island               TorgersenTorgersenTorgersenTorgersenTorgersenT...
bill_length_mm                                                 15021.3
bill_depth_mm                                                   5865.7
flipper_length_mm                                              68713.0
body_mass_g                                                  1437000.0
dtype: object
```

■ 기술통계 시각화: 막대그래프, 히스토그램, 박스플롯

기술통계는 기본적으로 테이블 형식으로 먼저 확인하지만 그래프로 시각화하면 전체적인 양상을 한 눈에 파악할 수 있다. 데이터 시각화는 7장에서 학습할 것이다. 여기서는 간단하게 기술통계에 사용할 수 있는 그래프를 미리 살펴보도록 하겠다.

막대그래프

기술통계 함수로 오브젝트 타입 컬럼을 카운트할 수 있었는데 이러한 범주 타입 데이터 합계는 막대그래프를 사용한다. 펭귄 데이터셋을 대상으로 막대그래프를 그려보자.

```
import seaborn as sns
```

오브젝트 타입이 species와 island 2개이므로 각각 차례대로 그려보도록 하겠다. 시본에서 합계를 표현할 때는 catplot()이라는 막대그래프 함수를 활용해서 그린다.

```
sns.catplot(data=df, x="species", kind="count", palette="ch:.25")
sns.catplot(data=df, x="island", kind="count", palette="ch:.25")
```

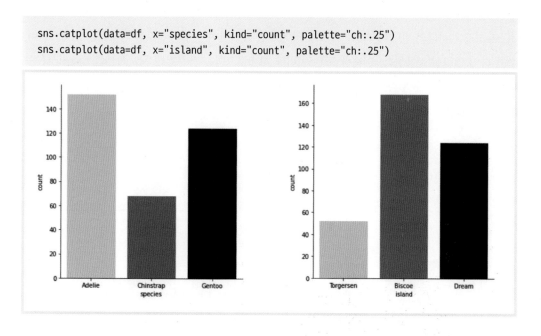

y축에 숫자 타입 변수를 지정하여 그릴 수 있는 barplot()도 있다. 단순 합계가 아닌 평균이나 계산한 결과를 표현할 때 사용한다. 다음은 catplot()에 활용한 변수와 동일한 변수를 대상으로 평균 수치를 표현하는 barplot()을 시각화하는 예제 코드다.

```
sns.barplot(data=df, x="species", y="bill_length_mm", palette="ch:.25")
sns.barplot(data=df, x="island", y="bill_length_mm", palette="ch:.25")
```

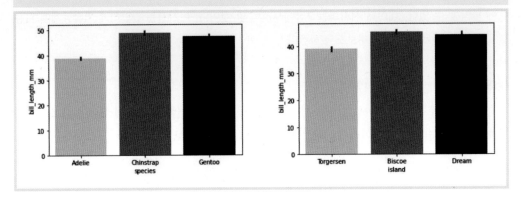

상세한 사용법은 7장에서 살펴보도록 하자.

■ 히스토그램

히스토그램은 하나의 빈bin에 속하는 관측값의 개수를 계산하여 변수의 분포를 나타내는 그래프이며, 숫자 타입 컬럼에 사용한다. 일변량 또는 이변량 히스토그램을 플로팅해주는 시본의 histplot()을 활용하여 시각화할 수 있다. flipper_length_mm과 body_mass_g 컬럼을 대상으로 각각 히스토그램을 그려보자.

```
sns.histplot(data=df, x="flipper_length_mm", color='#1E9FAA')
sns.histplot(data=df, x="body_mass_g", color='#54D6C1')
```

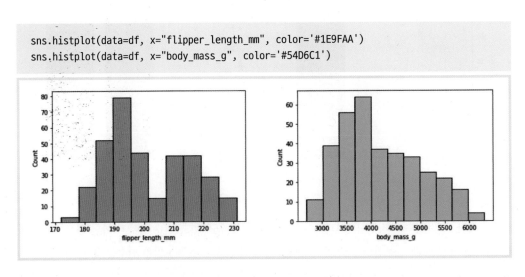

각 변수마다 분포의 모양이 다르다. 7장 데이터 시각화에서 세부적으로 빈의 수치를 조정하고 하나의 그래프 안에 2개 이상의 변수를 플롯팅하는 등 더 자세히 알아보기로 한다.

박스플롯

변수의 분포를 표시하는 박스플롯(상자그림)은 boxplot( ) 함수로 그린다. 숫자와 오브젝트 타입 변수 모두에 사용할 수 있으며 변수 간의 수준을 쉽게 비교할 수 있다. 펭귄 데이터셋의 모든 변수를 하나의 그래프 안에 시각화해보고, x축은 species 변수, y축은 body_mass_g 변수를 기준으로 박스플롯을 그려보자.

```
sns.boxplot(data=df, palette="mako")
sns.boxplot(data=df, x='species', y='body_mass_g', palette="mako")
```

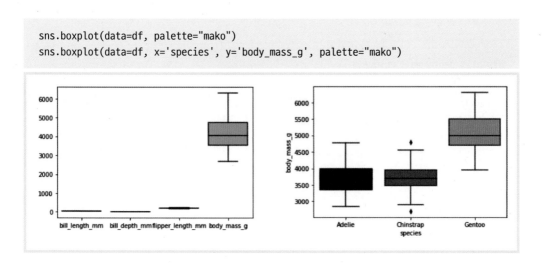

박스플롯의 박스 길이와 확장된 수염의 길이는 기술통계의 백분위수를 기준으로 플롯팅된다. 적합한 변수를 선택하거나 관련 옵션을 설정해야 왼쪽의 그래프처럼 잘못된 그래프를 그리지 않는다. 상세한 방법은 7장 데이터 시각화에서 학습할 것이다.

2.4.6 고윳값 확인

데이터의 고윳값을 확인하는 몇 가지 방법을 학습하자.

■ 고윳값 확인하기

unique( ) 함수는 컬럼의 고윳값을 알려준다. 고윳값은 넘파이 배열 형식으로 반환되고 숫자 타입과 오브젝트 타입 컬럼 모두에 사용할 수 있지만 주로 오브젝트 타입 변수에 사용한다. 펭귄 데이터의 species 컬럼의 고윳값을 출력해보자.

```
df['species'].unique()
```

```
array(['Adelie', 'Chinstrap', 'Gentoo'], dtype=object)
```

펭귄의 종류는 3개의 고윳값으로 구성되어 있다.

숫자 타입의 컬럼에도 unique() 함수를 적용할 수 있다. bill_depth_mm 변수에 적용해보자.

```
df['bill_depth_mm'].unique()
```

```
array([18.7, 17.4, 18. ,  nan, 19.3, 20.6, 17.8, 19.6, 18.1, 20.2, 17.1,
       17.3, 17.6, 21.2, 21.1, 19. , 20.7, 18.4, 21.5, 18.3, 19.2, 17.2,
       18.9, 18.6, 17.9, 16.7, 17. , 20. , 18.5, 19.1, 19.7, 16.9, 18.8,
       17.7, 19.5, 17.5, 16.6, 18.2, 16.2, 19.4, 16.8, 16.1, 20.3, 16. ,
       16.5, 20.5, 19.8, 15.9, 20.1, 15.5, 19.9, 20.8, 16.4, 13.2, 16.3,
       14.1, 15.2, 14.5, 13.5, 14.6, 15.3, 13.4, 15.4, 13.7, 15.7, 15.1,
       14.3, 15.8, 13.1, 15. , 14.2, 14.8, 13.6, 13.9, 13.3, 14.4, 13.8,
       14.9, 15.6, 14. , 14.7])
```

결과에서 알 수 있듯이 수치의 고윳값을 추출하는 것은 큰 의미가 없으므로 잘 사용하지는 않는다.

■ 고윳값과 해당 개수 동시에 확인하기

value_counts() 함수는 고윳값의 개수를 포함하는 결과를 반환한다. 이 결과 객체는 가장 빈도가 높은 요소가 상위에 위치한다. 시리즈와 데이터프레임 모두 사용할 수 있는데 먼저 시리즈 대상 island 단일 컬럼에 적용해보자.

```
df['island'].value_counts()
```

```
Biscoe       168
Dream        124
Torgersen     52
Name: island, dtype: int64
```

반환된 결과를 보면 펭귄이 많이 서식하는 섬은 Biscoe, Dream, Torgersen 순이다. 만약 이 결과를 비중으로 확인하고 싶다면 normalize 속성을 활용한다.

```
df['island'].value_counts(normalize=True)
```

```
Biscoe      0.488372
Dream       0.360465
Torgersen   0.151163
Name: island, dtype: float64
```

총 개수 기준으로 각 값의 개수를 백분위한 비중의 수치로 변경되어 출력된다.

이번에는 숫자 타입 변수인 bill_depth_mm을 기준으로 value_counts() 함수를 적용해보자.

```
df['bill_depth_mm'].value_counts()
```

```
17.0    12
15.0    10
18.5    10
17.9    10
18.6    10
        ..
20.6     1
20.1     1
20.5     1
21.5     1
13.3     1
Name: bill_depth_mm, Length: 80, dtype: int64
```

길이가 80개인 수치형 고윳값들이 나열되었다. 사실 연속형 변수의 고윳값은 그다지 확인할 필요가 없으며 그 수는 데이터 분석에 별로 도움이 되지 않는다. 하지만 bins를 활용해서 연속형 변수를 범주형 변수로 변경할 수 있다. 히스토그램 기술통계 시각화 부분에서 학습한 bin과 같은 개념이다.

매개변수 bins는 수치의 고윳값을 세는 대신 전체 데이터를 지정한 수 기준으로 인덱스를 나누어 계산한다. 5개와 3개로 각각 나누어서 실행해보자.

```
df['bill_depth_mm'].value_counts(bins=5)
```

```
(16.46, 18.14]                 99
(18.14, 19.82]                 95
(14.78, 16.46]                 66
(13.091000000000001, 14.78]    56
(19.82, 21.5]                  26
Name: bill_depth_mm, dtype: int64
```

```
df['bill_depth_mm'].value_counts(bins=3)
```

```
(15.9, 18.7]                  158
(13.091000000000001, 15.9]    103
(18.7, 21.5]                   81
Name: bill_depth_mm, dtype: int64
```

bins를 5개와 3개로 나눈 결과의 수치 구간이 다르기 때문에 직접적인 비교는 할 수 없지만 대략적인 구간별 데이터의 분포와 개수를 확인할 수 있다. 이 방법은 어느 구간에 데이터가 밀집해 있는지 어느 구간에 어느 정도의 데이터가 존재하는지 정확하게 수치로 구할 수 있게 해준다.

> **NOTE** 매개변수에 dropna=False를 활용하면 결측값도 포함해서 고윳값을 확인할 수 있으니 참고하자.
> 예: value_counts(dropna=False)

다음은 데이터프레임에 value_counts() 함수를 활용했을 때의 예제다.

```
df.value_counts()
```

species	island	bill_length_mm	bill_depth_mm	flipper_length_mm	body_mass_g	sex	
Adelie	Biscoe	34.5	18.1	187.0	2900.0	Female	1
Gentoo	Biscoe	44.0	13.6	208.0	4350.0	Female	1
		43.6	13.9	217.0	4900.0	Female	1
		43.5	15.2	213.0	4650.0	Female	1
			14.2	220.0	4700.0	Female	1
							..
Adelie	Torgersen	36.6	17.8	185.0	3700.0	Female	1
		36.2	17.2	187.0	3150.0	Female	1

```
                          16.1         187.0              3550.0         Female      1
              35.9        16.6         190.0              3050.0         Female      1
Gentoo  Biscoe  59.6      17.0         230.0              6050.0         Male        1
Length: 333, dtype: int64
```

전체 데이터셋에 해당하는 데이터프레임에 적용을 하니 모든 변수의 조합이 고윳값이 되어 길이가 무려 333개나 되는 결과가 출력되었다. 데이터프레임에 적용할 때는 오브젝트 타입의 컬럼만 묶은 데이터 위주로 하는 것이 좋으며 연속형 같은 수치형 변수는 범주형으로 변경한 후 적용해야 한다. 연속형 변수를 범주형으로 변환하는 작업은 3장 데이터 정제 부분에서 학습할 예정이니 일단 펭귄 데이터셋의 오브젝트 타입 컬럼 2개를 활용하여 생성한 데이터프레임에 적용한 결과를 확인해보자.

```
df[['species', 'island']].value_counts()
```

```
species      island
Gentoo     Biscoe         124
Chinstrap  Dream           68
Adelie     Dream           56
           Torgersen       52
           Biscoe          44
dtype: int64
```

species 변수와 island 변수의 각 고윳값은 3개였기 때문에 총 조합은 6가지가 나올 수 있으나 실제 데이터에서 확인 가능한 조합은 5가지인 것으로 나왔고 Gentoo와 Biscoe가 조합된 값이 가장 많다.

2.5 데이터프레임의 컬럼을 다루는 테크닉

지금까지의 학습 과정에서 종종 사용했지만 설명하지는 않고 지나간 데이터프레임의 컬럼 사용법을 집중적으로 이해할 필요가 있다. 컬럼을 자유롭게 다루는 기술은 기초적이지만 굉장히 유용하다. 펭귄 데이터셋을 활용한 예제로 학습을 진행하겠다.

2.5.1 현재 컬럼 목록 확인하기

columns 함수는 데이터셋에 어떤 컬럼이 있는지 전체 컬럼명을 확인할 때 사용한다. 데이터 분석을 진행하다 보면 새로운 컬럼이 생성되기도 하고 기존 컬럼이 삭제되기도 하면서 현재 어떤 컬럼이 있는지 이름이 무엇인지 기억나지 않을 수 있다. 이때 columns를 유용하게 사용할 수 있다.

```
df.columns
```

```
Index(['species', 'island', 'bill_length_mm', 'bill_depth_mm',
       'flipper_length_mm', 'body_mass_g', 'sex'],
      dtype='object')
```

해당 데이터프레임의 컬럼 이름을 인덱스 형식으로 반환한다.

2.5.2 컬럼 호출하기, 컬럼 조합해서 데이터프레임 생성하기

데이터프레임에서 필요한 컬럼만 따로 호출할 때는 다음 방식을 사용한다.

컬럼 1개를 호출하는 경우

단일 컬럼을 호출하는 경우에는 대괄호 [ ] 안에 '컬럼명'을 입력한다.

```
df['species']
```

[ ] 대신 점(.)을 사용할 수 있으며 [ ]보다 사용하기 더 편리하다. 이 책에서는 이 방식을 주로 사용하겠다.

```
df.species
```

컬럼 2개 이상을 호출하는 경우

2개 이상의 컬럼을 호출하는 경우에는 리스트로 한 번 더 감싸준다.

```
df[['species', 'bill_depth_mm']]
```

컬럼을 변수에 따로 담은 후 그 변수를 데이터프레임의 대괄호 [ ] 안으로 불러오는 방법도 있다. 변수가 적을 때도 사용하긴 하지만 변수의 개수가 많을수록 더 유용하다.

```
columns = ['species', 'bill_depth_mm']
df[columns]
```

이렇게 2개 이상의 컬럼을 결합하여 새로운 변수에 담아서 새로운 데이터프레임을 생성하기도 한다.

```
new_df = df[columns]
new_df.head()
```

	species	bill_depth_mm
0	Adelie	18.7
1	Adelie	17.4
2	Adelie	18.0
3	Adelie	NaN
4	Adelie	19.3

2.5.3 새로운 컬럼 생성하기

데이터 분석 시 더 좋은 결과를 위해 새로운 변수를 많이 생성하게 된다. 컬럼을 생성하는 기초적인 방법을 배워보자.

■ 단일 컬럼 생성하기

bill_depth_mm 컬럼을 변환하여 새로운 컬럼을 생성해보자. bill_depth_mm 컬럼은 값이 mm 기준으로 되어 있는데, 이를 10으로 나누어 cm 기준으로 변환한 값을 bill_depth_cm라는 이름의 컬럼을 생성하여 그곳에 담는다고 가정한 코드다.

```
df['bill_depth_cm'] = df['bill_depth_mm'] / 10
df.head()
```

	species	island	bill_length_mm	bill_depth_mm	flipper_length_mm	body_mass_g	sex	bill_depth_cm
0	Adelie	Torgersen	39.1	18.7	181.0	3750.0	Male	1.87
1	Adelie	Torgersen	39.5	17.4	186.0	3800.0	Female	1.74
2	Adelie	Torgersen	40.3	18.0	195.0	3250.0	Female	1.80
3	Adelie	Torgersen	NaN	NaN	NaN	NaN	NaN	NaN
4	Adelie	Torgersen	36.7	19.3	193.0	3450.0	Female	1.93

출력된 데이터프레임을 확인해보면 가장 오른쪽에 bill_depth_cm라는 새로운 컬럼이 생성된 것을 확인할 수 있다.

 CAUTION

컬럼을 호출할 때는 df.bill_depth_cm 형식이 가능하지만 컬럼을 생성할 때는 이 형식을 사용할 수 없다.

■ 다중 컬럼 동시에 생성하기

판다스의 assign() 함수를 활용하면 여러 개의 컬럼을 동시에 생성하거나 대치하는 것이 가능하다 (물론 1개도 가능함). 다음은 bill_length_mm과 bill_depth_mm 2개의 컬럼을 동시에 cm 단위로 변환하여 새로운 컬럼을 생성하는 예제 코드다.

```
df.assign(
    bill_length_cm = df['bill_length_mm'] / 10,
    bill_depth_cm = df['bill_depth_mm'] / 10
)
```

이렇게 컬럼을 생성하는 코드를 괄호 안에 원하는 만큼 생성할 수 있다. 학습 초기에는 assign() 함수로 컬럼을 생성하는 방법이 헷갈릴 수도 있으니 단일 컬럼을 생성하는 방법을 확실하게 학습한 후 활용할 수 있도록 한다.

예제 코드는 값의 수치를 변환하는 작업을 진행한 것이지만 다른 계산 공식이나 문자열 처리 등 다양한 방식을 활용할 수 있다. 다양한 방식은 3장 데이터 정제에서 학습한다.

2.5.4 동일한 데이터 타입의 컬럼만 선택하기

select_dtypes() 함수로 데이터프레임의 여러 컬럼 중 동일한 dtype의 컬럼만 불러올 수 있다. include와 exclude 매개변수를 사용해서 특정 dtype만 제외하거나 포함시킬 수 있다.

예제로 실수인 dtype의 컬럼만 선택해보자. 선택된 컬럼 이름만 확인하기 위해 columns를 함께 활용했다.

```
df.select_dtypes(include=['float64']).columns
```

```
Index(['bill_length_mm', 'bill_depth_mm', 'flipper_length_mm', 'body_mass_g'],
dtype='object')
```

실수형의 컬럼만 선택되었다. 정수형만 선택하고 싶다면 매개변수 include에 'int64'를, 숫자 타입을 모두 선택하고 싶다면 'np.number' 또는 'number'를 입력한다.

이번에는 문자 타입 컬럼만 선택해보자. 안타깝게도 이 함수는 'string' 속성을 지원하지 않는다. 그러므로 'object'로 입력해야 한다.

```
df.select_dtypes(include=['object']).columns
```

```
Index(['species', 'island', 'sex'], dtype='object')
```

카테고리 타입이 있다면 category로 설정해서 선택하면 된다. 날짜시간 데이터 타입도 datetime, datetime64, np.datetime64로 선택 가능하다.

반대로 특정 dtype만 제외하고 싶다면 매개변수 exclude를 사용하면 된다.

```
df.select_dtypes(exclude=['object']).columns
```

```
Index(['bill_length_mm', 'bill_depth_mm', 'flipper_length_mm', 'body_mass_g'],
dtype='object')
```

2.5.5 컬럼과 로우 삭제하기

데이터프레임에서 불필요한 컬럼이나 로우를 삭제할 때는 drop() 함수를 사용한다. axis 매개변수에 삭제하는 축의 방향이 컬럼인지 로우인지 정해주면 된다.

컬럼 1개 삭제하기

먼저 데이터프레임에서 species 컬럼을 삭제하자. drop() 함수의 ()에 컬럼명을 입력하고, axis 방향은 세로를 의미하는 1로 설정한다.

```
df.drop('species', axis=1).head()
```

	island	bill_length_mm	bill_depth_mm	flipper_length_mm	body_mass_g	sex
0	Torgersen	39.1	18.7	181.0	3750.0	Male
1	Torgersen	39.5	17.4	186.0	3800.0	Female
2	Torgersen	40.3	18.0	195.0	3250.0	Female
3	Torgersen	NaN	NaN	NaN	NaN	NaN
4	Torgersen	36.7	19.3	193.0	3450.0	Female

species 컬럼이 잘 삭제되었다.

삭제한 데이터 적용하기

만약 삭제한 내용을 데이터프레임에 바로 반영하고 싶다면 매개변수 inplace를 True로 설정하거나, df 변수에 저장해주어야 한다. 컬럼 1개나 2개 이상을 삭제하는 경우에도 방식은 같다. 다음 예제 코드를 확인하자.

```
방식 1: df.drop('species', axis=1, inplace=True)
```

```
방식 2: df = df.drop('species', axis=1)
```

컬럼 2개 이상 삭제하기

이번에는 species와 flipper_length_mm 2개의 컬럼을 삭제한다고 가정하자. 컬럼 수가 2 이상이므로 리스트 타입으로 입력한다.

```
df.drop(['species', 'flipper_length_mm'], axis=1).head()
```

	island	bill_length_mm	bill_depth_mm	body_mass_g	sex
0	Torgersen	39.1	18.7	3750.0	Male
1	Torgersen	39.5	17.4	3800.0	Female
2	Torgersen	40.3	18.0	3250.0	Female
3	Torgersen	NaN	NaN	NaN	NaN
4	Torgersen	36.7	19.3	3450.0	Female

로우 삭제하기

특정한 인덱스의 행(로우)을 삭제하려면 해당 인덱스 번호를 리스트 형식으로 입력하면 된다. drop()
함수의 기본적인 축 방향이 행 기준이기 때문에 행을 삭제할 때는 axis를 따로 설정해주지 않아도 된
다. 첫 번째, 네 번째, 여섯 번째 행을 삭제해보자.

```
df.drop([0, 3, 5], axis=0).head()
```

	species	island	bill_length_mm	bill_depth_mm	flipper_length_mm	body_mass_g	sex
1	Adelie	Torgersen	39.5	17.4	186.0	3800.0	Female
2	Adelie	Torgersen	40.3	18.0	195.0	3250.0	Female
4	Adelie	Torgersen	36.7	19.3	193.0	3450.0	Female
6	Adelie	Torgersen	38.9	17.8	181.0	3625.0	Female
7	Adelie	Torgersen	39.2	19.6	195.0	4675.0	Male

지정한 0, 3, 5행이 삭제되었다.

2.5.6 컬럼 이름 변경하기

원본 데이터의 컬럼 이름이 잘못 표기되어 있거나 마음이 들지 않는 경우 이름을 변경하고 싶은 경우
가 있다. 이때 판다스의 rename() 함수를 사용한다. rename() 함수의 매개변수 columns에 기존
컬럼명과 바꾸고 싶은 컬럼명을 1:1로 대입하여 딕셔너리 타입으로 입력한다. 현재 데이터프레임의
컬럼명이 모두 영어인데 3개를 한글로 바꾸는 작업을 해보자.

```
df.rename(columns={"species": "펭귄 종류", "island": "서식하는 섬", "bill_length_mm": "
부리 길이"}).head()
```

	펭귄 종류	서식하는 섬	부리 길이	bill_depth_mm	flipper_length_mm	body_mass_g	sex
0	Adelie	Torgersen	39.1	18.7	181.0	3750.0	Male
1	Adelie	Torgersen	39.5	17.4	186.0	3800.0	Female
2	Adelie	Torgersen	40.3	18.0	195.0	3250.0	Female
3	Adelie	Torgersen	NaN	NaN	NaN	NaN	NaN
4	Adelie	Torgersen	36.7	19.3	193.0	3450.0	Female

이름이 잘 변경되었다.

데이터프레임의 현재 컬럼을 확인하는 데 사용했던 columns 함수를 활용하여 컬럼 이름을 변경할 수도 있다. 컬럼이 위치한 순서대로 바꾸고 싶은 컬럼명을 입력해서 적용시키면 된다. 7개 컬럼 이름을 모두 한글로 바꾸는 작업을 해보자.

```
df.columns = ['펭귄 종류', '서식하는 섬', '부리 길이', '부리 깊이', '지느러미 길이', '몸무게',
'성별']
df.head()
```

	펭귄 종류	서식하는 섬	부리 길이	부리 깊이	지느러미 길이	몸무게	성별
0	Adelie	Torgersen	39.1	18.7	181.0	3750.0	Male
1	Adelie	Torgersen	39.5	17.4	186.0	3800.0	Female
2	Adelie	Torgersen	40.3	18.0	195.0	3250.0	Female
3	Adelie	Torgersen	NaN	NaN	NaN	NaN	NaN
4	Adelie	Torgersen	36.7	19.3	193.0	3450.0	Female

모두 한글로 잘 변경되었다.

2.5.7 컬럼 순서/위치 변경하기

컬럼명과 마찬가지로 컬럼이 위치하는 순서도 데이터 로드 시 부여된다. 순서를 바꾸고 싶은 경우 이를 변경하는 함수는 따로 없지만 지금까지 학습한 내용을 응용해서 쉽게 할 수 있다.

데이터프레임 내 컬럼 순서 다시 지정하기

데이터프레임의 컬럼명을 원하는 순서대로 재입력하면 컬럼 순서를 변경할 수 있다.

```
df = df[['species', 'island', 'sex', 'bill_length_mm', 'bill_depth_mm', 'flipper_length_mm', 'body_mass_g']]
df.head()
```

	species	island	sex	bill_length_mm	bill_depth_mm	flipper_length_mm	body_mass_g
0	Adelie	Torgersen	Male	39.1	18.7	181.0	3750.0
1	Adelie	Torgersen	Female	39.5	17.4	186.0	3800.0
2	Adelie	Torgersen	Female	40.3	18.0	195.0	3250.0
3	Adelie	Torgersen	NaN	NaN	NaN	NaN	NaN
4	Adelie	Torgersen	Female	36.7	19.3	193.0	3450.0

iloc 함수로 순서 지정하기

iloc 함수를 활용해서 컬럼 순서로 변경할 수 있다. 첫 번째 컬럼을 0 기준으로 해서 변경할 컬럼 순서를 리스트 형태로 지정하면 된다.

```
df = df.iloc[:, [0, 1, 6, 2, 3, 4, 5]]
df.head()
```

	species	island	sex	bill_length_mm	bill_depth_mm	flipper_length_mm	body_mass_g
0	Adelie	Torgersen	39.1	18.7	181.0	3750.0	Male
1	Adelie	Torgersen	39.5	17.4	186.0	3800.0	Female
2	Adelie	Torgersen	40.3	18.0	195.0	3250.0	Female
3	Adelie	Torgersen	NaN	NaN	NaN	NaN	NaN
4	Adelie	Torgersen	36.7	19.3	193.0	3450.0	Female

for 문과 if 문을 사용해서 일부 컬럼 이동시키기

파이썬 기초 부분에서 학습했던 for 문과 if 문을 활용해서 컬럼을 이동시켜보자. 데이터프레임에서 이동시키지 않을 컬럼을 변수에 저장한 뒤 if 문으로 변수에 담긴 컬럼이 아닌 경우 오른쪽에 차례로 붙인다.

```
cols_to_stay = ['bill_length_mm', 'bill_depth_mm', 'flipper_length_mm']
cols = cols_to_stay + [col for col in df if col not in cols_to_stay]
df = df[cols]
df.head()
```

	species	island	body_mass_g	sex	bill_length_mm	bill_depth_mm	flipper_length_mm
0	Adelie	Torgersen	Male	39.1	18.7	181.0	3750.0
1	Adelie	Torgersen	Female	39.5	17.4	186.0	3800.0
2	Adelie	Torgersen	Female	40.3	18.0	195.0	3250.0
3	Adelie	Torgersen	NaN	NaN	NaN	NaN	NaN
4	Adelie	Torgersen	Female	36.7	19.3	193.0	3450.0

cols_to_stay에 해당하는 컬럼을 데이터프레임의 오른쪽에 붙이려면 위 코드의 두 번째 라인에서 cols 변수에 저장할 때 cols_to_stay의 위치를 다음과 같이 오른쪽으로 바꿔주면 된다.

```
cols = [col for col in df if col not in cols_to_stay] + cols_to_stay
```

2.5.8 컬럼과 인덱스 교환하기

데이터 분석을 하다 보면 컬럼을 인덱스로 만들어야 하는 경우도 있다. 이를 컬럼과 로우를 전치한다고 표현한다. 컬럼과 인덱스를 전치할 때는 판다스의 transpose() 함수를 사용한다. 데이터프레임 전체 인덱스를 컬럼으로 대체하기엔 너무 길기 때문에 슬라이싱으로 11줄만 잘라서 사용해보자.

```
df = df[:11].transpose()
df
```

	0	1	2	3	4	5	6	7	8	9	10
species	Adelie	Adelie	Adelie	Adelie	Adelie	Adelie	Adelie	Adelie	Adelie	Adelie	Adelie
island	Torgersen	Torgersen	Torgersen	Torgersen	Torgersen	Torgersen	Torgersen	Torgersen	Torgersen	Torgersen	Torgersen
bill_length_mm	39.1	39.5	40.3	NaN	36.7	39.3	38.9	39.2	34.1	42.0	37.8
bill_depth_mm	18.7	17.4	18.0	NaN	19.3	20.6	17.8	19.6	18.1	20.2	17.1
flipper_length_mm	181.0	186.0	195.0	NaN	193.0	190.0	181.0	195.0	193.0	190.0	186.0
body_mass_g	3750.0	3800.0	3250.0	NaN	3450.0	3650.0	3625.0	4675.0	3475.0	4250.0	3300.0
sex	Male	Female	Female	NaN	Female	Male	Female	Male	NaN	NaN	NaN

컬럼이 인덱스가 되었고, 개별적인 인덱스가 하나의 컬럼으로 변경된 것을 확인할 수 있다.

다음과 같이 transpose() 함수를 T로 줄여써도 같은 결과를 확인할 수 있다.

```
df[:11].T
```

2.6 데이터 인덱싱(데이터프레임의 값 선택)

데이터셋 전체에서 일부 데이터만 선택할 때 인덱싱 기법을 활용하는데 이는 판다스의 loc과 iloc 함수를 활용해서 할 수 있다.

2.6.1 문자형 인덱스 인덱싱하기

인덱스가 문자형인 경우에는 loc 함수를 활용하여 인덱싱한다. 텍스트형 인덱스를 만들기 위해 펭귄 데이터셋을 다시 로드하고 transpose()를 적용한 데이터 df를 준비한다.

```
df = sns.load_dataset('penguins')
df = df[:11].transpose()
df
```

	0	1	2	3	4	5	6	7	8	9	10
species	Adelie	Adelie	Adelie	Adelie	Adelie	Adelie	Adelie	Adelie	Adelie	Adelie	Adelie
island	Torgersen	Torgersen	Torgersen	Torgersen	Torgersen	Torgersen	Torgersen	Torgersen	Torgersen	Torgersen	Torgersen
bill_length_mm	39.1	39.5	40.3	NaN	36.7	39.3	38.9	39.2	34.1	42.0	37.8
bill_depth_mm	18.7	17.4	18.0	NaN	19.3	20.6	17.8	19.6	18.1	20.2	17.1
flipper_length_mm	181.0	186.0	195.0	NaN	193.0	190.0	181.0	195.0	193.0	190.0	186.0
body_mass_g	3750.0	3800.0	3250.0	NaN	3450.0	3650.0	3625.0	4675.0	3475.0	4250.0	3300.0
sex	Male	Female	Female	NaN	Female	Male	Female	Male	NaN	NaN	NaN

■ 문자형 인덱스인 경우 값에 접근하는 방법

먼저 하나의 문자형 인덱스에 접근하는 방법이다. bill_length_mm에 접근해보자.

```
df.loc['bill_length_mm']
```

```
0      39.1
1      39.5
2      40.3
3       NaN
4      36.7
5      39.3
6      38.9
7      39.2
8      34.1
9      42.0
10     37.8
Name: bill_length_mm, dtype: object
```

이번에는 2개 이상의 문자형 인덱스에 접근하는 방법이다. 결과는 데이터프레임으로 반환된다.

```
df.loc[['bill_length_mm', 'sex']]
```

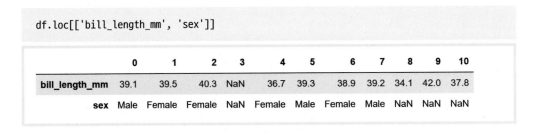

	0	1	2	3	4	5	6	7	8	9	10
bill_length_mm	39.1	39.5	40.3	NaN	36.7	39.3	38.9	39.2	34.1	42.0	37.8
sex	Male	Female	Female	NaN	Female	Male	Female	Male	NaN	NaN	NaN

인덱스와 컬럼의 위치를 지정하여 데이터를 찾아보자.

```
df.loc['bill_length_mm', 5]
```

```
39.3
```

라벨 인덱스의 연속된 구간에 해당하는 복수의 인덱스를 선택하고 싶다면 다음과 같이 한다.

```
df.loc['island':'bill_depth_mm', 7]
```

```
island          Torgersen
sex             Male
bill_length_mm  39.2
bill_depth_mm   19.6
Name: 7, dtype: object
```

연속되어 있지 않고 떨어져 있는 개별 라벨 인덱스를 호출하고 싶다면 다음과 같이 한다.

```
df.loc[['island', 'bill_length_mm', 'sex'], 7]
```

```
island          Torgersen
bill_length_mm  39.2
sex             Male
Name: 7, dtype: object
```

■ 컬럼 기준으로 인덱싱하기

지금부터 설명하는 기법은 컬럼 기준으로 사용할 수 있으니 방금 활용한 df를 다시 전치한다.

```
df = df.T
```

특정한 컬럼에서 어떤 수치 이상이거나 이하인 데이터만 반환하도록 해보자. 다음은 bill_length_mm 컬럼의 값 중 40 이상인 값만 추출하는 예제다.

```
df.loc[df['bill_length_mm'] > 40]
```

	species	island	bill_length_mm	bill_depth_mm	flipper_length_mm	body_mass_g	sex
2	Adelie	Torgersen	40.3	18.0	195.0	3250.0	Female
9	Adelie	Torgersen	42.0	20.2	190.0	4250.0	NaN

1개 컬럼을 기준으로 지정한 값에 해당하는 데이터가 전체 컬럼 기준으로 반환된다. 이때 특정 컬럼에 해당하는 값만 보고 싶다면 오른쪽에 해당 컬럼명을 입력하면 된다.

```
df.loc[df['bill_length_mm'] > 40, ['sex']]
```

	sex
2	Female
9	NaN

이번에는 특정한 값에 해당하는 데이터만 인덱싱해보자. 먼저 정확한 숫자에 매칭되는 값만 선택하는 방법이다. 파이썬에서는 해당 값에 매칭되는 동등 연산자를 표현할 때 == 기호를 사용한다. =은 변수를 할당하거나 대입할 때 사용하므로 주의하자!

```
df.loc[df['flipper_length_mm'] == 181]
```

	species	island	bill_length_mm	bill_depth_mm	flipper_length_mm	body_mass_g	sex
0	Adelie	Torgersen	39.1	18.7	181.0	3750.0	Male
6	Adelie	Torgersen	38.9	17.8	181.0	3625.0	Female

오브젝트 타입 변수일 경우에는 다음과 같이 텍스트 값으로 입력하면 된다.

```
df.loc[df['sex'] == 'Male']
```

	species	island	bill_length_mm	bill_depth_mm	flipper_length_mm	body_mass_g	sex
0	Adelie	Torgersen	39.1	18.7	181.0	3750.0	Male
5	Adelie	Torgersen	39.3	20.6	190.0	3650.0	Male
7	Adelie	Torgersen	39.2	19.6	195.0	4675.0	Male

■ 값 변경하기

loc 함수로 인덱싱하는 기법을 학습하였는데 인덱싱한 데이터에 새로운 값을 저장할 수도 있다. 아무런 값도 없던 데이터는 새로운 값이 저장되고, 기존에 값이 있던 데이터는 새로운 값으로 변경된다. 다음 코드는 loc 함수로 인덱싱할 때 지정한 위치에 50을 저장하는 예제인데 기존 값이 50으로 변경된다.

```
df.loc[[1, 3], ['bill_length_mm']] = 50
df.head()
```

	species	island	bill_length_mm	bill_depth_mm	flipper_length_mm	body_mass_g	sex
0	Adelie	Torgersen	39.1	18.7	181.0	3750.0	Male
1	Adelie	Torgersen	50	17.4	186.0	3800.0	Female
2	Adelie	Torgersen	40.3	18.0	195.0	3250.0	Female
3	Adelie	Torgersen	50	NaN	NaN	NaN	NaN
4	Adelie	Torgersen	36.7	19.3	193.0	3450.0	Female

인덱스 전체를 기준으로 bill_length_mm 컬럼에 해당하는 값만 10으로 저장해보자.

```
df.loc[:, 'bill_length_mm'] = 10
df.head()
```

	species	island	bill_length_mm	bill_depth_mm	flipper_length_mm	body_mass_g	sex
0	Adelie	Torgersen	10	18.7	181.0	3750.0	Male
1	Adelie	Torgersen	10	17.4	186.0	3800.0	Female
2	Adelie	Torgersen	10	18.0	195.0	3250.0	Female
3	Adelie	Torgersen	10	NaN	NaN	NaN	NaN
4	Adelie	Torgersen	10	19.3	193.0	3450.0	Female

이번에는 flipper_length_mm 컬럼에서 190을 초과하는 값을 0으로 변경해보자.

```
df.loc[df['flipper_length_mm'] > 190] = 0
df.head()
```

	species	island	bill_length_mm	bill_depth_mm	flipper_length_mm	body_mass_g	sex
0	Adelie	Torgersen	10	18.7	181.0	3750.0	Male
1	Adelie	Torgersen	10	17.4	186.0	3800.0	Female
2	0	0	0	0	0	0	0
3	Adelie	Torgersen	10	NaN	NaN	NaN	NaN
4	0	0	0	0	0	0	0

2.6.2 위치 기반 인덱싱하기

loc 함수가 라벨 위주 인덱싱 기법인 반면 iloc 함수는 위치 기반 정수 인덱싱 기법이다. 펭귄 데이터셋을 로드한 후 iloc을 활용한 인덱싱 기법을 학습하자.

```
df = sns.load_dataset('penguins')
```

먼저 데이터프레임의 1행에 접근해보자. 1행의 위치가 담긴 정수 리스트를 리스트로 다시 한 번 감싸주어야 데이터프레임으로 출력된다. 리스트로 감싸주지 않으면 시리즈로 출력된다는 것을 참고로 알아두자.

```
df.iloc[[0]]
```

	species	island	bill_length_mm	bill_depth_mm	flipper_length_mm	body_mass_g	sex
0	Adelie	Torgersen	39.1	18.7	181.0	3750.0	Male

2개 이상의 로우를 선택할 때는 숫자 사이를 콤마로 구분한다.

```
df.iloc[[0, 2]]
```

	species	island	bill_length_mm	bill_depth_mm	flipper_length_mm	body_mass_g	sex
0	Adelie	Torgersen	39.1	18.7	181.0	3750.0	Male
2	Adelie	Torgersen	40.3	18.0	195.0	3250.0	Female

라벨 인덱싱과 마찬가지로 콜론(:) 기호를 사용하여 범위를 지정하는 기법도 동일하게 사용할 수 있다.

```
df.iloc[:3]
```

	species	island	bill_length_mm	bill_depth_mm	flipper_length_mm	body_mass_g	sex
0	Adelie	Torgersen	39.1	18.7	181.0	3750.0	Male
1	Adelie	Torgersen	39.5	17.4	186.0	3800.0	Female
2	Adelie	Torgersen	40.3	18.0	195.0	3250.0	Female

만약 특정한 로우와 컬럼에 위치한 값에 접근하고 싶다면 리스트를 한 번만 감싼 정수 좌푯값을 입력한다. 왼쪽이 로우의 위치고, 오른쪽이 컬럼의 위치다.

```
df.iloc[0, 1]
```

```
'Torgersen'
```

이번엔 다수의 특정한 로우와 컬럼에 해당하는 데이터에 접근할 때의 방법이다. 방금 실행한 코드와 방식은 같으나 로우와 컬럼 위칫값을 리스트로 감싼 후 콤마로 구분한 정수를 입력한다.

```
df.iloc[[0, 2], [1, 3]]
```

	island	bill_depth_mm
0	Torgersen	18.7
2	Torgersen	18.0

연속 범위를 선택하는 슬라이싱 기법도 유효하다.

```
df.iloc[1:3, 0:3]
```

	species	island	bill_length_mm
1	Adelie	Torgersen	39.5
2	Adelie	Torgersen	40.3

인덱싱한 후 값을 저장하면 역시 라벨 인덱싱에서 적용했던 것처럼 새로운 값으로 저장되거나 변경된다.

2.6.3 컬럼을 인덱스로 만들기, 재정의하기

데이터 분석을 하다보면 데이터를 변형하는 과정에서 인덱스를 기존 값으로 만들거나 새롭게 재정의해야 할 일이 있는데 이때 유용한 방법을 알아보자.

특정 컬럼의 값으로 인덱스를 만들 때는 set_index() 함수를 활용한다. 펭귄 데이터셋이 이 상황에 적합한 것은 아니지만(사용자나 사물의 ID처럼 고윳값이 많은 경우에 더 적합할 수 있음) species 컬럼의 값을 인덱스로 만들어보자.

```
df.set_index('species', inplace=True)
df
```

species	island	bill_length_mm	bill_depth_mm	flipper_length_mm	body_mass_g	sex
Adelie	Torgersen	39.1	18.7	181.0	3750.0	Male
Adelie	Torgersen	39.5	17.4	186.0	3800.0	Female
Adelie	Torgersen	40.3	18.0	195.0	3250.0	Female
Adelie	Torgersen	NaN	NaN	NaN	NaN	NaN
Adelie	Torgersen	36.7	19.3	193.0	3450.0	Female
...	...	...	...	...	...	...
Gentoo	Biscoe	NaN	NaN	NaN	NaN	NaN
Gentoo	Biscoe	46.8	14.3	215.0	4850.0	Female
Gentoo	Biscoe	50.4	15.7	222.0	5750.0	Male
Gentoo	Biscoe	45.2	14.8	212.0	5200.0	Female
Gentoo	Biscoe	49.9	16.1	213.0	5400.0	Male

344 rows × 6 columns

인덱스가 species의 값으로 새롭게 만들어졌다.

그런데 컬럼을 잘못 지정해서 인덱스를 기존처럼 다시 되돌려야 한다면 어떻게 해야 할까? reset_index() 함수를 사용하면 된다.

```
df.reset_index(inplace=True)
df
```

	species	island	bill_length_mm	bill_depth_mm	flipper_length_mm	body_mass_g	sex
0	Adelie	Torgersen	39.1	18.7	181.0	3750.0	Male
1	Adelie	Torgersen	39.5	17.4	186.0	3800.0	Female
2	Adelie	Torgersen	40.3	18.0	195.0	3250.0	Female
3	Adelie	Torgersen	NaN	NaN	NaN	NaN	NaN
4	Adelie	Torgersen	36.7	19.3	193.0	3450.0	Female
...	...	...	...	...	...	...	...
339	Gentoo	Biscoe	NaN	NaN	NaN	NaN	NaN
340	Gentoo	Biscoe	46.8	14.3	215.0	4850.0	Female
341	Gentoo	Biscoe	50.4	15.7	222.0	5750.0	Male
342	Gentoo	Biscoe	45.2	14.8	212.0	5200.0	Female
343	Gentoo	Biscoe	49.9	16.1	213.0	5400.0	Male

344 rows × 7 columns

기본적인 숫자 인덱스로 다시 돌아왔고 species 컬럼이 다시 데이터프레임의 컬럼으로 돌아왔다.

데이터 정제와 응용

CHAPTER

03

2장에서 판다스와 넘파이의 기본 사용법을 학습했다. 이제 본격적으로 데이터를 처리하고 가공하는 다양한 방법을 몇 가지 카테고리로 분류해서 알아보자.

3.1 데이터 필터링과 정렬 테크닉

2장에서는 판다스의 인덱싱 기법을 이용해 필요한 데이터를 추출하는 방법을 배웠다. 하지만 좀 더 차원이 높은 데이터 분석을 위해 상세한 조건으로 데이터를 추출하거나 다른 함수를 활용하여 데이터를 필터링하는 기법을 익힐 필요가 있다. 필터링뿐만 아니라 정렬하는 테크닉도 알아보자.

이 장에서는 타이타닉 데이터셋을 주로 사용할 것이다. 1912년 난파한 타이타닉호에 탑승했던 승객에 관한 데이터로 생존자와 사망자 정보가 모두 담겨 있다. 초보자 학습용으로 가장 많이 사용하는 데이터이며 생존 여부를 의미하는 Survived 정보를 나머지 변수를 활용하여 예측하는 용도로 사용하곤 한다. 캐글에서 다운로드한 데이터셋이며, 이 책에서 제공하는 datasets 폴더 내에 titanic.csv 파일로 저장되어 있다. 이 파일을 로드하자.

```
titanic = pd.read_csv('../datasets/titanic.csv')
titanic.head()
```

	PassengerId	Survived	Pclass	Name	Sex	Age	SibSp	Parch	Ticket	Fare	Cabin	Embarked
0	1	0	3	Braund, Mr. Owen Harris	male	22.0	1	0	A/5 21171	7.2500	NaN	S
1	2	1	1	Cumings, Mrs. John Bradley (Florence Briggs Th...	female	38.0	1	0	PC 17599	71.2833	C85	C
2	3	1	3	Heikkinen, Miss. Laina	female	26.0	0	0	STON/O2. 3101282	7.9250	NaN	S
3	4	1	1	Futrelle, Mrs. Jacques Heath (Lily May Peel)	female	35.0	1	0	113803	53.1000	C123	S
4	5	0	3	Allen, Mr. William Henry	male	35.0	0	0	373450	8.0500	NaN	S

타이타닉 데이터셋은 총 12개의 변수로 구성되어 있다.

3.1.1 조건식을 활용한 데이터 필터링

판다스의 데이터프레임에 특정 함수를 활용하지 않고 데이터를 추출하는 조건식 필터링 방법이 있다. 물론 함수를 활용하는 방법보다 효율적이진 않지만 기본적인 지식이므로 알아두는 것이 좋다.

■ 단일 조건식을 활용하여 데이터 필터링하기

단일 조건부터 학습하자. 객실 등급을 의미하는 Pclass 컬럼에서 3등급에 해당하는 데이터만 추출하고자 할 때는 다음처럼 대괄호 [ ] 안에 컬럼명과 원하는 수치를 이중등호(==)로 연결한다.

```
titanic[titanic.Pclass == 3].head()
```

	PassengerId	Survived	Pclass	Name	Sex	Age	SibSp	Parch	Ticket	Fare	Cabin	Embarked
0	1	0	3	Braund, Mr. Owen Harris	male	22.0	1	0	A/5 21171	7.2500	NaN	S
2	3	1	3	Heikkinen, Miss. Laina	female	26.0	0	0	STON/O2. 3101282	7.9250	NaN	S
4	5	0	3	Allen, Mr. William Henry	male	35.0	0	0	373450	8.0500	NaN	S
5	6	0	3	Moran, Mr. James	male	NaN	0	0	330877	8.4583	NaN	Q
7	8	0	3	Palsson, Master. Gosta Leonard	male	2.0	3	1	349909	21.0750	NaN	S

■ 다중 조건식을 활용하여 데이터 필터링하기

Pclass 컬럼에서 3등급에 해당하면서 동시에 여성인 데이터만 추출하고 싶다면 괄호로 감싼 조건식 2개를 만들어 & 기호로 연결한다.

```
titanic[(titanic.Pclass == 3) & (titanic.Sex == 'female')].head()
```

	PassengerId	Survived	Pclass	Name	Sex	Age	SibSp	Parch	Ticket	Fare	Cabin	Embarked
2	3	1	3	Heikkinen, Miss. Laina	female	26.0	0	0	STON/O2. 3101282	7.9250	NaN	S
8	9	1	3	Johnson, Mrs. Oscar W (Elisabeth Vilhelmina Berg)	female	27.0	0	2	347742	11.1333	NaN	S
10	11	1	3	Sandstrom, Miss. Marguerite Rut	female	4.0	1	1	PP 9549	16.7000	G6	S
14	15	0	3	Vestrom, Miss. Hulda Amanda Adolfina	female	14.0	0	0	350406	7.8542	NaN	S
18	19	0	3	Vander Planke, Mrs. Julius (Emelia Maria Vande...	female	31.0	1	0	345763	18.0000	NaN	S

원하는 만큼 조건을 더 추가할 수 있는데 지정한 조건을 모두 만족하는 데이터가 추출된다. 다중 조건식을 적용할 때는 조건과 조건 사이를 & 기호로 연결해준다는 점을 기억하자.

■ 특정 값을 제외한 데이터 추출하기

== 대신 !=를 사용하면 특정 값에 해당하지 않는 조건을 만들 수도 있다. Pclass 컬럼에서 3등급에 해당하지만 여성은 아닌 데이터를 추출해보자.

```
titanic[(titanic.Pclass == 3) & (titanic.Sex != 'female')].head()
```

	PassengerId	Survived	Pclass	Name	Sex	Age	SibSp	Parch	Ticket	Fare	Cabin	Embarked
0	1	0	3	Braund, Mr. Owen Harris	male	22.0	1	0	A/5 21171	7.2500	NaN	S
4	5	0	3	Allen, Mr. William Henry	male	35.0	0	0	373450	8.0500	NaN	S
5	6	0	3	Moran, Mr. James	male	NaN	0	0	330877	8.4583	NaN	Q
7	8	0	3	Palsson, Master. Gosta Leonard	male	2.0	3	1	349909	21.0750	NaN	S
12	13	0	3	Saundercock, Mr. William Henry	male	20.0	0	0	A/5. 2151	8.0500	NaN	S

female에 반대되는 male 값을 포함한 데이터가 추출된다.

3.1.2 loc 조건부 필터링

판다스 인덱싱 기법에서 활용하는 loc 함수가 있었는데 이를 활용하여 조건에 맞는 데이터만 추출할
수도 있다. 탑승 요금을 의미하는 Fare 컬럼의 값 중 300 이상에 해당하는 데이터만 추출한다고 가정
하자.

```
titanic.loc[titanic.Fare > 300, :]
```

	PassengerId	Survived	Pclass	Name	Sex	Age	SibSp	Parch	Ticket	Fare	Cabin	Embarked
258	259	1	1	Ward, Miss. Anna	female	35.0	0	0	PC 17755	512.3292	NaN	C
679	680	1	1	Cardeza, Mr. Thomas Drake Martinez	male	36.0	0	1	PC 17755	512.3292	B51 B53 B55	C
737	738	1	1	Lesurer, Mr. Gustave J	male	35.0	0	0	PC 17755	512.3292	B101	C

3개 행만 추출되었다. 이를 iloc 함수로 실행하려면 다음과 같이 한다. 결과는 동일하므로 생략한다.

```
titanic.iloc[list(titanic.Fare > 300)]
```

이번에는 조건이 여러 개인 경우를 학습해보자. 조건식을 & 기호로 연결한다.

```
titanic.loc[
    (titanic.Fare > 240) & (titanic.Sex == 'female'),   # 다중 조건 입력
    ['Name', 'Age', 'Fare', 'Embarked']                 # 특정 컬럼만 선택
]
```

	Name	Age	Fare	Embarked
88	Fortune, Miss. Mabel Helen	23.0	263.0000	S
258	Ward, Miss. Anna	35.0	512.3292	C
299	Baxter, Mrs. James (Helene DeLaudeniere Chaput)	50.0	247.5208	C
311	Ryerson, Miss. Emily Borie	18.0	262.3750	C
341	Fortune, Miss. Alice Elizabeth	24.0	263.0000	S
742	Ryerson, Miss. Susan Parker "Suzette"	21.0	262.3750	C

다중 조건에 해당하면서 선택한 컬럼만 포함한 데이터가 출력되었다. 이렇게 loc으로 조건에 부합하는 데이터만 선택적으로 필터링할 수 있다.

3.1.3 특정 값 포함 여부 필터링

판다스의 isin() 함수를 활용하면 isin()에 전달한 특정 값을 포함한 데이터만 찾아낼 수 있다. 단일 컬럼과 다중 컬럼에 적용하는 경우를 살펴보자.

단일 컬럼에서 특정 값이 포함된 데이터 필터링하기

타이타닉호 탑승 선착장에 해당하는 Embarked 컬럼에서 S와 C 선착장에서 탑승한 승객의 데이터만 추출해보자.

```
titanic[titanic.Embarked.isin(['S', 'C'])].head()
```

	PassengerId	Survived	Pclass	Name	Sex	Age	SibSp	Parch	Ticket	Fare	Cabin	Embarked
0	1	0	3	Braund, Mr. Owen Harris	male	22.0	1	0	A/5 21171	7.2500	NaN	S
1	2	1	1	Cumings, Mrs. John Bradley (Florence Briggs Th...	female	38.0	1	0	PC 17599	71.2833	C85	C
2	3	1	3	Heikkinen, Miss. Laina	female	26.0	0	0	STON/O2. 3101282	7.9250	NaN	S
3	4	1	1	Futrelle, Mrs. Jacques Heath (Lily May Peel)	female	35.0	1	0	113803	53.1000	C123	S
4	5	0	3	Allen, Mr. William Henry	male	35.0	0	0	373450	8.0500	NaN	S

isin() 함수의 역할이 어떠한 값의 포함 여부를 찾아내는 것이라면 반대로 이 함수를 활용해서 특정 값을 포함하지 않는 데이터를 선택할 수도 있다. 이 작업은 간단하게 수행할 수 있는데 방금 실행한 코드의 대괄호 [ ] 안 맨 앞에 반대라는 의미의 틸데(~) 기호를 붙여주면 된다.

```
titanic[~titanic.Embarked.isin(['S', 'C'])].head()
```

	PassengerId	Survived	Pclass	Name	Sex	Age	SibSp	Parch	Ticket	Fare	Cabin	Embarked
5	6	0	3	Moran, Mr. James	male	NaN	0	0	330877	8.4583	NaN	Q
16	17	0	3	Rice, Master. Eugene	male	2.0	4	1	382652	29.1250	NaN	Q
22	23	1	3	McGowan, Miss. Anna "Annie"	female	15.0	0	0	330923	8.0292	NaN	Q
28	29	1	3	O'Dwyer, Miss. Ellen "Nellie"	female	NaN	0	0	330959	7.8792	NaN	Q
32	33	1	3	Glynn, Miss. Mary Agatha	female	NaN	0	0	335677	7.7500	NaN	Q

Embarked 컬럼에서 S와 C 값을 포함하지 않은 데이터만 남았다. 이 컬럼은 3개의 유일값으로 구성되어 있기 때문에 Q 선착장에서 탄 승객만 남게 된다.

■ 다중 컬럼에서 특정 값이 포함된 데이터 필터링하기

다중 컬럼에 isin()을 사용하는 경우를 알아보자. isin()을 활용한 컬럼별 필터 코드를 변수에 담아놓은 후 데이터프레임에서 그 필터 변수를 호출하는 것이다. 예제로 성별이 남성이면서 객실 등급이 1등급과 2등급인 승객의 데이터만 추출한다고 가정하자.

```
filter_male = titanic.Sex.isin(['male'])
filter_pclass = titanic.Pclass.isin([1, 2])
titanic[filter_male & filter_pclass].head()
```

	PassengerId	Survived	Pclass	Name	Sex	Age	SibSp	Parch	Ticket	Fare	Cabin	Embarked
6	7	0	1	McCarthy, Mr. Timothy J	male	54.0	0	0	17463	51.8625	E46	S
17	18	1	2	Williams, Mr. Charles Eugene	male	NaN	0	0	244373	13.0000	NaN	S
20	21	0	2	Fynney, Mr. Joseph J	male	35.0	0	0	239865	26.0000	NaN	S
21	22	1	2	Beesley, Mr. Lawrence	male	34.0	0	0	248698	13.0000	D56	S
23	24	1	1	Sloper, Mr. William Thompson	male	28.0	0	0	113788	35.5000	A6	S

2가지 조건을 만족하는 데이터만 추려졌다. 조건은 원하는 대로 추가할 수 있다.

3.1.4 쿼리를 사용하여 데이터 필터링하기

데이터를 필터링하는 방법 중 가장 추천하는 방법은 query() 함수를 사용하는 것이다. 직관적이고 가독성이 높으며 간편하기 때문이다. sql 경험이 있는 사용자는 query () 함수가 좀 더 친숙하게 느껴질 것이다. 이 함수의 인수에 조건식을 넣어주면 되는데 다음 2가지 예제로 확인해보자.

예제 1: 객실 등급이 1등급과 2등급이면서 탑승 요금이 270 이상인 승객 데이터를 뽑는다고 가정할 때의 코드다.

```
titanic.query('Pclass == [1, 2] & Fare > 270')
```

	PassengerId	Survived	Pclass	Name	Sex	Age	SibSp	Parch	Ticket	Fare	Cabin	Embarked
258	259	1	1	Ward, Miss. Anna	female	35.0	0	0	PC 17755	512.3292	NaN	C
679	680	1	1	Cardeza, Mr. Thomas Drake Martinez	male	36.0	0	1	PC 17755	512.3292	B51 B53 B55	C
737	738	1	1	Lesurer, Mr. Gustave J	male	35.0	0	0	PC 17755	512.3292	B101	C

3명의 승객이 조건을 충족했다.

예제 2: 이번에는 여성이고, 객실 등급이 1등급이며 나이가 35살에 해당하는 승객 데이터를 추출해보자. 여기서 조심해야 할 점은 변수에 해당 값을 입력할 때 오브젝트 타입인 경우에는 반드시 큰따옴표(" ")를 사용해야 한다는 점이다. 작은따옴표(' ')를 사용하면 에러가 발생한다.

```
titanic.query('Sex == "female" & Pclass == 1 & Age == 35')
```

	PassengerId	Survived	Pclass	Name	Sex	Age	SibSp	Parch	Ticket	Fare	Cabin	Embarked
3	4	1	1	Futrelle, Mrs. Jacques Heath (Lily May Peel)	female	35.0	1	0	113803	53.1000	C123	S
230	231	1	1	Harris, Mrs. Henry Birkhardt (Irene Wallach)	female	35.0	1	0	36973	83.4750	C83	S
258	259	1	1	Ward, Miss. Anna	female	35.0	0	0	PC 17755	512.3292	NaN	C
269	270	1	1	Bissette, Miss. Amelia	female	35.0	0	0	PC 17760	135.6333	C99	S
383	384	1	1	Holverson, Mrs. Alexander Oskar (Mary Aline To...	female	35.0	1	0	113789	52.0000	NaN	S
486	487	1	1	Hoyt, Mrs. Frederick Maxfield (Jane Anne Forby)	female	35.0	1	0	19943	90.0000	C93	S

쿼리 함수도 isin ()을 활용했던 때와 마찬가지로 조건 하나하나를 필터용 변수로 만들어놓고 데이터 프레임 내에서 호출하여 필터링하는 방법으로 활용해도 된다.

3.1.5 결측값을 제외하고 데이터 필터링하기

결측값을 제외하고 선택해야 하는 경우를 알아보겠다. 객실을 의미하는 Cabin 컬럼에서 결측값의 빈도가 가장 높은데 결측값을 제외한 데이터만 따로 저장해서 확인해보자. 결측값이 아닌 데이터만 선택할 때는 notnull() 함수를 활용한다.

```
titanic_notnull = titanic[titanic.Cabin.notnull()]
titanic_notnull.head()
```

	PassengerId	Survived	Pclass	Name	Sex	Age	SibSp	Parch	Ticket	Fare	Cabin	Embarked
1	2	1	1	Cumings, Mrs. John Bradley (Florence Briggs Th...	female	38.0	1	0	PC 17599	71.2833	C85	C
3	4	1	1	Futrelle, Mrs. Jacques Heath (Lily May Peel)	female	35.0	1	0	113803	53.1000	C123	S
6	7	0	1	McCarthy, Mr. Timothy J	male	54.0	0	0	17463	51.8625	E46	S
10	11	1	3	Sandstrom, Miss. Marguerite Rut	female	4.0	1	1	PP 9549	16.7000	G6	S
11	12	1	1	Bonnell, Miss. Elizabeth	female	58.0	0	0	113783	26.5500	C103	S

객실 컬럼에 결측값이 없는 데이터만 출력되었다. 결측값이 있는 데이터 처리 방법은 뒤에서 다시 살펴볼 것이다.

3.1.6 특정 문자가 포함된 데이터 필터링하기

특정 문자를 포함하고 있는 데이터만 선택할 수도 있다. 타이타닉 데이터에서는 승객 이름이 들어 있는 Name 컬럼이 문자 타입이다. Catherine이라는 이름을 가진 승객의 데이터를 찾아보려고 한다. contains()라는 함수를 활용할 것인데 문자열에만 사용할 수 있는 str 상위 모듈을 앞에 호출해야 사용할 수 있다.

```
titanic[titanic['Name'].str.contains('Catherine')].head()
```

	PassengerId	Survived	Pclass	Name	Sex	Age	SibSp	Parch	Ticket	Fare	Cabin	Embarked
362	363	0	3	Barbara, Mrs. (Catherine David)	female	45.0	0	1	2691	14.4542	NaN	C
448	449	1	3	Baclini, Miss. Marie Catherine	female	5.0	2	1	2666	19.2583	NaN	C
533	534	1	3	Peter, Mrs. Catherine (Catherine Rizk)	female	NaN	0	2	2668	22.3583	NaN	C
657	658	0	3	Bourke, Mrs. John (Catherine)	female	32.0	1	1	364849	15.5000	NaN	Q
670	671	1	2	Brown, Mrs. Thomas William Solomon (Elizabeth ...	female	40.0	1	1	29750	39.0000	NaN	S

head()를 사용해서 현재 5개만 보이지만 총 6명의 승객 데이터가 검색된다. 검색된 승객 모두 여성이라는 것도 확인할 수 있다.

Name 컬럼에는 호칭 값이 공통적으로 존재하는데 특정 호칭이 포함된 승객 데이터를 찾아보도록 하자. 여성과 남성은 sex 컬럼으로도 구분할 수 있지만 여성 중에서도 특히 미혼인 여성은 Name 컬럼에서 Miss라는 키워드 포함 유무로도 파악할 수 있다.

```
titanic[titanic['Name'].str.contains('Miss')].head()
```

	PassengerId	Survived	Pclass	Name	Sex	Age	SibSp	Parch	Ticket	Fare	Cabin	Embarked
2	3	1	3	Heikkinen, Miss. Laina	female	26.0	0	0	STON/O2. 3101282	7.9250	NaN	S
10	11	1	3	Sandstrom, Miss. Marguerite Rut	female	4.0	1	1	PP 9549	16.7000	G6	S
11	12	1	1	Bonnell, Miss. Elizabeth	female	58.0	0	0	113783	26.5500	C103	S
14	15	0	3	Vestrom, Miss. Hulda Amanda Adolfina	female	14.0	0	0	350406	7.8542	NaN	S
22	23	1	3	McGowan, Miss. Anna "Annie"	female	15.0	0	0	330923	8.0292	NaN	Q

3.1.7 다양한 기준으로 데이터 정렬하기

원하는 데이터를 추출했다면 데이터를 원하는 기준에 맞춰서 정렬시킬 수도 있어야 한다.

■ sort_values

데이터 정렬은 판다스의 sort_values() 함수로 할 수 있다. 그러나 함수 단독으로는 실행되지 않으며 매개변수 by에 기준이 되는 컬럼명을 입력해야 한다. Fare 컬럼을 기준으로 정렬해보자.

```
titanic.sort_values(by=['Fare'], ascending=False).head(5)
```

	PassengerId	Survived	Pclass	Name	Sex	Age	SibSp	Parch	Ticket	Fare	Cabin	Embarked
258	259	1	1	Ward, Miss. Anna	female	35.0	0	0	PC 17755	512.3292	NaN	C
737	738	1	1	Lesurer, Mr. Gustave J	male	35.0	0	0	PC 17755	512.3292	B101	C
679	680	1	1	Cardeza, Mr. Thomas Drake Martinez	male	36.0	0	1	PC 17755	512.3292	B51 B53 B55	C
88	89	1	1	Fortune, Miss. Mabel Helen	female	23.0	3	2	19950	263.0000	C23 C25 C27	S
27	28	0	1	Fortune, Mr. Charles Alexander	male	19.0	3	2	19950	263.0000	C23 C25 C27	S

데이터프레임이 Fare 컬럼의 높은 가격 순으로 재정렬되었다. 기본적으로 수치가 높은 데이터 기준으로 정렬된다. 다른 함수와 마찬가지로 ascending을 True로 설정하면 낮은 수치의 데이터부터 정렬된다.

만약 2개 이상의 컬럼을 기준으로 정렬하고 싶다면 by 속성에 콤마로 구분하여 입력하면 된다. 왼쪽에 입력한 컬럼이 우선 정렬 대상이다.

```python
titanic.sort_values(by=['Fare', 'Age'], ascending=False).head(10)
```

	PassengerId	Survived	Pclass	Name	Sex	Age	SibSp	Parch	Ticket	Fare	Cabin	Embarked
679	680	1	1	Cardeza, Mr. Thomas Drake Martinez	male	36.0	0	1	PC 17755	512.3292	B51 B53 B55	C
258	259	1	1	Ward, Miss. Anna	female	35.0	0	0	PC 17755	512.3292	NaN	C
737	738	1	1	Lesurer, Mr. Gustave J	male	35.0	0	0	PC 17755	512.3292	B101	C
438	439	0	1	Fortune, Mr. Mark	male	64.0	1	4	19950	263.0000	C23 C25 C27	S
341	342	1	1	Fortune, Miss. Alice Elizabeth	female	24.0	3	2	19950	263.0000	C23 C25 C27	S
88	89	1	1	Fortune, Miss. Mabel Helen	female	23.0	3	2	19950	263.0000	C23 C25 C27	S
27	28	0	1	Fortune, Mr. Charles Alexander	male	19.0	3	2	19950	263.0000	C23 C25 C27	S
742	743	1	1	Ryerson, Miss. Susan Parker "Suzette"	female	21.0	2	2	PC 17608	262.3750	B57 B59 B63 B66	C
311	312	1	1	Ryerson, Miss. Emily Borie	female	18.0	2	2	PC 17608	262.3750	B57 B59 B63 B66	C
299	300	1	1	Baxter, Mrs. James (Helene DeLaudeniere Chaput)	female	50.0	0	1	PC 17558	247.5208	B58 B60	C

Fare 컬럼을 기준으로 탑승 요금이 512인 데이터 3개가 가장 위에 정렬되며, 이 세 개의 데이터 중에서도 Age가 가장 높은(즉, 나이가 36인) 승객의 데이터가 최상단에 정렬된다.

■ nlargest()

판다스의 nlargest() 함수에 정렬 기준 컬럼과 개수를 지정하는 매개변수를 설정하면 그 기준에서 가장 큰 순서대로 데이터를 추출한다. 여성 승객 데이터 중 Age 컬럼을 기준으로 값이 가장 큰 10개 데이터를 추출해보자.

```python
titanic[titanic.Sex == 'female'].nlargest(n=10, columns='Age')
```

	PassengerId	Survived	Pclass	Name	Sex	Age	SibSp	Parch	Ticket	Fare	Cabin	Embarked
275	276	1	1	Andrews, Miss. Kornelia Theodosia	female	63.0	1	0	13502	77.9583	D7	S
483	484	1	3	Turkula, Mrs. (Hedwig)	female	63.0	0	0	4134	9.5875	NaN	S
829	830	1	1	Stone, Mrs. George Nelson (Martha Evelyn)	female	62.0	0	0	113572	80.0000	B28	NaN
366	367	1	1	Warren, Mrs. Frank Manley (Anna Sophia Atkinson)	female	60.0	1	0	110813	75.2500	D37	C
11	12	1	1	Bonnell, Miss. Elizabeth	female	58.0	0	0	113783	26.5500	C103	S
195	196	1	1	Lurette, Miss. Elise	female	58.0	0	0	PC 17569	146.5208	B80	C
268	269	1	1	Graham, Mrs. William Thompson (Edith Junkins)	female	58.0	0	1	PC 17582	153.4625	C125	S
772	773	0	2	Mack, Mrs. (Mary)	female	57.0	0	0	S.O./P.P. 3	10.5000	E77	S
879	880	1	1	Potter, Mrs. Thomas Jr (Lily Alexenia Wilson)	female	56.0	0	1	11767	83.1583	C50	C
15	16	1	2	Hewlett, Mrs. (Mary D Kingcome)	female	55.0	0	0	248706	16.0000	NaN	S

이와 반대로 nsmallest() 함수는 작은 순서대로 정렬할 수 있으니 참고로 알아두자. 물론 참고만 하지 말고 꼭 스스로 실행해볼 것을 추천한다.

그리고 반환된 데이터프레임의 인덱스가 중구난방인 경우에 활용할 수 있는 sort_index() 함수도 있다. 인덱스의 숫자를 기준으로 데이터를 오름차순으로 정렬한다.

```
titanic[titanic.Sex == 'female'].nlargest(n=10, columns='Age').sort_index()
```

	PassengerId	Survived	Pclass	Name	Sex	Age	SibSp	Parch	Ticket	Fare	Cabin	Embarked
11	12	1	1	Bonnell, Miss. Elizabeth	female	58.0	0	0	113783	26.5500	C103	S
15	16	1	2	Hewlett, Mrs. (Mary D Kingcome)	female	55.0	0	0	248706	16.0000	NaN	S
195	196	1	1	Lurette, Miss. Elise	female	58.0	0	0	PC 17569	146.5208	B80	C
268	269	1	1	Graham, Mrs. William Thompson (Edith Junkins)	female	58.0	0	1	PC 17582	153.4625	C125	S
275	276	1	1	Andrews, Miss. Kornelia Theodosia	female	63.0	1	0	13502	77.9583	D7	S
366	367	1	1	Warren, Mrs. Frank Manley (Anna Sophia Atkinson)	female	60.0	1	0	110813	75.2500	D37	C
483	484	1	3	Turkula, Mrs. (Hedwig)	female	63.0	0	0	4134	9.5875	NaN	S
772	773	0	2	Mack, Mrs. (Mary)	female	57.0	0	0	S.O./P.P. 3	10.5000	E77	S
829	830	1	1	Stone, Mrs. George Nelson (Martha Evelyn)	female	62.0	0	0	113572	80.0000	B28	NaN
879	880	1	1	Potter, Mrs. Thomas Jr (Lily Alexenia Wilson)	female	56.0	0	1	11767	83.1583	C50	C

3.1.8 데이터 순서 역순으로 변경하기

데이터프레임을 호출하면 기본적으로 인덱스 번호가 0부터 출력되는데 가장 마지막 번호부터 출력할 수도 있다. 앞서 학습했던 loc의 로우 값 입력 부분에 ::-1을 입력하면 된다.

```
titanic.loc[::-1].head()
```

	PassengerId	Survived	Pclass	Name	Sex	Age	SibSp	Parch	Ticket	Fare	Cabin	Embarked
890	891	0	3	Dooley, Mr. Patrick	male	32.0	0	0	370376	7.75	NaN	Q
889	890	1	1	Behr, Mr. Karl Howell	male	26.0	0	0	111369	30.00	C148	C
888	889	0	3	Johnston, Miss. Catherine Helen "Carrie"	female	NaN	1	2	W./C. 6607	23.45	NaN	S
887	888	1	1	Graham, Miss. Margaret Edith	female	19.0	0	0	112053	30.00	B42	S
886	887	0	2	Montvila, Rev. Juozas	male	27.0	0	0	211536	13.00	NaN	S

이 상태에서 인덱스를 새롭게 적용하고 싶다면 reset_index() 함수를 적용하면 된다.

```
titanic.loc[::-1].reset_index().head()
```

	index	PassengerId	Survived	Pclass	Name	Sex	Age	SibSp	Parch	Ticket	Fare	Cabin	Embarked
0	890	891	0	3	Dooley, Mr. Patrick	male	32.0	0	0	370376	7.75	NaN	Q
1	889	890	1	1	Behr, Mr. Karl Howell	male	26.0	0	0	111369	30.00	C148	C
2	888	889	0	3	Johnston, Miss. Catherine Helen "Carrie"	female	NaN	1	2	W./C. 6607	23.45	NaN	S
3	887	888	1	1	Graham, Miss. Margaret Edith	female	19.0	0	0	112053	30.00	B42	S
4	886	887	0	2	Montvila, Rev. Juozas	male	27.0	0	0	211536	13.00	NaN	S

컬럼의 순서를 역순으로 변경하고 싶다면 loc의 컬럼 값 입력 부분에 ::-1을 입력한다.

```
titanic.loc[:, ::-1].head()
```

	Embarked	Cabin	Fare	Ticket	Parch	SibSp	Age	Sex	Name	Pclass	Survived	PassengerId
0	S	NaN	7.2500	A/5 21171	0	1	22.0	male	Braund, Mr. Owen Harris	3	0	1
1	C	C85	71.2833	PC 17599	0	1	38.0	female	Cumings, Mrs. John Bradley (Florence Briggs Th...	1	1	2
2	S	NaN	7.9250	STON/O2. 3101282	0	0	26.0	female	Heikkinen, Miss. Laina	3	1	3
3	S	C123	53.1000	113803	0	1	35.0	female	Futrelle, Mrs. Jacques Heath (Lily May Peel)	1	1	4
4	S	NaN	8.0500	373450	0	0	35.0	male	Allen, Mr. William Henry	3	0	5

3.2 결측값 처리

연습용 데이터셋이 아닌 실제 데이터셋에는 값이 없는 부분이 꽤 많이 존재한다. 이를 결측 데이터, 줄여서 결측값 또는 결측치라고 하며 Na, Null, NaN 등으로 표기된다. 결측값이 생기는 원인과 판다스로 결측값을 확인하고 처리하는 방법을 알아보자.

3.2.1 결측값이란

판다스 라이브러리는 결측값을 NaN으로 표기하는데 경우에 따라 공백 또는 기타 기호로 인코딩될 수도 있다. 결측값을 처리하는 방법은 크게 2가지가 있는데, 하나는 결측값이 있는 행을 삭제하는 것이다. 그러나 데이터를 분석하는 데 큰 정보가 될 수도 있는 데이터 포인트를 잃을 가능성이 있다. 다른 하나는 결측값을 다른 값으로 대체하는 것이다. 이 방법을 수행하려면 값이 있는 기존의 다른 데이터 포인트를 참조하여 누락된 값을 유추해야 한다. 상황이 다양하고 맥락이 모두 다르기 때문에 어느 것이 더 나은 방법이라고 할 수는 없다.

결측값이 생긴 원인은 다양한데 처음부터 값이 없는 경우도 있고, 실수로 연구자가 값을 빠뜨렸거나 중간 과정에서 손실되었을 수도 있다. 그 원인을 정확하게 안다면 적합한 처리 방법을 선택하기 조금은 수월할 것이다.

결측값을 삭제하는 방법과 다른 값으로 채우는 방법을 타이타닉 데이터셋으로 학습하자.

먼저 다음 라이브러리를 임포트한다.

```python
import pandas as pd
import numpy as np
import matplotlib.pyplot as plt
import seaborn as sns
```

3.2.2 결측값 시각화하기

특별하게 결측값만 보여주는 시각화 도구가 있다. 먼저 시본의 heatmap() 함수를 사용하여 결측값을 시각화할 수 있다. 첫 번째 줄은 그래프의 출력 사이즈를 지정하는 코드다. 12×7 사이즈로 지정했고, 코드의 두 번째 줄에서 heatmap() 함수의 데이터 입력 부분에 titanic.isnull()이라고 입력했는데 이것은 타이타닉 데이터셋 중 결측값이 있는 부분만 활성화해서 보여주려는 목적이다.

```python
plt.figure(figsize=(12, 7))
sns.heatmap(titanic.isnull(), cbar=False)
```

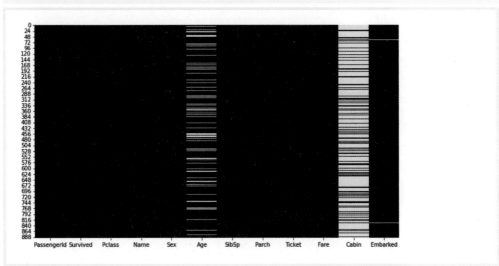

Age, Cabin, Embarked 등 3개 컬럼에 결측값이 존재함을 알 수 있다. 특히 Cabin 컬럼은 결측값이 절반을 훨씬 넘는 것으로 보이는데 기존의 다른 값을 참조하여 결측값을 대체하더라도 이 데이터를 사용할 수 있는 가능성은 희박해 보인다.

다음과 같이 missingno라는 라이브러리를 활용해서 그려볼 수도 있다. 이 라이브러리는 먼저 아나콘다 프롬프트나 주피터 노트북에서 설치한 후 호출해야 한다. missingno 라이브러리의 matrix() 함수를 활용하여 결측값을 시각화하기도 한다.

```
!pip install missingno   # missingno 설치
import missingno as msno
msno.matrix(titanic)
```

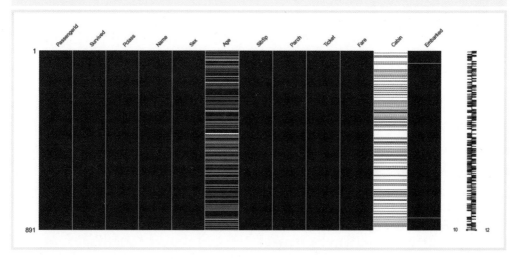

3.2.3 결측값 확인하기

시각화를 통해 데이터셋에 결측값이 존재함을 확인했으니 정확하게 어느 컬럼에 몇 개의 결측값이 있는지 데이터로 확인해보자. 판다스의 info() 함수로 결측값 상태를 확인할 수 있다.

```
titanic.info()
```

```
<class 'pandas.core.frame.DataFrame'>
RangeIndex: 891 entries, 0 to 890
Data columns (total 12 columns):
```

```
 #   Column       Non-Null Count  Dtype
---  ------       --------------  -----
 0   PassengerId  891 non-null    int64
 1   Survived     891 non-null    int64
 2   Pclass       891 non-null    int64
 3   Name         891 non-null    object
 4   Sex          891 non-null    object
 5   Age          714 non-null    float64
 6   SibSp        891 non-null    int64
 7   Parch        891 non-null    int64
 8   Ticket       891 non-null    object
 9   Fare         891 non-null    float64
 10  Cabin        204 non-null    object
 11  Embarked     889 non-null    object
dtypes: float64(2), int64(5), object(5)
memory usage: 83.7+ KB
```

인덱스는 길이가 총 891개인데 그 개수에 못 미치는 컬럼은 결측값이 있다는 얘기다. non-null은 정상값을 말한다.

그리고 isna() 함수로 결측값 유무를 알 수 있다. isnull() 함수도 동일한 기능을 한다. 함수 이름에서 유추할 수 있듯이 각 셀의 결측값 유무를 알려준다. sum() 함수와 함께 활용하면 지정한 데이터 기준으로 결측값을 합산해준다. 타이타닉 데이터셋 전체를 기준으로 결측값의 합계를 계산해보자.

```
titanic.isna().sum()
```

```
PassengerId    0
Survived       0
Pclass         0
Name           0
Sex            0
Age          177
SibSp          0
Parch          0
Ticket         0
Fare           0
Cabin        687
Embarked       2
dtype: int64
```

결측값이 가장 많은 Cabin 컬럼의 결측값 개수는 687개다. 그다음 Age 컬럼이 177개, Embarked 컬럼이 2개 순이다. 참고로 컬럼 1개의 결측값 개수를 계산하려면 다음과 같이 입력한다.

```
titanic.Age.isna().sum()
```

```
177
```

반대로 정상 데이터 수를 계산하려면 isna()의 반대인 notna() 함수를 사용한다. 결과는 생략한다.

```
titanic.notna().sum()
```

3.2.4 결측값 삭제/제거

어떤 컬럼에 결측값이 존재하는지 여부와 정확한 개수도 파악했다. 지금부터는 결측값 처리를 실습할 것인데 먼저 결측값을 삭제하는 방법부터 알아보겠다. 이제 우리는 좀 더 깊은 고민에 들어가야한다. 다음은 타이타닉 승객의 생존 여부에 관한 데이터 분석을 한다고 가정할 때 결측값 처리와 관련하여 할 수 있는 고민의 예다.

- 결측값이 가장 많이 있는 Cabin 컬럼은 오히려 있는 것이 데이터 분석에 방해가 되지 않을까?
- 2개 이상의 컬럼에 결측값이 들어 있는 행은 승객의 생존 여부를 분석하는 데 도움이 될까?

데이터셋에 많은 변수가 있다면 2개 이상의 결측값이 있는 행은 삭제해도 무리가 없을 것이다. 그러나 결측값이 1개만 있는 행의 경우 그 행이 데이터를 분석하는 데 결정적인 역할을 하는 행이라면 해당 행을 삭제하면 큰 손실이 될지도 모른다. 이러한 사항은 본인의 상황에 따라 적합하게 적용해야 한다.

결측값이 존재하는 데이터를 삭제하는 방법은 판다스의 dropna() 함수를 활용할 것이다.

■ 결측값이 존재하는 컬럼/로우 삭제하기

먼저 결측값이 존재하는 컬럼이나 로우를 삭제하는 방법을 알아보자. 전체 데이터셋을 기준으로 dropna()를 적용하면 결측값이 1개 이상 있는 행(로우)이 모두 삭제된다. 기본적으로 삭제되는 축은 로우 기준이며 axis='rows'가 생략되어 있다고 생각하면 된다.

```
titanic.dropna()
```

	PassengerId	Survived	Pclass	Name	Sex	Age	SibSp	Parch	Ticket	Fare	Cabin	Embarked
1	2	1	1	Cumings, Mrs. John Bradley (Florence Briggs Th...	female	38.0	1	0	PC 17599	71.2833	C85	C
3	4	1	1	Futrelle, Mrs. Jacques Heath (Lily May Peel)	female	35.0	1	0	113803	53.1000	C123	S
6	7	0	1	McCarthy, Mr. Timothy J	male	54.0	0	0	17463	51.8625	E46	S
10	11	1	3	Sandstrom, Miss. Marguerite Rut	female	4.0	1	1	PP 9549	16.7000	G6	S
11	12	1	1	Bonnell, Miss. Elizabeth	female	58.0	0	0	113783	26.5500	C103	S
...	...	...	...	...	...	...	...	...	...	...	...	...
871	872	1	1	Beckwith, Mrs. Richard Leonard (Sallie Monypeny)	female	47.0	1	1	11751	52.5542	D35	S
872	873	0	1	Carlsson, Mr. Frans Olof	male	33.0	0	0	695	5.0000	B51 B53 B55	S
879	880	1	1	Potter, Mrs. Thomas Jr (Lily Alexenia Wilson)	female	56.0	0	1	11767	83.1583	C50	C
887	888	1	1	Graham, Miss. Margaret Edith	female	19.0	0	0	112053	30.0000	B42	S
889	890	1	1	Behr, Mr. Karl Howell	male	26.0	0	0	111369	30.0000	C148	C

183 rows × 12 columns

원본 데이터셋의 길이가 891인데 183개로 줄어들어 상당히 많은 데이터가 삭제되었음을 알 수 있다.

이번에는 컬럼 축을 기준으로 결측값이 있는 컬럼을 삭제해보자.

```
titanic.dropna(axis='columns')
```

	PassengerId	Survived	Pclass	Name	Sex	SibSp	Parch	Ticket	Fare
0	1	0	3	Braund, Mr. Owen Harris	male	1	0	A/5 21171	7.2500
1	2	1	1	Cumings, Mrs. John Bradley (Florence Briggs Th...	female	1	0	PC 17599	71.2833
2	3	1	3	Heikkinen, Miss. Laina	female	0	0	STON/O2. 3101282	7.9250
3	4	1	1	Futrelle, Mrs. Jacques Heath (Lily May Peel)	female	1	0	113803	53.1000
4	5	0	3	Allen, Mr. William Henry	male	0	0	373450	8.0500
...	...	...	...	...	...	...	...	...	...
886	887	0	2	Montvila, Rev. Juozas	male	0	0	211536	13.0000
887	888	1	1	Graham, Miss. Margaret Edith	female	0	0	112053	30.0000
888	889	0	3	Johnston, Miss. Catherine Helen "Carrie"	female	1	2	W./C. 6607	23.4500
889	890	1	1	Behr, Mr. Karl Howell	male	0	0	111369	30.0000
890	891	0	3	Dooley, Mr. Patrick	male	0	0	370376	7.7500

891 rows × 9 columns

3개 컬럼이 삭제되었다.

그러나 이 방법은 너무 극단적인 방법이라 잘 사용하지는 않는다. 손실된 값이 있다고 해서 해당 축의 로우나 컬럼을 모두 삭제하는 방식은 상당히 위험할 수 있으니 충분히 고민을 한 후 적합하다고 판단될 때만 사용해야 한다.

■ 모든 컬럼에서 결측값의 개수가 특정 수치를 넘어가는 행만 삭제하기

이번에는 한 행의 모든 컬럼에서 결측값의 개수가 어느 수치를 넘어가면 삭제하는 방법을 알아보자. 매개변수인 how를 활용하여 이 방식을 실행할 수 있는데, any라고 입력하면 1개 이상의 컬럼에 결측값이 있는 행, all이라고 입력하면 모든 컬럼에 결측값이 있는 행을 삭제한다. 타이타닉 데이터에는 모든 컬럼에 결측값이 있는 승객 데이터는 없으므로 any를 입력하여 실행해보자.

```
titanic.dropna(how='any')
```

	PassengerId	Survived	Pclass	Name	Sex	Age	SibSp	Parch	Ticket	Fare	Cabin	Embarked
1	2	1	1	Cumings, Mrs. John Bradley (Florence Briggs Th...	female	38.0	1	0	PC 17599	71.2833	C85	C
3	4	1	1	Futrelle, Mrs. Jacques Heath (Lily May Peel)	female	35.0	1	0	113803	53.1000	C123	S
6	7	0	1	McCarthy, Mr. Timothy J	male	54.0	0	0	17463	51.8625	E46	S
10	11	1	3	Sandstrom, Miss. Marguerite Rut	female	4.0	1	1	PP 9549	16.7000	G6	S
11	12	1	1	Bonnell, Miss. Elizabeth	female	58.0	0	0	113783	26.5500	C103	S
...	...	...	...	...	...	...	...	...	...	...	...	...
871	872	1	1	Beckwith, Mrs. Richard Leonard (Sallie Monypeny)	female	47.0	1	1	11751	52.5542	D35	S
872	873	0	1	Carlsson, Mr. Frans Olof	male	33.0	0	0	695	5.0000	B51 B53 B55	S
879	880	1	1	Potter, Mrs. Thomas Jr (Lily Alexenia Wilson)	female	56.0	0	1	11767	83.1583	C50	C
887	888	1	1	Graham, Miss. Margaret Edith	female	19.0	0	0	112053	30.0000	B42	S
889	890	1	1	Behr, Mr. Karl Howell	male	26.0	0	0	111369	30.0000	C148	C

183 rows × 12 columns

how는 any가 디폴트 설정이므로 생략해도 된다.

결측값이 있다고 해서 전부 삭제하는 것보다 결측값 개수의 임곗값을 설정해서 삭제하는 방법도 고려할 수 있다. 매개변수 thresh로 임곗값을 설정하면 된다. 다음 코드는 2개 이상의 컬럼에 결측값이 존재하는 데이터는 삭제하라는 의미다. 상황에 따라서 개수를 지정하면 된다.

```
titanic.dropna(thresh=2)
```

	PassengerId	Survived	Pclass	Name	Sex	Age	SibSp	Parch	Ticket	Fare	Cabin	Embarked
0	1	0	3	Braund, Mr. Owen Harris	male	22.0	1	0	A/5 21171	7.2500	NaN	S
1	2	1	1	Cumings, Mrs. John Bradley (Florence Briggs Th...	female	38.0	1	0	PC 17599	71.2833	C85	C
2	3	1	3	Heikkinen, Miss. Laina	female	26.0	0	0	STON/O2. 3101282	7.9250	NaN	S
3	4	1	1	Futrelle, Mrs. Jacques Heath (Lily May Peel)	female	35.0	1	0	113803	53.1000	C123	S
4	5	0	3	Allen, Mr. William Henry	male	35.0	0	0	373450	8.0500	NaN	S
...	...	...	...	...	...	...	...	...	...	...	...	...
886	887	0	2	Montvila, Rev. Juozas	male	27.0	0	0	211536	13.0000	NaN	S
887	888	1	1	Graham, Miss. Margaret Edith	female	19.0	0	0	112053	30.0000	B42	S
888	889	0	3	Johnston, Miss. Catherine Helen "Carrie"	female	NaN	1	2	W./C. 6607	23.4500	NaN	S
889	890	1	1	Behr, Mr. Karl Howell	male	26.0	0	0	111369	30.0000	C148	C
890	891	0	3	Dooley, Mr. Patrick	male	32.0	0	0	370376	7.7500	NaN	Q

891 rows × 12 columns

삭제하는 코드를 실행했지만 타이타닉 데이터셋에는 1개 행에 2개 이상의 결측값이 존재하는 데이터가 없기 때문에 길이가 원본 데이터와 동일하다.

지정한 컬럼에 결측값이 있는 행만 삭제할 수 있는데 매개변수 subset을 활용한다. Age나 Embarked 컬럼에 결측값이 있는 행을 삭제해보자.

```
titanic.dropna(subset=['Age', 'Embarked'])
```

	PassengerId	Survived	Pclass	Name	Sex	Age	SibSp	Parch	Ticket	Fare	Cabin	Embarked
0	1	0	3	Braund, Mr. Owen Harris	male	22.0	1	0	A/5 21171	7.2500	NaN	S
1	2	1	1	Cumings, Mrs. John Bradley (Florence Briggs Th...	female	38.0	1	0	PC 17599	71.2833	C85	C
2	3	1	3	Heikkinen, Miss. Laina	female	26.0	0	0	STON/O2. 3101282	7.9250	NaN	S
3	4	1	1	Futrelle, Mrs. Jacques Heath (Lily May Peel)	female	35.0	1	0	113803	53.1000	C123	S
4	5	0	3	Allen, Mr. William Henry	male	35.0	0	0	373450	8.0500	NaN	S
...	...	...	...	...	...	...	...	...	...	...	...	...
885	886	0	3	Rice, Mrs. William (Margaret Norton)	female	39.0	0	5	382652	29.1250	NaN	Q
886	887	0	2	Montvila, Rev. Juozas	male	27.0	0	0	211536	13.0000	NaN	S
887	888	1	1	Graham, Miss. Margaret Edith	female	19.0	0	0	112053	30.0000	B42	S
889	890	1	1	Behr, Mr. Karl Howell	male	26.0	0	0	111369	30.0000	C148	C
890	891	0	3	Dooley, Mr. Patrick	male	32.0	0	0	370376	7.7500	NaN	Q

712 rows × 12 columns

2개 컬럼 중 하나에라도 결측값이 있는 행이 삭제되어 길이가 총 712개가 되었고, Cabin 컬럼은 subset에 지정한 컬럼이 아니므로 결측값이 있는 데이터가 그대로 남아 있다.

지금까지 다양한 삭제를 해보았다. 하지만 삭제된 내용이 타이타닉 데이터셋에 실제로 반영되는 것은 아니다. 이전에 학습했던 내용이지만 다음과 같이 inplace 속성을 True로 지정해야 변경된 내용이 원본 데이터에 실제로 적용된다.

```
titanic.dropna(subset=['Age', 'Embarked'], inplace=True)
```

결측값 삭제 방향 정리

타이타닉 데이터셋의 결측값 처리 방향은 결측값 비중이 너무 높은 Cabin 컬럼은 삭제하고, Age와 Embarked 2개 컬럼에 대해서는 결측값이 있는 행만 선별하여 삭제하는 것이 좋을 것 같다.

3.2.5 결측값 대체/보간

이번에는 결측값을 특정 값 또는 기존 데이터를 참조하여 적합한 값으로 채우는 방법을 알아보자.

■ 특정 값으로 결측값 채우기

Age 컬럼의 결측값을 채워보자. 결측값을 채울 때는 판다스의 fillna() 함수를 활용한다. 임의로 25를 채워보도록 하겠다.

```
titanic.Age.fillna(25)
```

```
적용 전                                        적용 후
0       22.0                                 0       22.0
1       38.0                                 1       38.0
2       26.0                                 2       26.0
3       35.0                                 3       35.0
4       35.0                                 4       35.0
        ...                                          ...
886     27.0                                 886     27.0
887     19.0                                 887     19.0
888      NaN  ◀━━                            888     25.0  ◀━━
889     26.0                                 889     26.0
890     32.0                                 890     32.0
Name: Age, Length: 891, dtype: float64       Name: Age, Length: 891, dtype: float64
```

빨간색 화살표가 가리키는 부분의 값의 변화를 살펴보면 결측값이 지정한대로 25로 바뀐 것을 알 수 있다.

replace() 함수를 활용해서 대체할 수도 있다. 매개변수 to_replace에 변경 전의 값과 변경하고 싶은 값을 입력한다. 여기서는 각각 np.nan과 25를 입력한다(value에 문자열도 입력 가능).

```
titanic.Age.replace(to_replace = np.nan, value = 25)
```

방금 fillna() 함수를 활용한 결과와 같은 결과를 확인할 수 있다. replace() 함수는 결측값을 대체할 때만 사용하는 함수는 아니며 문자 데이터에 주로 사용한다. 추후 문자열 처리에서 상세한 활용법을 살펴보겠다.

■ 평균값으로 결측값 채우기

결측값을 특정한 수치가 아닌 평균값으로 채울 수도 있다. Age 컬럼의 결측값을 해당 컬럼의 평균값으로 채워보자.

```
titanic.Age.fillna(titanic.Age.mean())
```

```
적용 전                                      적용 후
0       22.0                               0       22.000000
1       38.0                               1       38.000000
2       26.0                               2       26.000000
3       35.0                               3       35.000000
4       35.0                               4       35.000000
        ...                                        ...
886     27.0                               886     27.000000
887     19.0                               887     19.000000
888     NaN   ◀━━                          888     29.699118   ◀━━
889     26.0                               889     26.000000
890     32.0                               890     32.000000
Name: Age, Length: 891, dtype: float64     Name: Age, Length: 891, dtype: float64
```

인덱스 888번의 데이터를 확인해보면 평균값으로 잘 대체된 것을 확인할 수 있다.

그런데 이 방법은 간편하지만 가장 좋은 전략은 아니다. 조금 더 좋은 방법은 없을까? 저자는 객실 등급을 의미하는 Pclass의 등급을 활용하여 나이를 조금은 유추할 수 있지 않을까 생각했다. 등급에 따라 이용하는 연령대가 다를 것이라고 생각했고, 각 등급에 해당하는 평균 나이를 구하여 결측값이 있는 경우 해당 값으로 채우는 것이 조금 더 나은 전략일 것이라고 결정했다.

이러한 결측값 대체 전략을 실행하기 위해 먼저 각 객실 등급별 평균 나이를 확인해보자.

```python
print(titanic[titanic.Pclass == 1].Age.mean())
print(titanic[titanic.Pclass == 2].Age.mean())
print(titanic[titanic.Pclass == 3].Age.mean())
```

```
38.233440860215055
29.87763005780347
25.14061971830986
```

예상대로 1등급을 이용하는 승객들의 평균 연령이 가장 높다. 일반적으로 나이가 많을수록 높은 요금을 지불하는 등급을 이용할 가능성이 크기 때문이다. 다음은 1등급인 승객 데이터의 Age 결측값에 Pclass가 1등급인 승객들의 평균 나이를 대입한 코드다.

```
titanic[titanic.Pclass == 1].Age.fillna(titanic[titanic.Pclass == 1].Age.mean()).
head(10)
```

```
1     38.000000
3     35.000000
6     54.000000
11    58.000000
23    28.000000
27    19.000000
30    40.000000
31    38.233441    ◀━━
34    28.000000
35    42.000000
Name: Age, dtype: float64
```

1등급에 해당하는 데이터가 216개였으며 상단 10개의 데이터를 확인해봤을 때 인덱스 31의 데이터가 1등급인 승객들의 평균 나이 값으로 잘 대체된 것을 확인할 수 있다.

코드의 효율성을 위해 반복되는 부분을 변수로 저장한 뒤 다시 실행하자. 그리고 2등급과 3등급도 같은 방식으로 적용하자.

```
pclass_1 = titanic[titanic.Pclass == 1]
pclass_2 = titanic[titanic.Pclass == 2]
pclass_3 = titanic[titanic.Pclass == 3]

pclass_1.Age.fillna(pclass_1.Age.mean())
pclass_2.Age.fillna(pclass_2.Age.mean())
pclass_3.Age.fillna(pclass_3.Age.mean())
```

코드를 한 줄씩 실행할 때마다 잘 적용되는지 확인할 수 있을 것이다. 그리고 최종적으로 이 전략이 마음에 든다면 inplace 속성으로 원본 데이터에 적용한다.

■ 결측값의 전후 값 참조해서 채우기

결측값을 앞이나 뒤에 있는 값으로 채울 수도 있다. 이러한 변화를 잘 보여줄 수 있는 Cabin 컬럼에 이 방법을 적용해보자. fillna() 함수의 매개변수 method를 활용하는데 결측값의 앞에 있는 값을 참조하려면 ffill(또는 pad), 뒤에 있는 값을 참조하려면 bfill(또는 backward)을 사용하면 된다.

```
titanic.Cabin.fillna(method="ffill")
```

```
적용 전                                    적용 후
0        NaN                               0        NaN
1        C85                               1        C85
2        NaN                               2        C85     ⬅
3        C123                              3        C123
4        NaN                               4        C123    ⬅
        ...                                        ...
886      NaN                               886      C50     ⬅
887      B42                               887      B42
888      NaN                               888      B42     ⬅
889      C148                              889      C148
890      NaN                               890      C148    ⬅
Name: Cabin, Length: 891, dtype: object   Name: Cabin, Length: 891, dtype: object
```

결측값이 바로 이전의 값으로 잘 채워진 것을 확인할 수 있다. ffill로 채운 경우에는 0행의 값이, bfill로 채운 경우에는 가장 마지막 행의 값이 여전히 결측값으로 남게 된다. 참조할 값이 없기 때문이다. 이 값은 적당하다고 생각하는 값으로 수작업으로 입력해줘야 한다.

■ 보간법으로 결측값 채우기

이번에는 자동으로 보간을 해주는 함수인 interpolate()으로 결측값을 채워보자. 이 보간 함수는 다양한 method 타입을 제공한다.

다음은 숫자 타입인 Age 컬럼에 linear 타입의 interpolate() 함수를 적용한 예다.

```
titanic.Age.interpolate(method ='linear', limit_direction ='forward').head(10)
```

```
적용 전                                     적용 후
0    22.0                                  0    22.0
1    38.0                                  1    38.0
2    26.0                                  2    26.0
3    35.0                                  3    35.0
4    35.0                                  4    35.0
5     NaN ◀━━━━                            5    44.5 ◀━━━━
6    54.0                                  6    54.0
7     2.0                                  7     2.0
8    27.0                                  8    27.0
9    14.0                                  9    14.0
Name: Age, dtype: float64                 Name: Age, dtype: float64
```

인덱스 5번의 데이터를 살펴보면 4번과 6번 사이의 중간값으로 계산되어 채워진 것을 알 수 있다. 그러나 이것은 사용 방법을 알아보기 위한 것이었고, 나이라는 데이터는 숫자지만 사실은 오브젝트 타입에 가깝다. linear 타입의 interpolate() 함수는 연속형 데이터를 채울 때 사용하기 바란다.

> **NOTE** 다음 코드는 method를 nearest 방식으로 지정 것인데 실행해서 값의 결과를 살펴보고 linear 방식과 어떻게 다른지 살펴보기 바란다.
>
> ```
> titanic.Age.interpolate(method ='nearest', limit_direction ='forward')
> ```

이번에는 Cabin 컬럼에 pad 타입의 interpolate() 함수를 적용해보자.

```
titanic.Cabin.interpolate(method ='pad', limit_direction ='forward')
```

```
적용 전                                          적용 후
0      NaN                                      0      NaN
1      C85                                      1      C85
2      NaN                                      2      C85  ◀━━━━
3      C123                                     3      C123
4      NaN                                      4      C123 ◀━━━━
        ...                                            ...
886    NaN                                      886    C50  ◀━━━━
887    B42                                      887    B42
888    NaN                                      888    B42  ◀━━━━
889    C148                                     889    C148
890    NaN                                      890    C148 ◀━━━━
Name: Cabin, Length: 891, dtype: object        Name: Cabin, Length: 891, dtype: object
```

이는 fillna(method="ffill") 함수를 적용한 결과와 같다.

interpolation 가능한 method 전체 목록은 다음 주소에서 확인할 수 있다.

```
https://pandas.pydata.org/pandas-docs/stable/reference/api/pandas.DataFrame.
interpolate.html?highlight=interpolate#pandas.DataFrame.interpolate
```

3.3 이상값 처리

데이터셋에는 결측값 외에도 대부분의 관찰값과 다른 이상값^{outlier}도 존재한다. 이상값이 생기는 원인은 그냥 단순 오류일 수도 있고, 특이한 것일 수도 있다. 이 절에서 이상값을 확인하고 처리하는 방법을 알아보도록 하자.

3.3.1 이상값이란

데이터 분석은 결측값이 있을 때도 잘못된 결과가 나올 수 있지만 이상값이 있을 때도 잘 작동하지 않는다. 이상값을 포함한 데이터로 분석 모델을 생성할 때는 정확한 모수 추정에 어려움을 겪을 수도 있다. 그러나 이상값이 모든 경우에 의미가 없는 것은 아니다. 데이터셋이 속한 도메인이나 종류에 따라 큰 의미가 있는 경우도 있기 때문에 이상값을 처리하기 전에 데이터셋이 속한 도메인의 전문가와 이상값에 대해 함께 검토해보는 것이 가장 좋다. 결측값과 마찬가지로 이상값이 생긴 이유를 명확하게 알수록 이상값을 처리하는 데 많은 도움이 되기 때문이다.

이 책에서는 가장 고전적이고 기본적이지만 아직까지 많이 활용되고 있는 IQR 기법을 중심으로 이상값 처리를 학습하겠다.

3.3.2 이상값 시각화하기

이상값을 확인하는 가장 쉽고 간편한 방법은 시각화 기법을 활용하여 변수의 분포를 살펴보는 것이다. 일반적으로 1개 변수에 관한 이상값 시각화 도구는 박스플롯이나 히스토그램을 사용하고, 2개 변수 간의 이상값을 찾기 위해서는 산점도를 활용한다. 그러나 이 책에서는 2개 변수 간의 이상값에 대한 확인과 처리는 다루지 않을 것이다. 초보자가 학습하기에 다소 복잡하고 어렵기 때문이다. 1개 변수를 대상으로 이상값이 어느 정도 분포해 있는지 시각화로 먼저 파악해보자. 앞서 실습했던 박스플롯으로 이상값을 확인할 것이다.

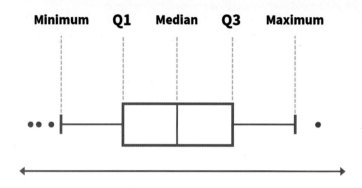

박스플롯 시각화는 데이터를 동일한 사이즈의 4개 그룹으로 나누는 기준점인 사분위수를 사용하여 데이터의 모양을 표시한다. 박스는 25번째와 75번째 백분위수와 같은 1사분위수(Q1)와 3사분위수(Q3)를 나타낸다. 박스 중간에 있는 선은 중앙값(Median)인 2사분위수를 나타낸다. 그리고 양끝은 각각 최소(Minimum)와 최대(Maximum)를 나타내며 그 범위를 벗어난 값이 이상값이다. 위 그림에서는 양끝에 있는 빨간 점이 이상값에 해당한다.

타이타닉의 Fare 변수를 대상으로 시본으로 박스플롯을 그려서 이상값을 확인해보자.

```
sns.set_theme(style="whitegrid")
plt.figure(figsize=(12, 4))
sns.boxplot(x=titanic.Fare);
```

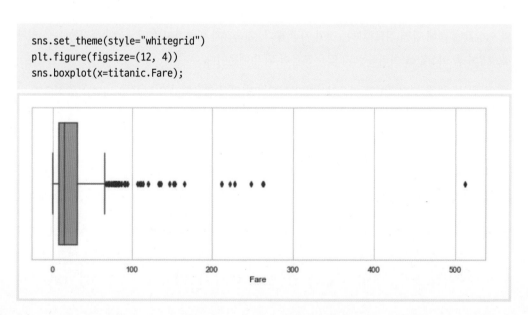

그래프를 확인하면 대략 70 이상의 값들이 이상값으로 분류되었으며 최대 500을 넘어가는 값도 존재한다. 이번에는 Age 변수를 기준으로 박스플롯을 그려보자.

```
plt.figure(figsize=(12, 4))
sns.boxplot(x=titanic.Age, color='yellowgreen');
```

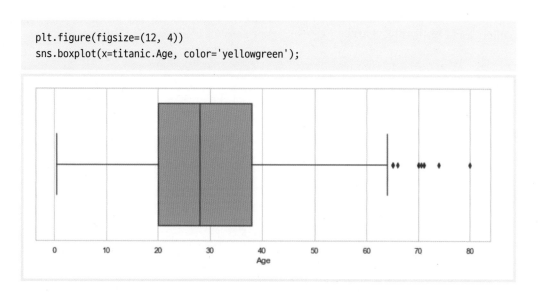

Age 변수에서는 대략 60대 초중반 이후를 이상값으로 분류하였다.

3.3.3 IQR 기법으로 이상값 확인하기

시각화 기법으로 데이터에 이상값이 어느 위치에 분포하는지 파악했으니 실제로 이상값을 추출해보자. 지금 학습할 IQR 기법은 데이터 내에서 이상값을 탐지하는 강력한 방법 중 하나로 탐색적 데이터 분석Exploratory Data Analysis(EDA)의 선구자인 존 튜키John Tukey가 개발한 전통적인 방법이다. 가장 고전적이고 기초적이지만 여전히 많이 활용되고 있다. 판다스의 함수로 결측값을 찾았던 것처럼 이상값을 자동으로 추출해주는 함수는 없다. 그러므로 이전에 학습했던 사분위수 함수를 활용하여 직접 이상값을 걸러내는 함수를 정의할 것이다.

IQR 기법을 적용하는 순서는 다음과 같다.

1. 1사분위수 Q1을 찾는다.
2. 3사분위수 Q3을 찾는다.
3. IQR을 계산한다. IQR = Q3 − Q1

하한값이 Q1 − 1.5 * IQR이고, 상한값이 Q3 + 1.5 * IQR인 일반 데이터 범위를 정의한다. 이 범위를 벗어난 데이터 포인트는 이상값으로 간주한다. Q1 − 1.5 * IQR과 Q3 + 1.5 * IQR로 정의된 최소 및 최대 포인트를 구하고 이 범위 밖의 값을 이상값으로 정의하는 것이다. 이 순서를 반영한 outlier_iqr() 함수는 다음과 같다.

```python
def outlier_iqr(data, column):
    # lower(하한), upper(상한) 글로벌 변수 선언하기
    global lower, upper
    # 4분위수 기준 지정하기
    q1, q3 = np.quantile(data[column], 0.25), np.quantile(data[column], 0.75)
    # IQR 계산하기
    iqr = q3 - q1
    # outlier cutoff(기준점) 계산하기
    cut_off = iqr * 1.5
    # lower와 upper 구분값 구하기
    lower, upper = q1 - cut_off, q3 + cut_off
    print('IQR은',iqr, '이다.')
    print('lower 기준값은', lower, '이다.')
    print('upper 기준값은', upper, '이다.')
    # 1사분위와 4사분위에 속해 있는 데이터 각각 저장하기
    data1 = data[data[column] > upper]
    data2 = data[data[column] < lower]
    # 이상값 총 개수 구하기
    return print('총 이상값 개수는', data1.shape[0] + data2.shape[0], '이다.')
```

outlier_iqr()이라는 함수를 만들었으니 실제 데이터에 활용해보자. def에 정의해 놨듯이 outlier_iqr(data, column)의 data와 column에 실제 적용할 데이터와 컬럼명을 입력한다. 타이타닉 데이터의 Fare 변수로 이상값을 분류해보자.

```python
outlier_iqr(titanic, 'Fare')
```

```
IQR은 23.0896 이다.
lower 기준값은 -26.724 이다.
upper 기준값은 65.6344 이다.
총 이상값 개수는 116 이다.
```

이상값이 총 116개로 분류되었다. 이상값을 분류하는 상한의 기준은 65.6344이고, 하한의 기준은 −26.724인데 Fare 변숫값에 −26은 존재하지 않기 때문에 하한 범위는 크게 생각하지 않아도 된다.

요금은 음수가 없기 때문이다.

 CAUTION

변수에 결측값이 있으면 방금 정의한 이상값 함수가 적용되지 않으니 결측값에 적합한 처리를 한 후 함수를 적용하는 것에 유의하도록 한다.

탐지된 이상값의 범위를 시각화해서 확인해보자. 이번 시각화는 정확하게 분류된 이상값을 그래프에 직접 표시해보기 위한 것이다. 박스플롯 못지않게 히스토그램도 이상값 확인을 위해 많이 사용한다. 시본의 displot()을 이용하여 히스토그램을 그린 후 맷플롯립의 axvspan이라는 도구를 활용하여 이상값의 범위를 강조해보자.

```
plt.figure(figsize=(12,7))
sns.distplot(titanic.Fare, bins=50, kde=False)

# 이상값 영역 박스 그리기
plt.axvspan(xmin=lower, xmax=titanic.Fare.min(), alpha=0.2, color='red')
plt.axvspan(xmin=upper, xmax=titanic.Fare.max(), alpha=0.2, color='red')
plt.show();
```

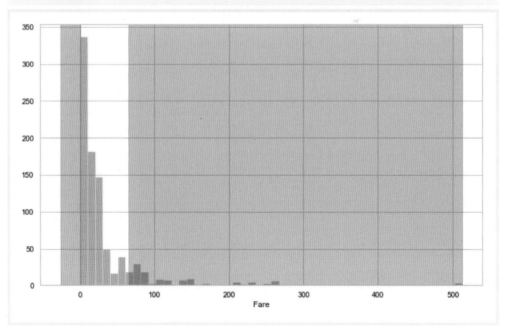

outlier_iqr() 함수 내에서 글로벌 변수로 선언한 lower와 upper를 외부에서 호출하여 각각 Fare 변수의 최솟값/최댓값을 연결하여 axvspan 영역을 그렸다. 이상값의 개수는 알게 되었지만 전체 891개의 Fare 변수의 데이터 중 어느 데이터가 이상값인 116개에 해당되는지 파악해야 한다. 이상 값 처리 과정에서 살펴보자.

3.3.4 이상값 처리

이상값을 분류했으니 이상값에 적당한 처리를 해줘야 한다. 데이터 수가 많다면 이상값을 모두 삭제 하는 것도 고려할 수 있다. 그러나 데이터 수가 많지 않다면 이상값을 삭제하는 대신 적합한 수로 변경 하는 것도 대안일 수 있다. 이상값 처리 방법도 결측값 처리 방법과 크게 다르지 않기 때문에 간단하게 삭제하는 방법과 평균값으로 채우는 방법을 알아보자.

■ 이상값 삭제하기

이상값을 분류하는 기준을 outlier_iqr() 함수 내에서 upper와 lower로 정의했으므로 정상적인 데이터는 하한값보다 큰 데이터와 상한값보다 작은 데이터를 합친 것이다. 기본적인 데이터 필터링 방법을 활용해서 이 개념을 코드화한 후 개수도 확인해보자.

```
titanic_no_outlier = titanic[(titanic['Fare'] < upper) & (titanic['Fare'] > lower)]
titanic_no_outlier.head()
```

	PassengerId	Survived	Pclass	Name	Sex	Age	SibSp	Parch	Ticket	Fare	Cabin	Embarked
0	1	0	3	Braund, Mr. Owen Harris	male	22.0	1	0	A/5 21171	7.2500	NaN	S
2	3	1	3	Heikkinen, Miss. Laina	female	26.0	0	0	STON/O2. 3101282	7.9250	NaN	S
3	4	1	1	Futrelle, Mrs. Jacques Heath (Lily May Peel)	female	35.0	1	0	113803	53.1000	C123	S
4	5	0	3	Allen, Mr. William Henry	male	35.0	0	0	373450	8.0500	NaN	S
5	6	0	3	Moran, Mr. James	male	NaN	0	0	330877	8.4583	NaN	Q

```
len(titanic_no_outlier)
```

```
775
```

상단 5개 데이터만 보아도 이상값으로 정의된 인덱스 1 데이터가 사라졌다. 출력된 데이터프레임의 Fare 변수를 확인해보면 대략 65 이하의 데이터만 저장되어 있을 것이다. 이상값이 제외된 데이터는 총 775개다. 데이터가 많다면 이렇게 이상값을 제외한 데이터만 사용해서 데이터 분석을 하는 것이 좀 더 좋은 결과를 가져오는 선택일 것이다.

■ 이상값 대체하기

이번에는 이상값을 삭제하는 대신 평균값으로 변경하는 방법을 알아보자. 작업 순서는 이상값의 인덱스를 파악한 뒤 타이타닉 원본 데이터에서 이상값에 해당하는 인덱스만 선택하여 그 값을 해당 변수의 평균값으로 저장하는 것이다.

그럼 이상값은 어떻게 선택할까? 이전에 저장해둔 정상 데이터를 반대로 정의하는 틸데(~) 기호를 활용해서 선택하면 된다. 그리고 우리가 필요한 것은 이상값의 인덱스이므로 인덱스만 따로 리스트 타입으로 저장하자.

```
outlier = titanic[~(titanic['Fare'] < upper) & (titanic['Fare'] > lower)]
outlier.head()
```

	PassengerId	Survived	Pclass	Name	Sex	Age	SibSp	Parch	Ticket	Fare	Cabin	Embarked
1	2	1	1	Cumings, Mrs. John Bradley (Florence Briggs Th...	female	38.0	1	0	PC 17599	71.2833	C85	C
27	28	0	1	Fortune, Mr. Charles Alexander	male	19.0	3	2	19950	263.0000	C23 C25 C27	S
31	32	1	1	Spencer, Mrs. William Augustus (Marie Eugenie)	female	NaN	1	0	PC 17569	146.5208	B78	C
34	35	0	1	Meyer, Mr. Edgar Joseph	male	28.0	1	0	PC 17604	82.1708	NaN	C
52	53	1	1	Harper, Mrs. Henry Sleeper (Myna Haxtun)	female	49.0	1	0	PC 17572	76.7292	D33	C

```
outlier_index = [outlier.index]
outlier_index
```

```
[Int64Index([  1,  27,  31,  34,  52,  61,  62,  72,  88, 102,
            ...
            792, 802, 820, 829, 835, 846, 849, 856, 863, 879],
           dtype='int64', length=116)]
```

이렇게 116개의 이상값 인덱스를 얻었다. 이 인덱스를 타이타닉 데이터셋에서 iloc을 활용하여 불러온 후 Fare 컬럼의 평균값으로 다시 저장한다.

```
titanic.iloc[outlier_index, 9] = titanic['Fare'].mean()
titanic.head()
```

	PassengerId	Survived	Pclass	Name	Sex	Age	SibSp	Parch	Ticket	Fare	Cabin	Embarked
0	1	0	3	Braund, Mr. Owen Harris	male	22.0	1	0	A/5 21171	7.250000	NaN	S
1	2	1	1	Cumings, Mrs. John Bradley (Florence Briggs Th...	female	38.0	1	0	PC 17599	32.204208	C85	C
2	3	1	3	Heikkinen, Miss. Laina	female	26.0	0	0	STON/O2. 3101282	7.925000	NaN	S
3	4	1	1	Futrelle, Mrs. Jacques Heath (Lily May Peel)	female	35.0	1	0	113803	53.100000	C123	S
4	5	0	3	Allen, Mr. William Henry	male	35.0	0	0	373450	8.050000	NaN	S

출력된 데이터를 보면 알겠지만 outlier_index 변수에 해당하는 행들이 평균값인 32.20으로 변경된 것을 확인할 수 있다.

이상값을 삭제하거나 변경하는 방법 중 무엇이 좋은 방법이라고 정할 수는 없지만 보유한 데이터 수에 따라 처리하는 방법을 정하는 것도 여러 대안 중 하나다.

3.4 문자열 데이터 처리

판다스에는 2가지 문자열 타입이 존재한다. 하나는 object-dtype의 넘파이 배열이고, 다른 하나는 StringDtype 확장 타입인데 판다스 공식 사이트에서는 StringDtype을 사용하도록 권고하고 있다. 되도록이면 문자형 데이터는 StringDtype으로 변환해서 사용하는 것이 좋다. 일단 타이타닉 데이터 셋에서 필요 없는 변수는 미리 삭제하고 시작하자.

```
titanic.drop(['PassengerId', 'Cabin'], axis=1, inplace=True)
```

문자열 변수인 Name 변수의 데이터 타입을 확인해보자.

```
titanic.Name.dtype
```

```
dtype('O')
```

object-dtype으로 출력된다. 판다스에서 좀 더 안정적인 string 타입으로 변경하자. 앞서 학습한 바 있다.

```
titanic.Name = titanic.Name.astype("string")
titanic.Name.dtype
```

```
string[python]
```

3.4.1 문자열 분리하기

타이타닉 데이터의 Name 변수를 살펴보면 2개 이상의 단어로 구성되어 있다. 이와 같은 단어의 묶음을 개별적으로 분리하려면 split() 함수를 사용한다. 다음은 split() 함수를 활용한 예다.

```
titanic.Name.str.split()
```

```
0                          [Braund,, Mr., Owen, Harris]
1          [Cumings,, Mrs., John, Bradley, (Florence, Bri...
2                        [Heikkinen,, Miss., Laina]
3      [Futrelle,, Mrs., Jacques, Heath, (Lily, May, ...
4                      [Allen,, Mr., William, Henry]
                               ...
886                     [Montvila,, Rev., Juozas]
887              [Graham,, Miss., Margaret, Edith]
888        [Johnston,, Miss., Catherine, Helen, "Carrie"]
889                   [Behr,, Mr., Karl, Howell]
890                    [Dooley,, Mr., Patrick]
Name: Name, Length: 891, dtype: object
```

단어와 단어 사이가 쉼표(,)로 분리되어 리스트로 저장된다. 그런데 다양한 문자열 데이터를 살펴보면 단어와 단어 사이가 공백이 아닌 기호로 묶여 있는 경우도 꽤 많다. 이럴 때는 분리에 사용된 기호를 중심으로 단어를 분리해야 하는데 split() 함수의 매개변수 pat을 활용하면 된다.

```
titanic.Name.str.split(pat=",")
```

```
0                       [Braund,  Mr. Owen Harris]
1       [Cumings,  Mrs. John Bradley (Florence Briggs ...
2                      [Heikkinen,  Miss. Laina]
3        [Futrelle,  Mrs. Jacques Heath (Lily May Peel)]
```

```
4                    [Allen,  Mr. William Henry]
                              ...
886                     [Montvila,  Rev. Juozas]
887              [Graham,  Miss. Margaret Edith]
888    [Johnston,  Miss. Catherine Helen "Carrie"]
889                   [Behr,  Mr. Karl Howell]
890                    [Dooley,  Mr. Patrick]
Name: Name, Length: 891, dtype: object
```

단어에 포함되어 있던 쉼표(,)가 사라지면서 이를 기준으로 분리되었다. 만약 공백으로 구분되었다면 공백(" ")을 입력하고, 언더바로 구분되었다면 언더바("_")를 입력하면 된다.

그리고 분리 함수의 매개변수 expand도 알아둘 필요가 있다. 이를 사용하면 문자가 분리되는 만큼 개별 컬럼이 생성된다.

```
titanic.Name.str.split(expand=True)
```

	0	1	2	3	4	5	6	7	8	9	10	11	12	13
0	Braund,	Mr.	Owen	Harris	<NA>	<NA>	<NA>	<NA>	<NA>	<NA>	<NA>	<NA>	<NA>	<NA>
1	Cumings,	Mrs.	John	Bradley	(Florence	Briggs	Thayer)	<NA>	<NA>	<NA>	<NA>	<NA>	<NA>	<NA>
2	Heikkinen,	Miss.	Laina	<NA>	<NA>	<NA>	<NA>	<NA>	<NA>	<NA>	<NA>	<NA>	<NA>	<NA>
3	Futrelle,	Mrs.	Jacques	Heath	(Lily	May	Peel)	<NA>	<NA>	<NA>	<NA>	<NA>	<NA>	<NA>
4	Allen,	Mr.	William	Henry	<NA>	<NA>	<NA>	<NA>	<NA>	<NA>	<NA>	<NA>	<NA>	<NA>
...	...	...	...	...	...	...	...	...	...	...	...	...	...	...
886	Montvila,	Rev.	Juozas	<NA>	<NA>	<NA>	<NA>	<NA>	<NA>	<NA>	<NA>	<NA>	<NA>	<NA>
887	Graham,	Miss.	Margaret	Edith	<NA>	<NA>	<NA>	<NA>	<NA>	<NA>	<NA>	<NA>	<NA>	<NA>
888	Johnston,	Miss.	Catherine	Helen	"Carrie"	<NA>	<NA>	<NA>	<NA>	<NA>	<NA>	<NA>	<NA>	<NA>
889	Behr,	Mr.	Karl	Howell	<NA>	<NA>	<NA>	<NA>	<NA>	<NA>	<NA>	<NA>	<NA>	<NA>
890	Dooley,	Mr.	Patrick	<NA>	<NA>	<NA>	<NA>	<NA>	<NA>	<NA>	<NA>	<NA>	<NA>	<NA>

891 rows × 14 columns

가장 긴 문자 데이터가 분리되는 단어 수만큼 컬럼 수가 생성되기 때문에 단어 수가 적은 문자열 데이터는 단어 수가 가장 많은 데이터를 기준으로 부족한 만큼 빈 셀로 채워진다.

분리된 문자에 접근하는 방법을 알아보자. Name 컬럼의 개별 승객 이름은 분석에 별 의미가 없겠지만 같이 담겨 있는 호칭은 데이터 분석에 꽤 의미가 있을 것이라고 생각할 수 있다. 이 상황을 가정하고 호칭 문자에 접근하려면 Name 값의 2번째에 위치해 있는 데이터에 접근해야 한다.

```
titanic.Name.str.split().str[1]
```

```
0        Mr.
1       Mrs.
2      Miss.
3       Mrs.
4        Mr.
         ...
886      Rev.
887     Miss.
888     Miss.
889      Mr.
890      Mr.
Name: Name, Length: 891, dtype: object
```

호칭을 의미하는 단어에 접근했다. 잘 실행되는 것을 확인했으니 다음과 같이 title이란 컬럼을 생성하여 호칭 값을 담는다.

```
titanic['title'] = titanic.Name.str.split().str[1]
```

3.4.2 문잣값 교체하기

방금 호칭을 나타내는 단어만 추출하는 방법을 학습했다. 그런데 호칭을 추출한 각 행의 문자 데이터를 확인해보면 끝부분에 공통적으로 마침표(.)가 붙어 있다.

```
titanic.title.value_counts().head()
```

```
Mr.       502
Miss.     179
Mrs.      121
Master.    40
Dr.         7
Name: title, dtype: int64
```

이렇게 문자 데이터에는 데이터 분석에 불필요한 기호가 포함되어 있는 경우가 매우 많다. 이 경우 기존 문자를 원하는 문자로 교체하는 replace() 함수를 활용해서 해결한다. 매개변수 regex는 전달하는 문자 패턴에 정규 표현식을 사용할 때는 True, 입력한 문자 그대로 전달하려면 False를 입력한다. 마침표(.)를 공백으로 처리하는 예제를 살펴보자.

```
titanic.title.str.replace('.', '', regex=False)
```

```
0        Mr
1       Mrs
2      Miss
3       Mrs
4        Mr
       ...
886      Rev
887     Miss
888     Miss
889       Mr
890       Mr
Name: title, Length: 891, dtype: object
```

잘 작동하는 것을 확인했으니 실제 데이터프레임에 적용하자.

```
titanic['title'] = titanic.title.str.replace('.', '', regex=False)
titanic.head()
```

	Survived	Pclass	Name	Sex	Age	SibSp	Parch	Ticket	Fare	Embarked	title
0	0	3	Braund, Mr. Owen Harris	male	22.0	1	0	A/5 21171	7.2500	S	Mr
1	1	1	Cumings, Mrs. John Bradley (Florence Briggs Th...	female	38.0	1	0	PC 17599	71.2833	C	Mrs
2	1	3	Heikkinen, Miss. Laina	female	26.0	0	0	STON/O2. 3101282	7.9250	S	Miss
3	1	1	Futrelle, Mrs. Jacques Heath (Lily May Peel)	female	35.0	1	0	113803	53.1000	S	Mrs
4	0	3	Allen, Mr. William Henry	male	35.0	0	0	373450	8.0500	S	Mr

여기서 title 컬럼의 고윳값을 확인해보자.

```
titanic.title.value_counts()
```

```
Mr             502
Miss           179
Mrs            121
Master          40
Dr               7
Rev              6
y                4
Impe             3
Planke           3
Major            2
Gordon           2
Col              2
Mlle             2
Shawah           1
Cruyssen         1
der              1
Don              1
the              1
Messemaeker      1
Jonkheer         1
Mme              1
Steen            1
Billiard         1
Carlo            1
Capt             1
Walle            1
Mulder           1
Velde            1
Ms               1
Melkebeke        1
Pelsmaeker       1
Name: title, dtype: int64
```

이렇게 다양한 값이 있다. 그러나 카운트 수치를 확인해보면 상위 4개를 제외한 나머지는 비중이 아주 작다. 호칭 중에서 Mlle, Ms, Mme 등 3개의 값은 Miss나 Mrs와 같은 의미이니 문잣값을 변경하자.

```python
titanic['title'] = titanic['title'].str.replace('Mlle', 'Miss', regex=False)
titanic['title'] = titanic['title'].str.replace('Ms', 'Miss', regex=False)
titanic['title'] = titanic['title'].str.replace('Mme', 'Mrs', regex=False)
```

그리고 별 의미가 없는 나머지 호칭 값은 모두 묶어서 Rare라는 값으로 변경하자. 복수의 값을 동시에 변경할 때는 str 모듈의 replace() 함수가 리스트 타입을 입력으로 받지 않기 때문에 판다스의 replace() 함수를 활용한다.

```python
rare_name = ['Dr', 'Rev', 'y', 'Impe', 'Planke', 'Major', 'Gordon', 'Col', 'Jonkheer',
             'the', 'Billiard', 'Don', 'Shawah', 'Velde', 'Capt', 'Cruyssen',
             'Mulder', 'Melkebeke', 'Steen', 'Walle', 'Messemaeker', 'der',
             'Pelsmaeker', 'Carlo']
titanic['title'] = titanic['title'].replace(rare_name, 'Rare', regex=False)
```

그리고 다시 한 번 고윳값을 확인해보자.

```python
titanic['title'].value_counts()
```

```
Mr        502
Miss      182
Mrs       122
Rare       45
Master     40
Name: title, dtype: int64
```

5개의 고윳값으로 정리되었다. 이러한 방식으로 문자열 데이터를 정제한다.

3.4.3 정규 표현식 가이드

정규 표현식은 문자의 패턴을 인식하고 검색하여 필요한 정보를 쉽게 식별하게 하거나 추출하는 데 사용한다. 앞서 언급했듯이 입력한 문자 그대로 찾을 수도 있지만 그렇게 하면 원하는 않는 문자도 포함되어 추출되는 경우가 상당히 많이 발생한다. 타이타닉 데이터의 Name 변수에서 Mr라는 문자가 들어 있는 데이터를 추출한다고 생각해보자.

```
titanic[titanic['Name'].str.contains('Mr')].head(10)
```

	Survived	Pclass	Name	Sex	Age	SibSp	Parch	Ticket	Fare	Embarked
0	0	3	Braund, Mr. Owen Harris	male	22.0	1	0	A/5 21171	7.2500	S
1	1	1	Cumings, Mrs. John Bradley (Florence Briggs Th...	female	38.0	1	0	PC 17599	71.2833	C
3	1	1	Futrelle, Mrs. Jacques Heath (Lily May Peel)	female	35.0	1	0	113803	53.1000	S
4	0	3	Allen, Mr. William Henry	male	35.0	0	0	373450	8.0500	S
5	0	3	Moran, Mr. James	male	NaN	0	0	330877	8.4583	Q
6	0	1	McCarthy, Mr. Timothy J	male	54.0	0	0	17463	51.8625	S
8	1	3	Johnson, Mrs. Oscar W (Elisabeth Vilhelmina Berg)	female	27.0	0	2	347742	11.1333	S
9	1	2	Nasser, Mrs. Nicholas (Adele Achem)	female	14.0	1	0	237736	30.0708	C
12	0	3	Saundercock, Mr. William Henry	male	20.0	0	0	A/5. 2151	8.0500	S
13	0	3	Andersson, Mr. Anders Johan	male	39.0	1	5	347082	31.2750	S

Mr뿐만 아니라 Mrs도 포함되었다. Mrs 문자도 Mr을 포함하고 있기 때문이다. 이러한 상황을 피하기 위해 정규 표현식을 사용한다. 그리고 정규 표현식은 파이썬에서만 사용할 수 있는 것이 아니고 대부분의 프로그래밍 언어에서 공통으로 사용하기 때문에 문자열 데이터를 다룬다면 필수적으로 알아두는 것이 좋다. 데이터 분석을 할 때 문자열 데이터를 처리하지 않는 경우는 드물다.

정규 표현식을 사용하여 수행할 수 있는 작업은 여러 가지가 있지만 많이 활용하는 작업 몇 가지만 알아보자.

- 문자열에서 특정 단어를 검색하는 경우
- 문자열에서 특정 패턴에 부합하는 단어를 검색하는 경우
- 문자열에서 특정 단어와 기호를 변경하거나 교체하는 경우

이 외에도 훨씬 더 다양하게 사용하지만 이 정도로만 알아두어도 훌륭하다.

■ 정규 표현식 필수 문법

정규 표현식은 언어마다 약간의 차이점이 있으므로 정규 표현식을 제대로 사용하려면 이 시스템만의 문법 규칙을 제대로 알고 있어야 한다. 일반적인 조건문으로 문자열의 조건을 표현하는 것보다 매우 간단하게 표현할 수 있지만 문법을 모른다면 사용할 수 없다. 다음은 가장 필수적인 문법 규칙이다.

▶ 그룹과 범위 관련 표현

문자/기호	의미
¦	또는(or). 예: a¦b
[ ]	문자 집합. 대괄호 안에 있는 어떤 문자라도 매치함. 예: [abc], [a-z]
(?:)	검색은 하지만 기억하지는 않음
( )	괄호 안의 문자열을 하나의 그룹 문자로 취급. 예: (abc)
[^]	부정 문자 집합. 대괄호 안의 문자를 제외한 문자를 매치함. 예: [^abc], [^a-z]

▶ 양의 대소 표현

문자/기호	의미
.	1개의 임의 문자. 예: a., .b
*	앞에 문자가 무한개로 존재하거나 없거나 문자가 0개 이상. 예: ab*c
{n}	앞의 문자가 n번 반복. 예: ab{2}c
{min, max}	앞의 문자가 최소 min, 최대 max만큼 반복. ?, *, +로 대체 가능. 예: ab{2,8}c
?	앞에 문자가 있거나 없거나 문자가 0개 또는 1개. 예: ab?c
+	앞에 문자가 최소 1개 이상 존재. 예: ab+c
{min,}	앞의 문자가 최소 min만큼 반복. 예: a{2,}bc

▶ 경계와 위치 표현

문자/기호	의미
\b 문자 \b	문자의 경계 부분에 매치함. 예: \b
^	뒤의 문자로 문자열 시작. 예: ^a
\B 문자 \B	문자의 경계가 아닌 부분에 매치함
$	앞의 문자로 문자열이 종료. 예: a$

▶ 역슬래시 관련 자주 사용하는 표현

문자/기호	의미
\	특수 문자가 아닌 문자
\d	모든 숫자. [0-9]와 동일
\w	모든 문자 또는 숫자. [a-zA-Z0-9]와 동일
\s	공백을 의미. [\t\n\r\f\v]와 동일
\\	역슬래시 문자 자체. 이것을 피하려면 정규 표현식 앞에 r을 사용함
\D	숫자가 아닌 모든 문자. [^0-9]와 동일

문자/기호	의미
\W	문자 또는 숫자가 아닌 나머지. [^a-zA-Z0-9]와 동일
\S	공백을 제외한 문자. [^\t\n\r\f\v]와 동일

이 외에도 더 많은 문법이 있지만 그것들은 좀 더 복잡한 문자 관련 처리를 할 때에 필요하므로 필요한 상황이 온다면 구글에서 추가적인 검색을 통해 관련 자료를 얻길 바란다.

■ 판다스 정규 표현식 기초 활용 예제

판다스에서 정규 표현식을 활용하는 방법을 알아보자. 타이타닉 데이터의 Name 컬럼에 다양한 예제를 적용할 수 있다. 앞서 Name 컬럼의 값을 분리한 후 호칭에 해당하는 문자를 추출하고 기호를 삭제하는 방법을 학습했는데 정규 표현식을 활용하면 훨씬 더 간단하게 할 수 있다. 호칭을 의미하는 문자가 점(.) 왼쪽에 위치하는 패턴을 정규 표현식으로 옮기면 ([A-Za-z]+)\.이다. 이 패턴을 판다스 extract() 함수를 사용하여 패턴에 부합하는 값을 title이라는 새로운 변수에 담을 것이다.

```
titanic['title'] = titanic.Name.str.extract(r'([A-Za-z]+)\.', expand=False)
titanic.head()
```

	Survived	Pclass	Name	Sex	Age	SibSp	Parch	Ticket	Fare	Embarked	title
0	0	3	Braund, Mr. Owen Harris	male	22.0	1	0	A/5 21171	7.2500	S	Mr
1	1	1	Cumings, Mrs. John Bradley (Florence Briggs Th...	female	38.0	1	0	PC 17599	71.2833	C	Mrs
2	1	3	Heikkinen, Miss. Laina	female	26.0	0	0	STON/O2. 3101282	7.9250	S	Miss
3	1	1	Futrelle, Mrs. Jacques Heath (Lily May Peel)	female	35.0	1	0	113803	53.1000	S	Mrs
4	0	3	Allen, Mr. William Henry	male	35.0	0	0	373450	8.0500	S	Mr

title 컬럼에 깔끔하게 호칭 문자만 저장되었다.

> **NOTE** 정규 표현식 패턴에서 r 문자를 사용하면(raw string 규칙) 백슬래시(\) 2개 대신 1개만 써도 2개를 쓴 것과 동일한 의미를 갖게 된다. 정규 표현식 문법에서 백슬래시(\) 기호 자체를 표현하려면 \\처럼 \를 2번 연속해서 써야 하는데 \ 기호가 많이 들어간 정규 표현식의 경우 가독성이 떨어지기 때문에 r을 활용하고, \가 없는 정규 표현식이라면 굳이 사용하지 않아도 된다.

각 문자열 요소에서 패턴의 발생 횟수를 세는 문자열 처리 관련 count() 함수를 활용하여 특정 정규 표현식 패턴이 포함된 데이터를 찾는 데 사용할 수도 있다. 이름의 알파벳이 Z로 시작하는 승객의 데 이터만 추출해보자. 문법 테이블을 참조하면 코드에 사용된 정규 표현식을 이해할 수 있을 것이다.

```
titanic[titanic.Name.str.count(r'(^Z.*)') == 1]
```

	Survived	Pclass	Name	Sex	Age	SibSp	Parch	Ticket	Fare	Embarked	title
111	0	3	Zabour, Miss. Hileni	female	14.5	1	0	2665	14.4542	C	Miss
240	0	3	Zabour, Miss. Thamine	female	NaN	1	0	2665	14.4542	C	Miss
422	0	3	Zimmerman, Mr. Leo	male	29.0	0	0	315082	7.8750	S	Mr

코드에서 1은 True를 의미한다. 여기에서 sum() 함수를 활용하면 합계를 계산할 수 있다.

```
titanic.Name.str.count(r'(^Z.*)').sum()
```

```
3
```

이번에는 각 문자열이 정규 표현식과 일치하는 문자를 찾는 판다스의 match() 함수를 활용해서 이 름이 Y로 시작하는 승객 데이터를 찾아보겠다.

```
titanic[titanic['Name'].str.match(r'^Y.*') == True]
```

	Survived	Pclass	Name	Sex	Age	SibSp	Parch	Ticket	Fare	Embarked	title
199	0	2	Yrois, Miss. Henriette ("Mrs Harbeck")	female	24.0	0	0	248747	13.0000	S	Miss
203	0	3	Youseff, Mr. Gerious	male	45.5	0	0	2628	7.2250	C	Mr
325	1	1	Young, Miss. Marie Grice	female	36.0	0	0	PC 17760	135.6333	C	Miss
354	0	3	Yousif, Mr. Wazli	male	NaN	0	0	2647	7.2250	C	Mr
495	0	3	Youseff, Mr. Gerious	male	NaN	0	0	2627	14.4583	C	Mr
620	0	3	Yasbeck, Mr. Antoni	male	27.0	1	0	2659	14.4542	C	Mr
830	1	3	Yasbeck, Mrs. Antoni (Selini Alexander)	female	15.0	1	0	2659	14.4542	C	Mrs

기초적인 정규 표현식으로도 이렇게 다양하게 문자열 관련 처리를 할 수 있다. 그러나 처음에는 기초 적인 정규 표현식조차 쉽게 이해가지 않으니 다음 사이트에서 조금씩 연습하면서 익숙해지기 바란다.

정규 표현식 연습 사이트: https://regexr.com/

이 책에서는 더 많은 활용 예제를 다루기 어려우므로 다음 표에 정규 표현식 처리가 가능한 문자열 관련 함수를 정리했다. 필요한 경우에 사용하도록 하자.

함수	의미
count()	시리즈/인덱스의 각 문자열에서 패턴 발생 횟수 계산
contains()	시리즈/인덱스의 문자열에 패턴 또는 정규 표현식이 포함되어 있는지 테스트. re.search()를 호출하고 bool 값 반환
findall()	패턴 또는 정규 표현식의 모든 항목 검색. 모든 요소에 re.findall()을 적용하는 것과 동일
split()	str.split()과 동일하며 분할할 문자열 또는 정규 표현식을 허용
replace()	검색 문자열이나 패턴을 주어진 값으로 변경
extract()	정규 표현식 pat의 캡처 그룹을 DataFrame의 열로 추출하고 캡처된 그룹을 반환
match()	각 문자열이 정규 표현식과 일치하는지 확인. re.match()를 호출하고 bool 값 반환
rsplit()	str.rsplit()과 동일하며 시리즈/인덱스의 문자열을 끝에서 분할

3.4.4 문자 수 세기

정규 표현식 학습 부분에서 간단하게 활용해본 count() 함수는 문자 수를 셀 때 활용한다. 타이타닉 데이터의 Name 컬럼에서 공백을 포함한 모든 문자 수를 세어보자.

```
titanic['Name'].str.count('')
```

```
0      24
1      52
2      23
3      45
4      25
       ..
886    22
887    29
888    41
889    22
890    20
Name: Name, Length: 891, dtype: int64
```

이번에는 단어 수를 세어보자. 단어 사이의 공백 수에 +1을 해주면 총 단어 수와 일치한다.

```
titanic['Name'].str.count(' ') + 1
```

```
0      4
1      7
2      3
3      7
4      4
      ..
886    3
887    4
888    5
889    4
890    3
Name: Name, Length: 891, dtype: int64
```

특정 문자 수만 셀 수도 있다. 다음은 각 문자열에 'a'가 몇 번 사용되었는지 확인하는 예제다.

```
titanic['Name'].str.count('a')
```

```
0      2
1      2
2      2
3      3
4      1
      ..
886    2
887    4
888    2
889    1
890    1
Name: Name, Length: 891, dtype: int64
```

3.5 카테고리 데이터 처리

데이터 타입 중 오브젝트 타입 데이터로 카테고리 데이터가 있었다. 타이타닉 데이터에서 Fare, Age, SibSp 컬럼을 제외하면 모두 카테고리 타입에 해당한다고 볼 수 있다.

	PassengerId	Survived	Pclass	Name	Sex	Age	SibSp	Parch	Ticket	Fare	Cabin	Embarked
0	1	0	3	Braund, Mr. Owen Harris	male	22.0	1	0	A/5 21171	7.2500	NaN	S
1	2	1	1	Cumings, Mrs. John Bradley (Florence Briggs Th...	female	38.0	1	0	PC 17599	71.2833	C85	C
2	3	1	3	Heikkinen, Miss. Laina	female	26.0	0	0	STON/O2. 3101282	7.9250	NaN	S
3	4	1	1	Futrelle, Mrs. Jacques Heath (Lily May Peel)	female	35.0	1	0	113803	53.1000	C123	S
4	5	0	3	Allen, Mr. William Henry	male	35.0	0	0	373450	8.0500	NaN	S

카테고리 데이터는 고윳값이 있는 데이터를 말하며 크게 2가지로 구분 가능하다. 판다스도 이 2가지를 기준으로 데이터 처리를 한다. 먼저 값의 높고 낮음의 순위가 없는 범주형인 명목형^{Nominal}이 있다. 타이타닉의 범주형 데이터 중 Sex, Name, Embarked 등의 컬럼이 해당하고, 사람의 혈액형이나 주소, 직업, 취미 등이 여기에 해당한다. 그리고 크기나 순서 등의 고유 순위가 존재하는 순서형^{Ordinal}이 있다. 타이타닉 데이터 중 객실의 등급을 나타내는 Pclass가 여기에 해당하고, 설문 조사의 선호도 결과나 서비스 만족도 등이 일반적으로 우리가 마주할 수 있는 타입이다. 참고로 순서형은 서수로 취급 가능하다.

3.5.1 숫자 타입 데이터를 카테고리 타입으로 만들기

연속형이나 이산형의 숫자 데이터는 그 자체로 활용하기도 하지만 일정 구간이나 비율을 기준으로 범주형으로 변환해서 활용하기도 한다. 구간으로서 의미가 있는 구간형^{Interval}, 비율로서 의미가 있는 비율형^{Ratio} 데이터로 변환해서 데이터를 탐색하면 좀 더 데이터 파악이 수월하다. 이렇게 데이터 차원을 축소하면 오히려 데이터 분석 결과가 더 좋아지기도 한다.

■ 구간형으로 범주화하기

숫자 데이터를 구간형으로 변경해보자. 자신이 원하는 구간의 지점을 특정해서 범주화하는 경우에는 판다스의 cut() 함수를 활용한다. 여기에서는 타이타닉 데이터의 Age 컬럼을 대상으로 하겠다. 먼저 승객 나이의 최솟값과 최댓값을 확인하자.

```
print(titanic.Age.min())
print(titanic.Age.max())
```

```
0.42
80.0
```

1살이 안 된 영아가 가장 어린 승객이고, 80살 노인이 가장 나이가 많은 승객이다. 그러므로 나이의 전체 범위는 0~80까지라고 볼 수 있다. 나이 데이터를 5개 연령대 범주로 나누어보자. 5개 구간의 라벨은 각각 '어린이', '청소년', '20/30대', '40/50대', '60대 이상'이라고 부여할 것이고 labels 변수에 담아둔다. 5개 범주를 생성하려면 6개 지점이 있어야 하니 bin 지점 6개를 [0, 9, 18, 40, 60, 81]과 같이 리스트 타입으로 bins 변수에 저장해준다.

```
bins = [0, 9, 18, 40, 60, 81]  # 나이를 구분하는 포인트 지정
labels = ['어린이', '청소년', '20/30대', '40/50대', '60대 이상']  # bins보다 1개 더 적게 정의
```

그리고 판다스의 cut() 함수를 호출하여 활용할 Age 컬럼과 bins와 labels 매개변수에 방금 생성한 변수를 각각 입력한 후 Age_band_cut이라는 새로운 컬럼을 만들어 저장한다.

```
titanic['Age_band_cut'] = pd.cut(titanic['Age'], bins=bins, labels=labels)
titanic.head()
```

	Survived	Pclass	Name	Sex	Age	SibSp	Parch	Ticket	Fare	Embarked	Age_band_cut
0	0	3	Braund, Mr. Owen Harris	male	22.0	1	0	A/5 21171	7.2500	S	20/30대
1	1	1	Cumings, Mrs. John Bradley (Florence Briggs Th...	female	38.0	1	0	PC 17599	71.2833	C	20/30대
2	1	3	Heikkinen, Miss. Laina	female	26.0	0	0	STON/O2. 3101282	7.9250	S	20/30대
3	1	1	Futrelle, Mrs. Jacques Heath (Lily May Peel)	female	35.0	1	0	113803	53.1000	S	20/30대
4	0	3	Allen, Mr. William Henry	male	35.0	0	0	373450	8.0500	S	20/30대

데이터프레임의 가장 오른쪽을 확인해보면 Age_band_cut 컬럼에 연령대 범주 데이터가 잘 생성된 것을 확인할 수 있다.

CAUTION

범주화하려는 원본 데이터에 결측값이 있으면 생성되는 범주 데이터 역시 결측값으로 생성되니 결측값 처리를 먼저 한 후 진행하도록 한다.

생성한 범주의 고유 개수를 확인해보자.

```
titanic.Age_band_cut.value_counts()
```

```
20/30대      425
40/50대      128
청소년         77
어린이         62
60대 이상      22
Name: Age_band_cut, dtype: int64
```

각 연령대와 개수를 확인해보면 20/30대가 가장 많다. 가장 많은 개수를 가진 데이터를 하이라이트
해보자.

```
titanic.Age_band_cut.value_counts().to_frame().style.background_gradient(cmap='viridis')
```

	Age_band_cut
20/30대	425
40/50대	128
청소년	77
어린이	62
60대 이상	22

데이터프레임 형식에 판다스의 style 모듈을 호출하면 데이터프레임 출력과 관련해서 다양한 스타일링
을 할 수 있으니 참고로 알아두자. 앞선 예제는 background_gradient() 함수를 활용했는데 사용한
컬러 테마는 맷플롯립의 컬러 테마로 다음 링크에서 제공하는 테마라면 모두 사용할 수 있다.

참고 링크: https://matplotlib.org/stable/tutorials/colors/colormaps.html

■ 비율형으로 범주화하기

이번에는 나누고 싶은 범주의 지점이 아닌 일정 비율을 기준으로 범주화하는 방법을 알아보자. 비율로
나눌 때는 백분위수를 의미하는 quantile의 q가 붙은 qcut() 함수를 사용한다. 매개변수 q에는 분
할 구간 수, labels에는 순서대로 라벨 이름을 입력한다.

```python
labels = ['어린이', '청소년', '20/30대', '40/50대', '60대 이상']
titanic['Age_band_qcut'] = pd.qcut(titanic.Age, q=5, labels=labels)
titanic.head()
```

	Survived	Pclass	Name	Sex	Age	SibSp	Parch	Ticket	Fare	Embarked	Age_band_cut	Age_band_qcut
0	0	3	Braund, Mr. Owen Harris	male	22.0	1	0	A/5 21171	7.2500	S	20/30대	청소년
1	1	1	Cumings, Mrs. John Bradley (Florence Briggs Th...	female	38.0	1	0	PC 17599	71.2833	C	20/30대	40/50대
2	1	3	Heikkinen, Miss. Laina	female	26.0	0	0	STON/O2. 3101282	7.9250	S	20/30대	20/30대
3	1	1	Futrelle, Mrs. Jacques Heath (Lily May Peel)	female	35.0	1	0	113803	53.1000	S	20/30대	40/50대
4	0	3	Allen, Mr. William Henry	male	35.0	0	0	373450	8.0500	S	20/30대	40/50대

cut() 함수를 활용해서 생성한 범줏값과 비교해보자. 우선 0행만 살펴봐도 cut() 함수와는 다른 범 줏값이 생성되었다. 1, 3, 4행도 마찬가지고, 아마 뒤에 있는 여러 행도 마찬가지일 것이다. 이러한 결과는 qcut() 함수가 오로지 비율을 기준으로 구간을 나누기 때문인데 방금 코드에서 5분할이라고 설정했기 때문에 모든 구간이 대략 20%씩 나누어진 것이다.

```python
titanic.Age_band_qcut.value_counts()
```

```
어린이        164
40/50대      144
60대 이상     142
청소년        137
20/30대      127
Name: Age_band_qcut, dtype: int64
```

이렇게 모든 구간이 개수가 비슷하지만 각 구간의 시작과 끝 값은 한눈에 파악하기 쉽지 않다. '어린이'와 '청소년'을 구분하는 값을 확인하려면 다음과 같이 개별적으로 확인해봐야 한다.

```python
titanic[titanic.Age_band_qcut == '어린이'].max()['Age']
```

```
19.0
```

19살까지도 '어린이'로 잘못 분리되었다. 이러한 qcut() 함수의 작동 방식 때문에 라벨 이름을 의미 없는 구분 문자로 해주어도 된다.

```
titanic['Age_band_qcut'] = pd.qcut(titanic.Age, q=5, labels=['A', 'B', 'C', 'D', 'E'])
titanic.Age_band_qcut.value_counts().to_frame().style.background_gradient(cmap='viridis')
```

	Age_band_qcut
A	164
D	144
E	142
B	137
C	127

Age 컬럼의 구간을 비율형으로 나누는 것은 좋지 않은 방법이지만 학습을 위해 해본 것이니 이러한 방법이 있다는 정도로만 알아두면 좋겠다.

3.5.2 카테고리 데이터에 순서 만들기

카테고리 데이터는 크게 명목형과 순서형으로 나눌 수 있다고 했다. 이번에는 카테고리 데이터를 순서형으로 만드는 방법을 학습할 것이다. 그런데 카테고리 데이터에 순서가 왜 필요할까? 카테고리 데이터에 순서를 정해준다는 것은 고유한 범줏값에 각각 다른 가중치를 주겠다는 것이다. 데이터 분석 시 가중치가 높은 범줏값에 더 높은 점수 또는 더 높은 순위를 부여한 데이터를 분석 모델링에 사용하면 결과에 더 큰 영향을 줄 수 있다. 그러나 변수의 특성에 따라 순서가 적합한 경우도 있고 아닌 경우도 있기 때문에 잘 판단해야 한다.

잠시 판다스에서 카테고리 데이터를 생성하는 방법을 알아보자. Categorical() 함수를 활용하며 숫자와 문자를 활용해서 생성할 수 있다. 결측값도 함께 입력하는 것이 가능하지만 카테고리 데이터로 인식하지 않는다.

```
pd.Categorical([1, 2, 3, 1, 2, 3, 'a', 'b', 'c', 'a', 'b', 'c', np.nan])
```

```
[1, 2, 3, 1, 2, ..., 'c', 'a', 'b', 'c', NaN]
Length: 13
Categories (6, object): [1, 2, 3, 'a', 'b', 'c']
```

13개의 데이터를 입력했지만 총 6개의 카테고리가 생성되었다. 카테고리 데이터에 codes를 활용하면 각 데이터의 범주 코드를 확인할 수 있다.

```
pd.Categorical([1, 2, 3, 1, 2, 3, 'a', 'b', 'c', 'a', 'b', 'c', np.nan]).codes
```

```
array([ 0,  1,  2,  0,  1,  2,  3,  4,  5,  3,  4,  5, -1], dtype=int8)
```

순서를 부여하려면 매개변수 ordered에는 True를 입력하고, categories에는 작은 순서에서 큰 순서로 고윳값을 입력한다.

```
pd.Categorical(['a', 'b', 'c', 'a', 'b', 'c'], ordered=True, categories=['c', 'b', 'a'])
```

```
['a', 'b', 'c', 'a', 'b', 'c']
Categories (3, object): ['c' < 'b' < 'a']
```

이렇게 'c' < 'b' < 'a' 각 값은 다른 레벨을 갖게 된 것이다.

이번에는 데이터프레임의 카테고리 타입 컬럼에 순서를 적용하는 방법을 학습하자. 카테고리 타입은 명목형이 디폴트인데 순서형으로 변경하려면 set_categories()라는 함수를 활용한다. 타이타닉 데이터 중 순서 개념을 적용할 수 있는 변수는 객실 등급을 나타내는 Pclass일 것이다. 만약 승객의 생존에 객실 등급의 높고 낮음이 영향을 끼칠 수 있다고 가정한다면 충분히 순서 개념을 적용해도 좋다. 이 변수에 순서를 적용해보자. 우선 컬럼을 카테고리 타입으로 변경한 후 set_categories() 함수를 적용하고, 대괄호 [ ] 안에 작은 순서에서 큰 순서로 범줏값을 입력한 후 ordered를 True로 지정한다.

```
titanic['Pclass'] = titanic.Pclass.astype('category')
titanic.Pclass.cat.set_categories([3, 2, 1], ordered=True)
```

```
0      3
1      1
2      3
3      1
4      3
      ..
886    2
887    1
```

```
888     3
889     1
890     3
Name: Pclass, Length: 891, dtype: category
Categories (3, int64): [3 < 2 < 1]
```

잘 작동하는 것을 확인했으니 해당 컬럼에 적용한 후 sort_values() 함수를 적용해본다.

```
titanic['Pclass'] = titanic.Pclass.cat.set_categories([3, 2, 1], ordered=True)
titanic.Pclass.sort_values()
```

```
0       3
501     3
502     3
503     3
508     3
        ..
710     1
711     1
712     1
224     1
445     1
Name: Pclass, Length: 891, dtype: category
Categories (3, int64): [3 < 2 < 1]
```

작은 데이터 순으로 정렬된 것을 확인할 수 있다. 데이터의 레벨화가 잘 적용된 것이다.

3.6 람다를 활용한 데이터 처리 응용 예제

지금까지 판다스를 사용해서 다양한 데이터 처리를 학습했다. 다양한 용도로 활용할 수 있는 많은 함수를 제공하지만 데이터 분석 시의 모든 상황을 100% 커버하진 못한다. 앞서 많은 예제를 통해 이미 살펴보긴 했지만 이들 함수를 잘 활용하는 연습을 하면 좀 더 고차원의 다양한 처리도 가능하다.

그중 가장 중요한 핵심 개념은 람다인데 하나 이상의 함수(파이썬 내장 함수 또는 자신이 직접 정의한 함수 등)를 속성으로 사용할 수 있는 고차 함수를 통한 내부 컬렉션 작업에 매우 유용하다.

데이터 분석 문제를 처리할 아이디어가 생겼다면 람다와 판다스의 map(), apply(), applymap() 함수를 조합하여 데이터를 유연하게 처리할 수 있는 로직을 스스로 만들 수 있다.

람다와 함께 사용하는 이 세 가지 함수는 이름만 비슷하지 적용 가능한 영역이 다르다. 차이점은 다음과 같다.

- **map()**: 단일 컬럼, 즉 시리즈에만 적용 가능
- **apply()**: 단일 또는 복수 컬럼, 즉 데이터프레임과 시리즈 모두에 적용 가능
- **applymap()**: 복수 컬럼, 즉 데이터프레임에만 적용 가능

3.6.1 단일 컬럼에 람다 적용 예

먼저 단일 컬럼인 시리즈 타입에 적용할 수 있는 예제를 확인하자. 람다와 함께 시리즈에 활용할 수 있는 함수는 map()이다. 기본적으로 map() 함수는 하나의 변수의 고윳값을 딕셔너리 타입으로 지정한 값으로 매칭해서 변경할 때 많이 사용하며, 자신이 정의한 함수를 원하는 변수에 적용하고자 할 때도 사용한다. 타이타닉의 Fare 변숫값을 소수점이 없는 정수로 변환하는 함수를 fare_to_int()로 정의해서 Fare 컬럼에 map()을 활용하여 적용하는 예제를 살펴보자.

```python
def fare_to_int(fare):
    to_int = int(fare + fare / 1000)
    return to_int

titanic['Fare'].map(fare_to_int).head()
```

```
0     7
1    71
2     7
3    53
4     8
Name: Fare, dtype: int64
```

소수점 뒤의 값이 모두 사라졌다. 그러나 방금 살펴본 예제는 lambda와 map()을 조합해서 사용하면 단 한 줄의 코드로도 실행된다.

```
titanic['Fare_int'] = titanic['Fare'].map(lambda x: int(x + x / 1000))
titanic[['Fare', 'Fare_int']].head()
```

	Fare	Fare_int
0	7.2500	7
1	71.2833	71
2	7.9250	7
3	53.1000	53
4	8.0500	8

apply()도 시리즈에 적용 가능하기 때문에 map() 대신 apply()를 활용해도 똑같이 적용되니 스스로 실행한 후 확인해보자.

```
titanic['Fare_int'] = titanic['Fare'].apply(lambda x: int(x + x / 1000))
```

조건부에 따라 값이 변경되게 하려면 if..else 구문을 람다문에 사용한 문법을 apply()에 적용시킨다. 이 방법을 응용하면 새로운 변수를 생성할 수도 있다. apply() 대신 map()을 활용해도 된다.

```
titanic['Age'].apply(lambda x: 'Adult' if x >= 18 else 'Child')
```

```
0      Adult
1      Adult
2      Adult
3      Adult
4      Adult
       ...
886    Adult
887    Adult
888    Child
889    Adult
890    Adult
Name: Age, Length: 891, dtype: object
```

3.6.2 데이터프레임에 람다 적용 예

이번에는 2개 이상의 컬럼이 있는 데이터프레임에 적용해보자. 타이타닉 데이터에는 함께 탑승한 형제 또는 배우자 수를 의미하는 SibSp, 함께 탑승한 부모 또는 자녀 수를 의미하는 Parch 컬럼이 있다. 본인과 이를 합하면 총 가족 수가 되는데 이를 람다를 활용해서 계산할 수 있다.

```
titanic[['SibSp', 'Parch']].apply(lambda x: x['SibSp'] + x['Parch'], axis=1)
```

```
0      1
1      1
2      0
3      1
4      0
      ..
886    0
887    0
888    3
889    0
890    0
Length: 891, dtype: int64
```

위 예제는 다음과 같이 파이썬의 sum() 함수를 활용해도 된다. 결과는 같으므로 생략하겠다.

```
titanic[['SibSp', 'Parch']].apply(lambda x: x.sum(), axis=1)
```

lambda와 applymap()의 조합에 적당한 데이터는 같은 성격의 컬럼이 많은 경우다. 시본 라이브러리의 iris 데이터셋을 로드하자. 이는 아이리스 꽃 종류별 꽃잎과 꽃받침 사이즈 관련 데이터로 전 세계에서 가장 유명한 데이터셋이라고 할 수 있다. species 변수를 제외한 나머지는 모두 길이 또는 너비를 cm 단위로 나타낸 수치형 데이터다.

```
import seaborn as sns
iris = sns.load_dataset('iris')
iris.head()
```

	sepal_length	sepal_width	petal_length	petal_width	species
0	5.1	3.5	1.4	0.2	setosa
1	4.9	3.0	1.4	0.2	setosa
2	4.7	3.2	1.3	0.2	setosa
3	4.6	3.1	1.5	0.2	setosa
4	5.0	3.6	1.4	0.2	setosa

4개의 수치형 데이터의 단위를 mm로 변환하는 작업을 applymap()을 활용해서 처리해보자. applymap()은 데이터프레임에 적용 가능한 함수이니 species 컬럼이 빠진 iris_no_scepices라는 데이터프레임을 만든 후 lambda를 활용하여 적용해준다. cm를 mm로 변환하려면 10배를 해주면 되므로 x*10 공식을 람다에 대입하면 된다.

```
iris_no_scepices = iris[['sepal_length', 'sepal_width', 'petal_length', 'petal_width']]
iris_no_scepices.applymap(lambda x: x*10).head()
```

	sepal_length	sepal_width	petal_length	petal_width
0	51.0	35.0	14.0	2.0
1	49.0	30.0	14.0	2.0
2	47.0	32.0	13.0	2.0
3	46.0	31.0	15.0	2.0
4	50.0	36.0	14.0	2.0

모든 수치가 mm 단위로 잘 변경되었다. 이렇게 많은 컬럼을 동시에 같은 방식으로 변경하려 할 때 applymap()을 사용하면 좀 더 효율적으로 작업할 수 있다.

예제를 통해 알겠지만 apply()가 시리즈와 데이터프레임 모두에 사용 가능하기 때문에 apply()를 응용할 일이 많을 것이다. 이 책에서는 더 많은 예제를 소개하지 못하지만 앞에서 학습한 다양한 데이터 처리 방법을 대부분 응용할 수 있으니 자신이 필요한 방식으로 구성해서 연습하길 바란다. 처음에는 쉽게 이해가 가지 않을 수도 있으므로 구글에서 더 다양한 예제를 찾아서 내 것으로 만들자.

데이터 병합과 재형성

CHAPTER

04

기본적인 라이브러리 사용법과 다양한 데이터 처리까지 학습했다. 앞선 학습 과정이 개별 값을 처리하는 데 집중했다면 이 장의 학습은 작업 단위가 좀 더 크다고 할 수 있다. 서로 다른 데이터프레임을 연결하고, 합쳐진 데이터프레임을 다시 다른 모양으로 변경하는 학습을 해볼 것이다.

4.1 데이터 병합

분석하려는 데이터가 처음부터 한 군데에 보기 좋게 담겨 있지 않은 경우도 많다. 여러 파일에 분산되어 있기도 하고, 데이터베이스에 보관되어 있기도 하고, 기록되어 있는 형태도 다양하다. 이렇게 흩어져 있는 데이터를 연결하고 병합하는 방법을 반드시 알아두어야 하는데 판다스에는 이러한 방법을 지원하는 다양한 함수가 있다. 여기서는 데이터를 병합하는 몇 가지 방법을 학습하겠다. 이해하기 쉽도록 각 병합에 적합한 데이터프레임을 직접 생성하며 실습하겠다.

4.1.1 데이터를 위아래로 연결하기

가장 먼저 학습할 데이터 병합 방법은 2개 데이터를 위아래로 연결하는 방법이다. 주로 활용하는 방법은 concat() 함수를 사용하는 것이고, append() 함수를 사용하기도 한다.

데이터를 어떤 축을 기준으로 병합하는 경우에는 concat() 함수를 활용한다. 공통되는 컬럼이 없어도 병합할 수 있다. 판다스의 시리즈와 데이터프레임 같은 객체의 내부는 축마다 이름이 있기 때문에 쉽게 병합할 수 있다.

다음과 같이 menu_1과 menu_2라는 2개의 시리즈가 있을 때 하나의 시리즈로 병합해보자.

```python
menu_1 = pd.Series(['파스타', '라멘', '냉면'], index=[1, 2, 3])
menu_2 = pd.Series(['돈가스', '피자', '치킨'], index=[4, 5, 6])
pd.concat([menu_1, menu_2])
```

```
1    파스타
2     라멘
3     냉면
4    돈가스
5     피자
6     치킨
dtype: object
```

데이터프레임도 마찬가지다. '음식명'과 '카테고리'라는 동일한 컬럼이 있고 5행으로 이루어진 2개 데이프레임 data_1과 data_2를 합쳐보도록 하자.

```
data_1 = pd.DataFrame({'음식명': ['돈가스', '피자', '초밥', '치킨', '탕수육'],
                       '카테고리': ['일식', '양식', '일식', '양식', '중식']})
data_1
```

	음식명	카테고리
0	돈가스	일식
1	피자	양식
2	초밥	일식
3	치킨	양식
4	탕수육	중식

```
data_2 = pd.DataFrame({'음식명': ['갈비탕', '냉면', '짜장면', '파스타', '라멘'],
                       '카테고리': ['한식', '한식', '중식', '양식', '일식']})
data_2
```

	음식명	카테고리
0	갈비탕	한식
1	냉면	한식
2	짜장면	중식
3	파스타	양식
4	라멘	일식

concat() 함수를 활용하면 다음과 같은 형태로 데이터가 연결된다. 함수에 전달한 데이터 순서대로 위아래로 붙는다.

```
pd.concat([data_1, data_2])
```

	음식명	카테고리
0	돈가스	일식
1	피자	양식
2	초밥	일식
3	치킨	양식
4	탕수육	중식
0	갈비탕	한식
1	냉면	한식
2	짜장면	중식
3	파스타	양식
4	라멘	일식

데이터가 잘 연결되었지만 인덱스가 이상하다. 이런 경우에는 매개변수 ignore_index를 True로 지정한다.

```
pd.concat([data_1, data_2], ignore_index=True)
```

	음식명	카테고리
0	돈가스	일식
1	피자	양식
2	초밥	일식
3	치킨	양식
4	탕수육	중식
5	갈비탕	한식
6	냉면	한식
7	짜장면	중식
8	파스타	양식
9	라멘	일식

데이터가 연결되기 전에 어떤 데이터에서 온 것인지 구분하는 표시를 해주고 싶다면 keys를 활용한다. 합치는 순서대로 원하는 이름을 입력하면 된다.

```
pd.concat([data_1, data_2], keys=['data_1', 'data_2'])
```

		음식명	카테고리
data_1	0	돈가스	일식
	1	피자	양식
	2	초밥	일식
	3	치킨	양식
	4	탕수육	중식
data_2	0	갈비탕	한식
	1	냉면	한식
	2	짜장면	중식
	3	파스타	양식
	4	라멘	일식

일부 컬럼이 다른 경우의 데이터를 합치는 경우를 살펴보자. data_3 데이터에는 '카테고리' 컬럼이 없고, '판매인기지역' 컬럼이 있다.

```
data_3 = pd.DataFrame({'음식명': ['갈비탕', '냉면', '짜장면', '파스타', '라멘'],
                       '판매인기지역': ['서울', '부산', '제주', '제주', '서울']})
data_3
```

	음식명	판매인기지역
0	갈비탕	서울
1	냉면	부산
2	짜장면	제주
3	파스타	제주
4	라멘	서울

컬럼이 다른 data_1과 data_3을 합치면 기본적으로 join 방식이 합집합인 outer로 적용되어 컬럼에 해당하는 값이 없는 데이터는 NaN으로 출력된다.

```
pd.concat([data_1, data_3], ignore_index=True)
```

	음식명	카테고리	판매인기지역
0	돈가스	일식	NaN
1	피자	양식	NaN
2	초밥	일식	NaN
3	치킨	양식	NaN
4	탕수육	중식	NaN
5	갈비탕	NaN	서울
6	냉면	NaN	부산
7	짜장면	NaN	제주
8	파스타	NaN	제주
9	라멘	NaN	서울

2개 데이터에서 교집합인 부분만 얻고 싶다면 매개변수 join을 inner로 설정한다.

```
pd.concat([data_1, data_3], ignore_index=True, join='inner')
```

	음식명
0	돈가스
1	피자
2	초밥
3	치킨
4	탕수육
5	갈비탕
6	냉면
7	짜장면
8	파스타
9	라멘

append()는 concat()보다 데이터 연결에 제공하는 매개변수가 적은 편이라 자주 사용하진 않는다. 기본 사용법만 살펴보자. 원본 데이터에서 append()를 사용할 때 연결시킬 데이터를 전달하면 된다.

```
data_1.append(data_2, ignore_index=True)
```

	음식명	카테고리
0	돈가스	일식
1	피자	양식
2	초밥	일식
3	치킨	양식
4	탕수육	중식
5	갈비탕	한식
6	냉면	한식
7	짜장면	중식
8	파스타	양식
9	라멘	일식

서로 컬럼이 동일하지 않은 데이터를 연결하는 경우 역시 concat()처럼 합집합으로 연결된다.

```
data_1.append(data_3, ignore_index=True)
```

	음식명	카테고리	판매인기지역
0	돈가스	일식	NaN
1	피자	양식	NaN
2	초밥	일식	NaN
3	치킨	양식	NaN
4	탕수육	중식	NaN
5	갈비탕	NaN	서울
6	냉면	NaN	부산
7	짜장면	NaN	제주
8	파스타	NaN	제주
9	라멘	NaN	서울

4.1.2 컬럼 기준으로 데이터 병합(좌우로 연결)하기

이번에는 데이터의 컬럼을 기준으로 2개 이상의 데이터를 합쳐보자. 판다스에서 컬럼 축 기준으로 데이터를 연결할 때는 concat(), merge(), join() 함수를 사용할 수 있다. 순서대로 알아보자.

■ 데이터를 좌우로 연결하기

방금 위아래로 데이터를 연결할 때 학습했던 concat() 함수가 다시 등장한다. 사실 concat()은 axis라는 매개변수가 있어서 축을 지정할 수 있다. 이 값을 1로 하면 컬럼 축을 기준으로 데이터가 연결된다. 그러므로 합치려는 데이터끼리 공통 컬럼이 없더라도 옆으로 붙일 수 있다. data_1과 data_2를 하나의 데이터프레임으로 연결해보자.

```
pd.concat([data_1, data_2], axis=1)
```

	음식명	카테고리	음식명	카테고리
0	돈가스	일식	갈비탕	한식
1	피자	양식	냉면	한식
2	초밥	일식	짜장면	중식
3	치킨	양식	파스타	양식
4	탕수육	중식	라멘	일식

2열과 2열을 연결하여 총 4열의 데이터프레임으로 병합했다. 컬럼 축으로 데이터를 연결하는 경우 단순하게 데이터와 데이터를 옆으로 붙이려면 concat()을 사용한다.

■ 특정 컬럼을 기준으로 데이터 병합하기

merge() 함수를 활용한 진정한 데이터 병합 테크닉을 알아볼 차례다. 데이터 병합은 일반적으로 merge() 함수를 사용하는데, 두 데이터의 공통 컬럼 또는 인덱스를 기준으로 데이터를 합친다. 이때 기준이 되는 컬럼과 행 데이터를 키[key]라고 한다. SQL이나 관계형 데이터베이스의 join 연산과 비슷하다.

실습에 사용할 2개의 데이터프레임을 준비한다.

```
data_4 = pd.DataFrame({'음식명': ['돈가스', '피자', '초밥', '치킨', '탕수육', '갈비탕',
'냉면', '짜장면', '파스타', '라멘'],
                                '카테고리': ['일식', '양식', '일식', '양식', '중식', '한식', '한식',
'중식', '양식', '일식']})
data_4
```

	음식명	카테고리
0	돈가스	일식
1	피자	양식
2	초밥	일식
3	치킨	양식
4	탕수육	중식
5	갈비탕	한식
6	냉면	한식
7	짜장면	중식
8	파스타	양식
9	라멘	일식

```
data_5 = pd.DataFrame({'음식명': ['탕수육', '짜장면', '돈가스', '치킨', '파스타', '갈비탕',
'초밥'],
                                '판매인기지역': ['서울', '부산', '제주', '서울', '서울', '제주',
'부산']})
data_5
```

	음식명	판매인기지역
0	탕수육	서울
1	짜장면	부산
2	돈가스	제주
3	치킨	서울
4	파스타	서울
5	갈비탕	제주
6	초밥	부산

새로 만든 2개의 데이터프레임에는 '음식명'이라는 공통 컬럼이 있다. 이 2개의 데이터프레임을 merge하면 자동으로 공통 컬럼인 '음식명'을 기준으로 데이터를 합치고 그 컬럼이 key가 된다. 기본적으로 merge() 함수는 inner join(교집합) 방식으로 작동한다.

```
pd.merge(data_4, data_5)
```

	음식명	카테고리	판매인기지역
0	돈가스	일식	제주
1	초밥	일식	부산
2	치킨	양식	서울
3	탕수육	중식	서울
4	갈비탕	한식	제주
5	짜장면	중식	부산
6	파스타	양식	서울

data_4는 10행, data_5는 7행이었으나 교집합으로 합쳤기 때문에 합쳐진 데이터의 길이는 7이다.

입력받은 2개 데이터에 키 값이 한 쪽에만 있더라도 데이터를 합치려면 outer join(합집합) 방식을 사용한다.

```
pd.merge(data_4, data_5, how='outer')
```

	음식명	카테고리	판매인기지역
0	돈가스	일식	제주
1	피자	양식	부산
2	초밥	일식	NaN
3	치킨	양식	서울
4	탕수육	중식	서울
5	갈비탕	한식	NaN
6	냉면	한식	NaN
7	짜장면	중식	부산
8	파스타	양식	서울
9	라멘	일식	제주

'판매인기지역' 컬럼의 경우 빈 값이 생겼기 때문에 NaN으로 표시되었다. 이 외에도 매개변수 how 에 left와 right 방식을 설정할 수 있는데 각각 첫 번째 혹은 두 번째 데이터프레임의 키 값을 모두 보여주는 방식으로 동작하니 개인적으로 실습해보도록 한다.

방금 합친 데이터를 data_6으로 저장한다.

```
data_6 = data_4.merge(data_5)
```

data_6 데이터프레임의 키 값과 동일한 값을 가진 또 다른 데이터 data_7을 생성하자.

```
data_7 = pd.DataFrame({'판매인기지역': ['서울', '부산', '제주'],
                       '오픈시간': ['10시', '12시', '11시']})
data_7
```

	판매인기지역	오픈시간
0	서울	10시
1	부산	12시
2	제주	11시

이 상태에서 2개의 데이터프레임을 merge하면 data_6의 '판매인기지역' 컬럼 값에 '오픈시간' 컬럼 값이 합쳐진다.

```
pd.merge(data_6, data_7)
```

	음식명	카테고리	판매인기지역	오픈시간
0	돈가스	일식	제주	11시
1	갈비탕	한식	제주	11시
2	초밥	일식	부산	12시
3	짜장면	중식	부산	12시
4	치킨	양식	서울	10시
5	탕수육	중식	서울	10시
6	파스타	양식	서울	10시

■ 특정 컬럼을 기준으로 데이터 병합

merge 대신 join으로 데이터를 병합할 수도 있다. 사용법이 조금 직관적이진 않지만 개념을 학습해보
자. 방금 생성한 data_6과 data_7에 join을 사용하면 다음과 같이 ValueError 메시지가 출력된다.

```
data_6.join(data_7)
```

```
ValueError: columns overlap but no suffix specified: Index(['판매인기지역'],
dtype='object')
```

메시지를 읽어보면 key가 되는 컬럼에 suffix를 지정하지 않았기 때문에 에러가 발생했다. join()
함수를 활용할 때 왼쪽 프레임과 오른쪽 프레임에 겹치는 컬럼이 있다면 각각 접미사를 지정해줘야
한다.

```
data_6.join(data_7, lsuffix='_left_key', rsuffix='_right_key')
```

	음식명	카테고리	판매인기지역_left_key	판매인기지역_right_key	오픈시간
0	돈가스	일식	제주	서울	10시
1	초밥	일식	부산	부산	12시
2	치킨	양식	서울	제주	11시
3	탕수육	중식	서울	NaN	NaN
4	갈비탕	한식	제주	NaN	NaN
5	짜장면	중식	부산	NaN	NaN
6	파스타	양식	서울	NaN	NaN

key 컬럼인 '판매인기지역'이 어느 프레임에서 왔는지 2개 컬럼으로 구분된다. 이렇게 옆으로 붙이기
만 하면 되는 방식이 필요한 경우도 있지만 각 값에 매칭되어 병합되는 경우도 필요하다. 이러한 경우
에는 join() 함수의 매개변수 on에 합칠 때 기준이 되는 컬럼을 정의하고, 데이터프레임에서 유지시
킬 인덱스도 함께 지정한다.

```
data_6.join(data_7.set_index('판매인기지역'), on='판매인기지역')
```

	음식명	카테고리	판매인기지역	오픈시간
0	돈가스	일식	제주	11시
1	초밥	일식	부산	12시
2	치킨	양식	서울	10시
3	탕수육	중식	서울	10시
4	갈비탕	한식	제주	11시
5	짜장면	중식	부산	12시
6	파스타	양식	서울	10시

지금까지 컬럼 축을 기준으로 데이터를 병합할 때 활용하는 concat(), merge(), join() 3가지 함수의 기본 작동 원리와 병합 방법을 살펴봤다. 실제 데이터셋 병합은 훨씬 더 복잡하지만 기본 개념을 확실하게 이해한다면 쉽게 사용할 수 있을 것이다.

4.1.3 key 컬럼에 값이 같은 데이터가 여러 개 있는 경우 데이터 병합하기

지금까지는 하나의 키에 하나의 고윳값이 있는 경우의 데이터 병합을 살펴봤는데, 경우에 따라서는 하나의 키에 동일한 데이터가 여러 개 있는 경우도 있다. 이러한 경우의 데이터 예제를 만들어서 실습해 보자. menu_price 데이터는 음식명에 동일한 데이터가 존재하고, menu_location 데이터 역시 마찬가지다.

```
menu_price = pd.DataFrame({
    '음식명': ['돈가스', '돈가스', '파스타', '파스타', '파스타'],
    '가격': [9000, 10000, 12000, 13000, 15000]})
menu_price
```

	음식명	가격
0	돈가스	9000
1	돈가스	10000
2	파스타	12000
3	파스타	13000
4	파스타	15000

```
menu_location = pd.DataFrame({
    '음식명': ['돈가스', '파스타', '파스타', '피자', '피자'],
    '매장위치': ['삼성동', '명동', '홍대입구', '이태원', '가로수길']})
menu_location
```

	음식명	매장위치
0	돈가스	삼성동
1	파스타	명동
2	파스타	홍대입구
3	피자	이태원
4	피자	가로수길

키 값이 같은 데이터가 여러 개 있는 경우에는 가능한 경우의 수 전체를 기준으로 조합을 만들어내서 데이터를 병합한다.

```
pd.merge(menu_price, menu_location)
```

	음식명	가격	매장위치
0	돈가스	9000	삼성동
1	돈가스	10000	삼성동
2	파스타	12000	명동
3	파스타	12000	홍대입구
4	파스타	13000	명동
5	파스타	13000	홍대입구
6	파스타	15000	명동
7	파스타	15000	홍대입구

합쳐진 데이터에서 키 값 '돈가스'에 대해 왼쪽 데이터프레임은 9000과 10000이라는 2개의 데이터, 오른쪽 데이터프레임에 '삼성동'이라는 1개의 데이터가 있으므로 (9000, '삼성동'), (10000, '삼성동') 이렇게 2개의 데이터가 생긴다. 다른 값인 '파스타'도 이러한 원리로 합쳐진다.

4.1.4 컬럼명이 동일하지만 key 컬럼이 되면 안 되는 경우 데이터 병합하기

합치려는 2개의 데이터에 동일한 이름의 컬럼이 2개 이상 있을 수도 있다. 이 상태에서 데이터프레임을 합치면 어떻게 될까? 다음과 같이 2개의 데이터가 있다고 가정하자.

```
menu_data1 = pd.DataFrame({
    '음식명': ['초밥', '초밥', '갈비탕', '짜장면', '짜장면'],
    '판매날짜': ['2021-10-01', '2021-10-02', '2021-10-01', '2021-10-01', '2021-10-02'],
    '메모': ['20000', '15000', '13000', '7000', '9000']})
menu_data1
```

	음식명	판매날짜	메모
0	초밥	2021-10-01	20000
1	초밥	2021-10-02	15000
2	갈비탕	2021-10-01	13000
3	짜장면	2021-10-01	7000
4	짜장면	2021-10-02	9000

```
menu_data2 = pd.DataFrame({'음식명': ['초밥', '갈비탕', '짜장면'],
                           '메모': ['일식', '한식', '중식']})
menu_data2
```

	음식명	메모
0	초밥	일식
1	갈비탕	한식
2	짜장면	중식

이러한 데이터 2개를 merge하면 어떻게 합쳐질지 예상한 후 merge를 해보자.

```
pd.merge(menu_data1, menu_data2)
```

음식명	판매날짜	메모

아무런 데이터도 출력되지 않는다. 동일한 이름의 컬럼 중에서 어느 컬럼을 기준으로 합칠지 정해주지 않았기 때문이다.

만약 이름이 같아도 키가 되면 안 되는 열이 있다면 매개변수 on으로 기준열을 명시해야 한다. menu_data1의 '메모' 컬럼은 가격을 의미하고, menu_data2의 '메모' 컬럼은 메뉴의 카테고리를 나타내므로 컬럼 이름만 동일하지 다른 데이터다. 따라서 이 컬럼은 데이터를 합칠 때 기준이 되지 않아야 한다. 예제의 경우에는 on에 '음식명' 컬럼을 전달해주는 것이 적합하다.

```
pd.merge(menu_data1, menu_data2, on='음식명')
```

	음식명	판매날짜	메모_x	메모_y
0	초밥	2021-10-01	20000	일식
1	초밥	2021-10-02	15000	일식
2	갈비탕	2021-10-01	13000	한식
3	짜장면	2021-10-01	7000	중식
4	짜장면	2021-10-02	9000	중식

합쳐진 결과를 보면 기준 컬럼이 아니지만 이름이 같은 컬럼에는 _x 또는 _y와 같은 suffix(접미사)가 붙는다. 이는 컬럼 이름 변경하기 작업을 통해 적당한 이름으로 수정하면 된다. 물론 데이터를 합치기 전에 서로 컬럼명이 겹치지 않도록 미리 수정한 후 작업을 한다면 이러한 작업이 필요 없지만 항상 준비를 완벽하게 할 수는 없으므로 꼭 기억하도록 하자.

4.1.5 서로 다른 key 컬럼을 가진 데이터 병합하기

두 데이터의 키가 되는 기준 컬럼의 이름이 다른 경우에는 매개변수 left_on과 right_on을 사용하여 key 컬럼을 명시해주어야 한다. 이것은 양쪽의 데이터프레임에서 조인할 컬럼 또는 인덱스 이름을 의미한다. 데이터 병합 결과는 데이트프레임 길이의 배열 또는 배열 목록이 된다. 이 배열이 컬럼으로 반환된다.

다음과 같은 2개의 데이터프레임이 있다고 가정하자.

```
menu_price = pd.DataFrame({
    '음식명': ['초밥', '초밥', '갈비탕', '짜장면'],
    '가격': [20000, 15000, 13000, 7000]})
menu_price
```

	음식명	가격
0	초밥	20000
1	초밥	15000
2	갈비탕	13000
3	짜장면	7000

```
menu_score = pd.DataFrame({
    '메뉴명': ['초밥', '갈비탕', '갈비탕', '짜장면'],
    '단가': [10000, 7000, 6000, 3000]})
menu_score
```

	메뉴명	단가
0	초밥	10000
1	갈비탕	7000
2	갈비탕	6000
3	짜장면	3000

menu_price는 '음식명', menu_score는 '메뉴명' 컬럼을 기준으로 합치고 싶은 경우 다음과 같이 한다. left_on에는 '음식명', right_on에는 '메뉴명'이라고 각 데이터의 기준 컬럼을 전달해주었다.

```
pd.merge(menu_price, menu_score, left_on='음식명', right_on='메뉴명')
```

	음식명	가격	메뉴명	단가
0	초밥	20000	초밥	10000
1	초밥	15000	초밥	10000
2	갈비탕	13000	갈비탕	7000
3	갈비탕	13000	갈비탕	6000
4	짜장면	7000	짜장면	3000

각 데이터의 기준 컬럼에 맞춰서 매칭된 데이터가 잘 병합되었다. 데이터 병합에 사용한 기준 컬럼인 '음식명'이나 '메뉴명'의 값은 동일하므로 이 중 하나는 삭제해도 된다. 삭제할 때는 drop() 함수를 활용한다.

```
pd.merge(menu_price, menu_score, left_on='음식명', right_on='메뉴명').drop('메뉴명',
axis=1)
```

결과는 스스로 확인해보자.

4.1.6 인덱스 기준으로 데이터 병합하기

컬럼 기준이 아닌 인덱스 기준으로 병합하는 경우를 알아보자. 예제를 위해 음식 이름이 인덱스인 데이터 2개를 생성한다.

```
menu_data1 = pd.DataFrame(
    [20000, 15000, 12000, 13000, 15000],
    index=['초밥', '초밥', '갈비탕', '갈비탕', '갈비탕'], columns=['가격'])
menu_data1
```

	가격
초밥	20000
초밥	15000
갈비탕	12000
갈비탕	13000
갈비탕	15000

```
menu_data2 = pd.DataFrame(
    [12000, 7000, 8000, 9000, 25000],
    index=['갈비탕', '짜장면', '짜장면', '짜장면', '탕수육'], columns=['가격'])
menu_data2
```

	가격
갈비탕	12000
짜장면	7000
짜장면	8000
짜장면	9000
탕수육	25000

이 데이터 그대로 병합하면 다음과 같은 결과를 볼 수 있다.

```
pd.merge(menu_data1, menu_data2, how='outer')
```

	가격
0	20000
1	15000
2	15000
3	12000
4	13000
5	7000
6	8000
7	9000
8	25000

기존 라벨 인덱스는 사라진 채 가격만 결합된 프레임이 반환되었다. 기존 인덱스를 살리려면 merge()
함수의 매개변수 left_index와 right_index를 True로 지정해야 한다. merge() 함수에 입력한 데
이터 순서대로 각 데이터의 인덱스를 조인할 key를 활용할 것인지 여부를 정해주는 것이다.

```
pd.merge(menu_data1, menu_data2, how='outer', left_index=True, right_index=True)
```

	가격_x	가격_y
갈비탕	12000.0	12000.0
갈비탕	13000.0	12000.0
갈비탕	15000.0	12000.0
짜장면	NaN	7000.0
짜장면	NaN	8000.0
짜장면	NaN	9000.0
초밥	20000.0	NaN
초밥	15000.0	NaN
탕수육	NaN	25000.0

조인 방식을 'outer'로 지정했기 때문에 값이 없는 일부 값은 결측값으로 표시된다.

4.1.7 인덱스가 겹치는 데이터를 병합할 때의 결측값 처리

지금까지 학습한 데이터 병합은 2개 이상의 데이터프레임의 각 컬럼이 동일하지 않았다. 그러나 실제로는 인덱스가 일부 겹치거나 동일한 데이터셋도 존재한다. 기존 데이터에 부분적으로 없는 값이 있을 때 인덱스가 동일한 다른 데이터로 그 부분을 채울 수 있는 방법도 있다. 이 방법을 활용해서 동시에 결측값을 채울 수도 있다.

다음과 같이 결측값이 있지만 인덱스가 동일한 2개의 데이터프레임이 있다고 가정하자.

```
data_1 = pd.DataFrame({'음식명': ['돈가스', np.nan, '초밥', '치킨', np.nan],
                       '카테고리': ['일식', '양식', np.nan, '양식', '중식'],
                       '판매인기지역': [np.nan, '부산', '제주', '제주', '서울']})
data_1
```

	음식명	카테고리	판매인기지역
0	돈가스	일식	NaN
1	NaN	양식	부산
2	초밥	NaN	제주
3	치킨	양식	제주
4	NaN	중식	서울

```
data_2 = pd.DataFrame({'음식명': [np.nan, '냉면', '초밥', '치킨', '탕수육'],
                       '카테고리': ['일식', np.nan, '한식', '양식', np.nan]})
data_2
```

	음식명	카테고리
0	NaN	일식
1	냉면	NaN
2	초밥	한식
3	치킨	양식
4	탕수육	NaN

data_1과 data_2의 데이터는 서로 결측값이 존재하는 위치가 달라서 data_1의 결측값을 data_2의 값으로 채울 수 있다. 이럴 때는 combine_first() 함수를 활용한다.

```
data_1.combine_first(data_2)
```

	음식명	카테고리	판매인기지역
0	돈가스	일식	NaN
1	냉면	양식	부산
2	초밥	한식	제주
3	치킨	양식	제주
4	탕수육	중식	서울

data_2에는 '판매인기지역' 컬럼이 존재하지 않기 때문에 data_1의 결측값이 그대로 남게 된다.

숫자 데이터의 경우에는 넘파이의 where() 함수로 처리할 수 있다. 예제를 위해 다음과 같이 결측값이 들어 있는 data_a와 data_b를 생성하자.

```
data_a = pd.Series([51, np.nan, 260, np.nan, 182],
                   index = ['a', 'b', 'c', 'd', 'e'])
data_b = pd.Series(np.arange(len(data_a), dtype=np.float64),
                   index = ['a', 'b', 'c', 'd', 'e'])
data_b[-1] = np.nan
data_a
```

```
a     51.0
b      NaN
c    260.0
d      NaN
e    182.0
dtype: float64
```

```
data_b
```

```
a    0.0
b    1.0
c    2.0
d    3.0
e    NaN
dtype: float64
```

다음은 data_a의 결측값이 있는 위치에 data_b의 값을 채워넣기 위해 where() 함수를 사용한 예제 코드다.

```
np.where(pd.isnull(data_a), data_b, data_a)
```

```
array([ 51.,   1., 260.,   3., 182.])
```

```
data_a = np.where(pd.isnull(data_a), data_b, data_a)
data_a = pd.Series(data_a)
data_a
```

```
0     51.0
1      1.0
2    260.0
3      3.0
4    182.0
dtype: float64
```

data _a의 결측값이 data _b를 참조한 값으로 잘 채워진 것을 확인할 수 있다.

4.2 데이터 재형성과 피벗

테이블 형식의 데이터는 다양한 방식과 기준으로 데이터를 재배치하거나 피벗하는 것이 가능하다. 판다스에는 이러한 연산이 가능한 함수들이 있다. 원본 데이터를 특정 기준으로 재형성하고 피벗하는 방법을 학습하자.

4.2.1 컬럼을 인덱스로 교환하기

컬럼을 인덱스로 교환하여 데이터를 피벗할 수 있다. stack()과 unstack()으로 할 수 있는데 이 2가지는 서로 반대 개념이다. 가장 많은 데이터에서 볼 수 있는 싱글 인덱스의 경우를 살펴보도록 하겠다.

예제를 위해 1개의 인덱스가 있는 간단한 데이터를 만든다.

```
coffee_size_data = pd.DataFrame([[10, 28], [8, 22]],
                                index=['스타벅스', '커피빈'],
                                columns=['테이블 수', '매장 규모(평)'])

coffee_size_data
```

	테이블 수	매장 규모(평)
스타벅스	10	28
커피빈	8	22

생성한 데이터에 stack() 함수를 활용하여 데이터의 컬럼을 인덱스로 만들자.

```
coffee_size_data.stack()
```

```
스타벅스    테이블 수         10
        매장 규모(평)      28
커피빈      테이블 수          8
        매장 규모(평)      22
dtype: int64
```

컬럼에 해당하는 '테이블 수'와 '매장 규모(평)' 데이터가 로우로 재배치되어 시리즈 타입의 긴 형태의 테이블로 변형되었다.

이 상태에서 다시 원 상태로 되돌리려면 unstack() 함수를 활용한다.

```
coffee_size_data.stack().unstack()
```

	테이블 수	매장 규모(평)
스타벅스	10	28
커피빈	8	22

4.2.2 데이터 피벗하기

엑셀 스프레드시트를 많이 사용했다면 피벗에 대한 개념은 이미 익숙할 것이다. 데이터를 피벗하면 데이터를 재구성할 수 있다. 일반적으로 추론하기 어려울 것 같은 2개 변수 간의 관계를 설명하기 위해 피벗을 사용하기도 한다. 예제를 위해 datasets 폴더 내 주식 데이터를 로드하자.

```
data_stock = pd.read_csv('../datasets/stock_data.csv')
data_stock.head()
```

	date	symbol	open	high	low	close	volume
0	2019-03-01	AMZN	1655.13	1674.26	1651.00	1671.73	4974877
1	2019-03-04	AMZN	1685.00	1709.43	1674.36	1696.17	6167358
2	2019-03-05	AMZN	1702.95	1707.80	1689.01	1692.43	3681522
3	2019-03-06	AMZN	1695.97	1697.75	1668.28	1668.95	3996001
4	2019-03-07	AMZN	1667.37	1669.75	1620.51	1625.95	4957017

특정 기간의 아마존, 애플, 구글 3개 기업의 시가, 고가, 저가, 종가, 거래량의 데이터가 담겨 있다. 기업명을 의미하는 symbol 컬럼을 인덱스로 만들어 날짜별 거래량을 관찰한다고 가정할 때의 데이터 피벗을 해보자. 판다스의 pivot() 함수를 활용하며 index, columns, values 매개변수에 사용할 컬럼명을 각각 입력한다.

```
data_stock.pivot(index='symbol', columns='date', values='volume')
```

date	2019-03-01	2019-03-04	2019-03-05	2019-03-06	2019-03-07
symbol					
AAPL	25886167	27436203	19737419	20810384	24796374
AMZN	4974877	6167358	3681522	3996001	4957017
GOOG	1450316	1446047	1443174	1099289	1166559

2019년 3월 4일의 애플 거래량이 가장 높은 것을 알 수 있다. 이번에는 날짜를 인덱스로 만들고, 기업명을 컬럼으로 만들어 종가를 살펴보자.

```
data_stock.pivot(index='date', columns='symbol', values='close')
```

symbol	AAPL	AMZN	GOOG
date			
2019-03-01	174.97	1671.73	1140.99
2019-03-04	175.85	1696.17	1147.80
2019-03-05	175.53	1692.43	1162.03
2019-03-06	174.52	1668.95	1157.86
2019-03-07	172.50	1625.95	1143.30

pivot()으로 데이터를 변형하면 다양한 관점에서 살펴볼 수 있다. pivot_table()을 활용해서 동일한 집계 결과를 생성할 수도 있다. 매개변수도 pivot() 함수와 대부분 동일해서 사용하기 어렵지 않다.

```
pd.pivot_table(data_stock, values='close', index='date', columns='symbol')
```

symbol	AAPL	AMZN	GOOG
date			
2019-03-01	174.97	1671.73	1140.99
2019-03-04	175.85	1696.17	1147.80
2019-03-05	175.53	1692.43	1162.03
2019-03-06	174.52	1668.95	1157.86
2019-03-07	172.50	1625.95	1143.30

2가지 함수 모두 데이터를 다양하게 집계할 때 많이 사용한다. 입력값을 변경해서 다양하게 집계해보길 바란다.

4.2.3 넓은 형태의 데이터를 긴 형태로 재형성하기

pivot()의 데이터 재형성과 반대 개념인 melt() 함수를 알아보자. pivot()이 하나의 컬럼을 기준으로 몇 개의 데이터프레임을 생성해내는 반면 melt()는 사용자가 지정한 하나의 컬럼을 제외한 여러 개의 컬럼을 하나로 병합하여 원본 데이터보다 긴 형태의 데이터를 생성한다.

변화된 모습을 직관적으로 파악할 수 있도록 데이터를 생성해서 살펴보자.

```
data_s = pd.DataFrame({'음식명' : ['돈가스', '우동', '냉면'],
                       '평점' : [4.3, 4.2, 4.6],
                       '가격' : [10000, 9000, 12000],
                       '위치' : ['삼성동', '명동', '을지로입구']})
data_s
```

	음식명	평점	가격	위치
0	돈가스	4.3	10000	삼성동
1	우동	4.2	9000	명동
2	냉면	4.6	12000	을지로입구

melt()를 적용할 때는 기준이 될 하나의 키 컬럼을 정해줘야 한다. '음식명' 컬럼을 기준으로 모든 컬럼을 하나의 컬럼으로 축소시켜보자.

```
data_s.melt('음식명')
```

	음식명	variable	value
0	돈가스	평점	4.3
1	우동	평점	4.2
2	냉면	평점	4.6
3	돈가스	가격	10000
4	우동	가격	9000
5	냉면	가격	12000
6	돈가스	위치	삼성동
7	우동	위치	명동
8	냉면	위치	을지로입구

'음식명'을 제외한 모든 컬럼이 variable로 들어왔고, 해당 값이 value에 저장되었다.

전체 컬럼이 아닌 부분 컬럼만 사용하고 싶다면 매개변수 id_vars와 value_vars로 설정해주면 된다. 다음은 '음식명'을 기준으로 '가격'과 '위치' 컬럼의 값만으로 데이터를 생성한 예다. 이때 매개변수 var_name과 value_name을 활용하여 melt()로 생성되는 컬럼명도 변경했다.

```
data_s.melt(id_vars=['음식명'], value_vars=['가격', '위치'], var_name='항목명', value_name='항목값')
```

	음식명	항목명	항목값
0	돈가스	가격	10000
1	우동	가격	9000
2	냉면	가격	12000
3	돈가스	위치	삼성동
4	우동	위치	명동
5	냉면	위치	을지로입구

melt()로 재구성된 데이터프레임을 다시 원상태로 되돌리고 싶다면 pivot()을 활용한다.

```
data_s.melt('음식명').pivot('음식명', 'variable', 'value')
```

variable	가격	위치	평점
음식명			
냉면	12000	을지로입구	4.6
돈가스	10000	삼성동	4.3
우동	9000	명동	4.2

이 상태에서 숫자 인덱스를 새롭게 생성하고 싶다면 reset_index()를 적용해주면 된다.

```
data_s.melt('음식명').pivot('음식명', 'variable', 'value').reset_index()
```

variable	음식명	가격	위치	평점
0	냉면	12000	을지로입구	4.6
1	돈가스	10000	삼성동	4.3
2	우동	9000	명동	4.2

4.2.4 복합 개체를 개별 개체로 분리하기

데이터에 복합적인 값이 들어 있을 수도 있다. 이 상태 그대로는 분석이 힘들므로 복합 개체를 개별 개체로 분리해야 한다. 이러한 경우 explode() 함수를 활용한다. 예제를 통해 살펴보자.

다음과 같이 '재료'와 '방식' 컬럼의 값이 2개 이상의 값으로 구성된 데이터가 있다고 가정하자.

```
data_e = pd.DataFrame({'재료': [['밀가루', '설탕', '계란'], '밀가루', [], ['버터', '생크림']],
                       '시간': 10,
                       '방식': [['굽기', '볶기'], np.nan, [], ['볶기', '섞기']]})
data_e
```

	재료	시간	방식
0	[밀가루, 설탕, 계란]	10	[굽기, 볶기]
1	밀가루	10	NaN
2	[]	10	[]
3	[버터, 생크림]	10	[볶기, 섞기]

explode()는 기본적으로 1개 컬럼을 기준으로 데이터를 분리한다. '재료' 컬럼을 분리해보자.

```
data_e.explode('재료')
```

	재료	시간	방식
0	밀가루	10	[굽기, 볶기]
0	설탕	10	[굽기, 볶기]
0	계란	10	[굽기, 볶기]
1	밀가루	10	NaN
2	NaN	10	[]
3	버터	10	[볶기, 섞기]
3	생크림	10	[볶기, 섞기]

'재료' 컬럼의 값들이 개별 행으로 잘 분리되었다. 이 상태에서 추가 분리를 하고 싶다면 explode() 함수를 한 번 더 적용하면 된다. 다음 코드를 직접 실행해서 살펴보기 바란다.

```
data_e.explode('재료').explode('방식')
```

4.3 데이터 병합 후 처리

데이터 병합이나 재형성을 하게 되면 이상적인 모습으로 정리되지 않을 때도 많다. 중복되는 데이터가 생성되든가 인덱스가 원하지 않는 방향으로 생성될 수도 있다. 이와 관련한 처리를 할 수 있는 방법을 알아보자.

4.3.1 합친 데이터에서 중복 행 확인 및 삭제하기

2개 이상의 데이터를 합치면 중복 데이터가 발생할 가능성이 있다. 그러므로 데이터 병합 작업 후 중복 데이터 유무를 먼저 파악하여 만약 있다면 삭제를 해야 한다. 중복 데이터란 모든 컬럼의 값이 동일한 행을 말한다. 중복 행 유무는 duplicated() 함수로 처리한다. 중복 행이 있는 데이터를 생성하여 원리를 학습하자.

```python
data_d = pd.DataFrame({
    '패션아이템': ['팬츠', '팬츠', '자켓', '자켓', '자켓'],
    '스타일': ['캐주얼', '캐주얼', '캐주얼', '비즈니스룩', '비즈니스룩'],
    '선호도(5점 만점)': [4, 4, 3.5, 4.2, 2.7]
})
data_d
```

	패션아이템	스타일	선호도(5점 만점)
0	팬츠	캐주얼	4.0
1	팬츠	캐주얼	4.0
2	자켓	캐주얼	3.5
3	자켓	비지니스룩	4.2
4	자켓	비지니스룩	2.7

duplicated() 함수를 활용하면 중복 행 유무의 결과로 bool 값을 반환한다.

```python
data_d.duplicated(keep='first')
```

```
0    False
1     True
2    False
3    False
4    False
dtype: bool
```

활용한 매개변수 keep은 중복 행이 있을 때 처음 행에 체크를 할 것인지 마지막 행에 체크를 할 것인지 결정하는 것이다. 'first', 'last', False를 입력할 수 있는데 False는 중복되는 모든 행을 다 표시한다. value_counts() 함수를 함께 활용하면 총 중복 행이 몇 개인지 파악할 수 있다.

```
data_d.duplicated(keep=False).value_counts()
```

```
False    3
True     2
dtype: int64
```

매개변수 subset으로 특정 컬럼만 제한해서 중복 데이터를 파악할 수도 있다. 대체적으로 결괏값으로 bool 타입으로 반환하면 개수 파악에 유용하다.

```
data_d.duplicated(subset=['스타일']).value_counts()
```

```
True     3
False    2
dtype: int64
```

이제 중복 데이터의 존재를 확인했으니 중복된 행을 삭제하자. 중복 행 삭제는 drop_duplicates() 함수를 활용한다.

```
data_d.drop_duplicates()
```

	패션아이템	스타일	선호도(5점 만점)
0	팬츠	캐주얼	4.0
2	자켓	캐주얼	3.5
3	자켓	비지니스룩	4.2
4	자켓	비지니스룩	2.7

drop_duplicates() 함수는 전체를 기준으로 중복된 행 중 1개만 남겨놓고 모두 삭제한다. 중복 행을 확인할 때와 마찬가지로 매개변수 subset과 keep을 사용할 수 있다.

```
data_d.drop_duplicates(subset=['패션아이템', '스타일'], keep='last')
```

	패션아이템	스타일	선호도(5점 만점)
1	팬츠	캐주얼	4.0
2	자켓	캐주얼	3.5
4	자켓	비지니스룩	2.7

4.3.2 2개 데이터 비교하여 다른 부분 파악하기

서로 다른 컬럼으로 구성된 데이터프레임을 병합할 때는 비교할 필요가 없지만 동일한 컬럼으로 구성된 데이터프레임을 병합할 때는 병합하기 전에 어느 값이 다른지 비교해보는 것이 좋다. 주로 일정 기간이 지난 후 데이터가 업데이트되었든가 어떠한 상황으로 인해 기존 값이 변경되었든가 하는 상황일 것이다. 데이터 비교도 길이가 동일할 때와 다를 때 사용하는 방식이 다르니 순서대로 알아보자.

■ 데이터 길이가 동일한 데이터 비교

데이터 길이가 동일한 2개 데이터를 비교할 때는 compare() 함수를 사용하는데 어느 위치가 다른지 차이점을 보여준다. 먼저 길이는 동일하지만 일부 값이 다른 2개 데이터를 생성하자.

```python
data_c = pd.DataFrame({
    '패션아이템': ['팬츠', '팬츠', '자켓', '자켓', '팬츠'],
    '선호도': [1.0, 2.0, 3.0, np.nan, 5.0],
    '평점': [1.0, 2.0, 3.0, 4.0, 5.0]
})
data_c
```

	패션아이템	선호도	평점
0	팬츠	1.0	1.0
1	팬츠	2.0	2.0
2	자켓	3.0	3.0
3	자켓	NaN	4.0
4	팬츠	5.0	5.0

```
data_c_2 = data_c.copy()
data_c_2.loc[0, '패션아이템'] = '스커트'
data_c_2.loc[2, '평점'] = 4.0
data_c_2
```

	패션아이템	선호도	평점
0	스커트	1.0	1.0
1	팬츠	2.0	2.0
2	자켓	3.0	4.0
3	자켓	NaN	4.0
4	팬츠	5.0	5.0

data_c_2는 data_c에서 일부 값을 변형했다. 이제 compare() 함수를 사용해서 data_c를 기준으로 data_c_2와의 값 차이를 비교해보자.

```
data_c.compare(data_c_2)
```

	패션아이템		평점	
	self	other	self	other
0	팬츠	스커트	NaN	NaN
2	NaN	NaN	3.0	4.0

비교한 결과를 보면 차이가 있는 행은 0행과 2행이다. 테이블을 해석해보면 self는 data_c, other는 data_c_2를 의미하고 각 행에서 차이가 있는 원래의 값을 보여주고 있으며 NaN이 있는 위치에서는 차이가 없다는 의미다. NaN 대신 원본 데이터 값을 보고 싶다면 매개변수 keep_equal에 True를 입력한다.

```
data_c.compare(data_c_2, keep_equal=True)
```

	패션아이템		평점	
	self	other	self	other
0	팬츠	스커트	1.0	1.0
2	자켓	자켓	3.0	4.0

매개변수 align_axis를 사용하면 결과를 세로축으로 변경하여 관찰할 수도 있다.

```
data_c.compare(data_c_2, align_axis=0)
```

		패션아이템	평점
0	self	팬츠	NaN
	other	스커트	NaN
2	self	NaN	3.0
	other	NaN	4.0

전체 데이터 사이즈를 유지한 채 비교하고 싶다면 keep_shape를 True로 설정한다.

```
data_c.compare(data_c_2, keep_shape=True)
```

	패션아이템		선호도		평점	
	self	other	self	other	self	other
0	팬츠	스커트	NaN	NaN	NaN	NaN
1	NaN	NaN	NaN	NaN	NaN	NaN
2	NaN	NaN	NaN	NaN	3.0	4.0
3	NaN	NaN	NaN	NaN	NaN	NaN
4	NaN	NaN	NaN	NaN	NaN	NaN

NaN 대신 원본 데이터는 그대로 살리고 싶다면 keep_equal을 활용하면 된다.

■ 데이터 길이가 다른 데이터 비교

데이터 길이가 동일하면 비교를 할 때 compare() 함수를 사용하지만 데이터 길이가 동일하지 않으면 eq() 함수를 사용해야 한다. 이런 상황에서 compare() 함수를 사용하면 에러가 발생한다. 먼저 길이가 다른 2개 데이터를 생성하자.

```python
data_e = pd.DataFrame({
    '패션아이템': ['팬츠', '스커트', '자켓', '티셔츠', '블라우스', '베스트'],
    '평점': [3.0, 5.0, 7.0, 5.0, 2.0, 4.0]
})
data_e
```

	패션아이템	평점
0	팬츠	3.0
1	스커트	5.0
2	자켓	7.0
3	티셔츠	5.0
4	블라우스	2.0
5	베스트	4.0

```python
data_e_2 = pd.DataFrame({
    '패션아이템': ['팬츠', '스커트', '자켓', '티셔츠', '블라우스', '베스트', '패딩'],
    '평점': [3.0, 6.0, 7.0, 3.0, 2.0, 4.0, 8.0]
})
data_e_2
```

	패션아이템	평점
0	팬츠	3.0
1	스커트	6.0
2	자켓	7.0
3	티셔츠	3.0
4	블라우스	2.0
5	베스트	4.0
6	패딩	8.0

각 데이터는 6행과 7행으로 길이가 다르다. data_e를 기준으로 eq() 함수를 실행하면 2개 데이터 중 가장 긴 길이를 기준으로 값이 다른지 여부를 bool 타입으로 반환한다.

```
data_e.eq(data_e_2)
```

	패션아이템	평점
0	True	True
1	True	False
2	True	True
3	True	False
4	True	True
5	True	True
6	False	False

이 코드에 all(axis=1)을 추가로 입력하면 행의 어느 위치에라도 다른 값이 있는 경우 True를 반환한다. 직접 실행해보길 바란다.

```
data_e.eq(data_e_2).all(axis=1)
```

하지만 이러한 결과보다는 직접 다른 행을 찾아내는 것이 더 의미 있다. True에 해당하는 데이터만 필터링해보자.

```
data_e_2[data_e.eq(data_e_2).all(axis=1) == False]
```

	패션아이템	평점
1	스커트	6.0
3	티셔츠	3.0
6	패딩	8.0

이렇게 값이 다른 데이터만 찾을 수 있다.

■ 데이터 길이와 인덱스가 다른 데이터 비교

길이뿐만 아니라 인덱스조차 다른 경우에는 어떻게 비교할까? 가장 쉬운 방법은 인덱스를 재설정하여 2개 데이터의 인덱스를 동일하게 맞춘 후 바로 앞에서 학습한 eq() 함수를 사용하면 된다. reset_index()로 인덱스를 새롭게 재설정하는 방법은 이미 몇 번 학습했다.

하지만 그러한 방법으로 해결되지 않는 경우에는 merge() 함수를 활용하여 인덱스가 다른 데이터끼리 비교하는 것이 좋다.

앞선 예제에서 활용한 data_e를 기준으로 길이, 인덱스, 일부 값이 다른 데이터 data_e_3을 생성하자.

```python
data_e_3 = pd.DataFrame({
    '패션아이템': ['팬츠', '모자', '자켓', '패딩', '스카프', '장갑', '스커트'],
    '평점': [3.0, 6.0, 7.0, 6.0, 7.0, 3.0, 5.0]
})
data_e_3
```

	패션아이템	평점
0	팬츠	3.0
1	모자	6.0
2	자켓	7.0
3	패딩	6.0
4	스카프	7.0
5	장갑	3.0
6	스커트	5.0

어느 값이 서로 동일한지 파악하기 위해 eq() 함수를 사용하자.

```python
data_e_3[data_e.eq(data_e_3).all(axis=1)]
```

	패션아이템	평점
0	팬츠	3.0
2	자켓	7.0

0행과 2행만 동일한 결과로 출력되었다. data_e의 1행과 data_e_3의 6행의 데이터도 동일하지만

동일하지 않다고 인식한 것이다. 이렇게 인덱스가 다른 경우 동일한 값으로 인식시키려면 merge() 함수의 매개변수 left_on과 right_on을 사용한다.

구분하기 쉽게 data_e_3의 '평점' 컬럼명을 변경한 후 data_e와 left 방식으로 병합해보자. 병합을 할 때는 키로 활용할 컬럼을 각각 left_on과 right_on에 입력한다.

```python
name_new = data_e_3.rename({'평점': '평점_2차'}, axis=1)
data_merged = name_new.merge(data_e, how='left',
                             left_on=['패션아이템','평점_2차'],
                             right_on=['패션아이템','평점'])
data_merged
```

	패션아이템	평점_2차	평점
0	팬츠	3.0	3.0
1	모자	6.0	NaN
2	자켓	7.0	7.0
3	패딩	6.0	NaN
4	스카프	7.0	NaN
5	장갑	3.0	NaN
6	스커트	5.0	5.0

왼쪽과 오른쪽 데이터프레임에서 각각 활용하는 키가 다르기 때문에 동일하지 않은 행에 결측값이 생긴다. 이 결측값이 포함된 데이터를 2개 데이터에서 동일하지 않은 값으로 정의할 수 있다. eq() 함수를 활용했을 때와는 다르게 6행의 '스커트' 데이터도 포함되어 있다.

이 상태에서 결측값을 포함하고 있는 데이터를 추출하려면 다음과 같이 isna() 함수를 활용한다.

```python
data_e_3[data_merged['평점'].isna()]
```

	패션아이템	평점
1	모자	6.0
3	패딩	6.0
4	스카프	7.0
5	장갑	3.0

merge() 함수를 활용한 방법은 조금 어려운 편에 속한다. 단순하지 않아서 처음 학습 시에는 이해하기 어려울 수 있다. 이해되지 않더라도 일단 넘어가고 나중에 다시 필요할 때 참고하도록 하자.

데이터 집계와 그룹 연산

———————————————

CHAPTER

05

데이터를 가공하고 병합해서 잘 정리한 후 그룹별로 데이터를 집계하거나 연산해서 살펴보는 것은 데이터 분석 과정에서 빼놓을 수 없는 작업이다.

5.1 그룹 연산의 이해

판다스 라이브러리의 모태인 R 라이브러리의 저자 해들리 위캄은 '분리-적용-결합'이라는 그룹 연산에 대한 새로운 단어를 창조했다. 판다스의 창시자인 웨스 맥키니는 이 표현이 '그룹 연산'이라는 개념을 핵심적으로 표현한 것이라고 했다. 데이터를 하나의 키 기준으로 '분리'하고, 분리한 각 그룹에 함수를 '적용'하여 새로운 값을 만들어내고, 함수를 적용한 결과를 하나의 테이블로 '결합'하는 것이다.

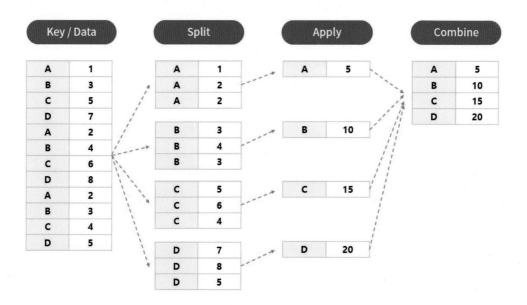

판다스에서 그룹 연산은 groupby() 함수를 활용하며, 데이터를 그룹별로 나누고 요약 및 집계할 수 있다. groupby()의 개념과 활용법을 알아보자.

5.1.1 groupby() 연산 기초

데이터 분석에서 groupby()를 활용할 수 있는 범위는 상당히 넓다. 기본적인 예제를 통해 개념을 이해한 후 데이터 분석에 활용 가능한 예제로 학습해보자.

■ groupby 개념과 활용 예제 살펴보기

groupby 학습에 활용할 데이터셋은 시본의 다이아몬드 데이터셋이다.

```
diamonds = sns.load_dataset('diamonds')
diamonds.head()
```

	carat	cut	color	clarity	depth	table	price	x	y	z
0	0.23	Ideal	E	SI2	61.5	55.0	326	3.95	3.98	2.43
1	0.21	Premium	E	SI1	59.8	61.0	326	3.89	3.84	2.31
2	0.23	Good	E	VS1	56.9	65.0	327	4.05	4.07	2.31
3	0.29	Premium	I	VS2	62.4	58.0	334	4.20	4.23	2.63
4	0.31	Good	J	SI2	63.3	58.0	335	4.34	4.35	2.75

다이아몬드의 투명도를 의미하는 'clarity' 컬럼을 기준으로 그룹화한 후 가격을 의미하는 price 컬럼의 평균값을 파악해보자.

```
grouped = diamonds['price'].groupby(diamonds['clarity'])
grouped
```

```
<pandas.core.groupby.generic.SeriesGroupBy object at 0x000001CCD7030100>
```

방금 grouped라는 변수에 다이아몬드의 가격을 기준으로 투명도로 그룹화하는 코드를 실행했지만 groupby 객체라고만 나온다. 그룹 연산을 할 준비는 되어 있지만 어떤 연산을 하라고 적용해주지는 않았기 때문이다. 이제 평균을 구하는 함수를 적용해보자.

```
grouped.mean()
```

```
clarity
IF      2864.839106
VVS1    2523.114637
VVS2    3283.737071
VS1     3839.455391
VS2     3924.989395
SI1     3996.001148
```

```
SI2     5063.028606
I1      3924.168691
Name: price, dtype: float64
```

투명도별 다이아몬드의 평균 가격이 잘 구해졌다. 평균이 아닌 다른 연산 함수를 적용해도 된다. 이 예제에서 중요한 포인트는 데이터가 그룹별로 수집되어 groupby()에서 지정한 유일값이 인덱스로 처리된 새로운 시리즈 객체가 생성된다는 점이다.

groupby()에 배열 형태를 전달하면 다음과 같은 결과가 나온다.

```
grouped_2 = diamonds['price'].groupby([diamonds['color'], diamonds['clarity']]).mean()
grouped_2
```

```
color  clarity
D      IF       8307.369863
       VVS1     2947.912698
       VVS2     3351.128391
       VS1      3030.158865
       VS2      2587.225692
       SI1      2976.146423
       SI2      3931.101460
       I1       3863.023810
               ...
J      IF       3363.882353
       VVS1     4034.175676
       VVS2     5142.396947
       VS1      4884.461255
       VS2      5311.058824
       SI1      5186.048000
       SI2      6520.958246
       I1       5254.060000
Name: price, dtype: float64
```

상위 인덱스가 color, 하위 인덱스가 clarity로 2개 레벨로 구성된 인덱스를 가진 평균 가격 데이터가 반환되었다. 이 상태에서 unstack() 함수를 적용해보자.

```
grouped_2.unstack()
```

clarity color	IF	VVS1	VVS2	VS1	VS2	SI1	SI2	I1
D	8307.369863	2947.912698	3351.128391	3030.158865	2587.225692	2976.146423	3931.101460	3863.023810
E	3668.506329	2219.820122	2499.674067	2856.294301	2750.941700	3161.838005	4173.826036	3488.421569
F	2750.836364	2804.276567	3475.512821	3796.717742	3756.795093	3714.225716	4472.625233	3342.181818
G	2558.033774	2866.820821	3845.283437	4131.362197	4416.256498	3774.787449	5021.684109	3545.693333
H	2287.869565	1845.658120	2649.067434	3780.688623	4722.414486	5032.414945	6099.895074	4453.413580
I	1994.937063	2034.861972	2968.232877	4633.183992	5690.505560	5355.019663	7002.649123	4302.184783
J	3363.882353	4034.175676	5142.396947	4884.461255	5311.058824	5186.048000	6520.958246	5254.060000

grouped_2처럼 2개 레벨로 구성된 인덱스의 데이터인 경우 unstack() 함수를 활용하면 하위 인덱스였던 clarity가 컬럼으로 변환된 데이터프레임을 얻을 수 있다.

이번에는 cut 컬럼을 인덱스로 전체 데이터의 평균을 구하는 그룹 연산을 해보자.

```
diamonds.groupby(['cut']).mean()
```

cut	carat	depth	table	price	x	y	z
Ideal	0.702837	61.709401	55.951668	3457.541970	5.507451	5.520080	3.401448
Premium	0.891955	61.264673	58.746095	4584.257704	5.973887	5.944879	3.647124
Very Good	0.806381	61.818275	57.956150	3981.759891	5.740696	5.770026	3.559801
Good	0.849185	62.365879	58.694639	3928.864452	5.838785	5.850744	3.639507
Fair	1.046137	64.041677	59.053789	4358.757764	6.246894	6.182652	3.982770

결과를 보면 범주형 컬럼인 color와 clarity를 제외한 모든 컬럼의 평균 가격을 확인할 수 있다. 그룹 연산에서 숫자가 아닌 값은 자동으로 결과에서 제외된다.

groupby()와 함께 활용하는 유용한 함수는 size()다.

```
diamonds.groupby(['cut', 'clarity']).size().unstack()
```

clarity cut	IF	VVS1	VVS2	VS1	VS2	SI1	SI2	I1
Ideal	1212	2047	2606	3589	5071	4282	2598	146
Premium	230	616	870	1989	3357	3575	2949	205
Very Good	268	789	1235	1775	2591	3240	2100	84
Good	71	186	286	648	978	1560	1081	96
Fair	9	17	69	170	261	408	466	210

size() 함수만 적용하면 결과를 시리즈로 반환하지만 unstack() 함수와 결합하면 2개 축의 유일값을 기준으로 매칭한 개수를 데이터프레임으로 반환받을 수 있다.

■ 일부 컬럼의 그룹 연산 확인하기

데이터의 일부 컬럼만 제한해서 집계할 필요도 있다. 특히 대용량 데이터를 다룰 경우에는 더욱 그렇다. 순서대로 cut 컬럼을 기준으로 price의 평균을 구하는 연산과 color를 기준으로 carat의 평균을 구하는 예제를 확인해보자.

```
diamonds.groupby('cut')['price'].mean()
```

```
cut
Ideal         3457.541970
Premium       4584.257704
Very Good     3981.759891
Good          3928.864452
Fair          4358.757764
Name: price, dtype: float64
```

```
diamonds.groupby('color')['carat'].mean()
```

```
color
D    0.657795
E    0.657867
F    0.736538
G    0.771190
H    0.911799
I    1.026927
J    1.162137
Name: carat, dtype: float64
```

groupby()에 리스트 타입으로 넘기는 경우에는 다음처럼 unstack() 함수를 함께 활용하는 것이 한 눈에 확인하기 편리하다.

```
diamonds.groupby(['cut', 'clarity'])['price'].mean().unstack()
```

clarity cut	IF	VVS1	VVS2	VS1	VS2	SI1	SI2	I1
Ideal	2272.913366	2468.129458	3250.290100	3489.744497	3284.550385	3752.118169	4755.952656	4335.726027
Premium	3856.143478	2831.206169	3795.122989	4485.462041	4550.331248	4455.269371	5545.936928	3947.331707
Very Good	4396.216418	2459.441065	3037.765182	3805.353239	4215.759552	3932.391049	4988.688095	4078.226190
Good	4098.323944	2254.774194	3079.108392	3801.445988	4262.236196	3689.533333	4580.260870	3596.635417
Fair	1912.333333	3871.352941	3349.768116	4165.141176	4174.724138	4208.279412	5173.916309	3703.533333

5.1.2 데이터 집계

데이터 분석에서 데이터 집계 작업이란 배열로부터 숫자 데이터를 만들어내는 것과 관련한 모든 작업을 말한다. groupby() 연산 기초 부분의 예제에서는 mean() 함수를 활용해서 숫자를 만들었다. 이 함수 외에도 다양한 방법으로 통계를 계산하는 데이터 집계가 가능하다. 대표적인 경우를 살펴보자.

■ 통계 함수 적용하기

groupby()에 적용할 수 있는 함수는 상당히 많다. 파이썬 내장 함수는 물론 Series에 사용할 수 있는 함수와 자신이 정의한 함수도 적용할 수 있다. 먼저 예제를 위한 데이터를 만들자.

```
food = pd.DataFrame(np.random.randn(5, 5),
                    columns = ['피자', '햄버거', '돈가스', '스테이크', '초밥'],
                    index = ['지민', '뷔', '정국', '진', 'RM'])
food.iloc[1:2, [2, 4]] = np.nan
food
```

	피자	햄버거	돈가스	스테이크	초밥
지민	-2.001714	-0.881635	-0.936839	0.137152	1.146164
뷔	0.487069	-0.992354	NaN	0.518541	NaN
정국	2.103492	0.936192	0.237637	-0.710926	-0.502338
진	0.260789	-1.056210	-1.368399	-1.613842	1.211081
RM	-0.382083	0.911761	0.934603	0.859612	-1.286593

food 데이터에 매핑시킬 변수도 하나 만든다. 컬럼에 해당하는 데이터를 다시 분류하는 용도로 사용할 것이다.

```
mapping = {'피자':'양식', '햄버거':'양식', '돈가스':'일식',
           '초밥':'일식', '스테이크':'양식', '짜장면':'중식'}
```

groupby()에 mapping 변수를 적용한 후 총 숫자의 합을 구하는 sum() 함수를 적용하자.

```
food.groupby(mapping, axis=1).sum()
```

	양식	일식
지민	-2.746197	0.209325
뷔	0.013256	0.000000
정국	2.328759	-0.264701
진	-2.409263	-0.157319
RM	1.389289	-0.351990

원본 데이터의 컬럼이 mapping 변수에서 부여한 값을 기준으로 합계가 계산된 것을 확인할 수 있다.

mapping 변수를 시리즈 타입으로 변경한다.

```
mapping_series = pd.Series(mapping)
mapping_series
```

```
피자        양식
햄버거      양식
돈가스      일식
초밥        일식
스테이크    양식
짜장면      중식
dtype: object
```

그리고 food 데이터에 groupby( ) 적용 시 mapping_series 변수를 활용하자. 최종적으로 count( ) 함수 사용을 위해서다.

```
food.groupby(mapping_series, axis=1).count()
```

	양식	일식
지민	3	2
뷔	3	0
정국	3	2
진	3	2
RM	3	2

len을 활용해서 각 컬럼을 기준으로 합계를 계산할 수도 있다.

```
food.groupby(len).sum()
```

	피자	햄버거	돈가스	스테이크	초밥
1	1.356682	0.886840	-0.076680	-0.016506	0.915028
2	0.508981	0.259864	-1.167795	4.842890	0.039511

이러한 방식으로 groupby() 함수에 적용 가능한 통계 관련 함수를 표로 정리했으니 참조하도록 하자.

함수	설명
count()	결측값을 제외한 값의 개수를 반환
sum()	결측값을 제외한 값들의 합을 반환
mean()	결측값을 제외한 값들의 평균을 반환
median()	결측값을 제외한 값들의 산술적인 중앙값을 반환
std(), var()	편향되지 않은 표준편차, 분산을 반환
min(), max()	결측값을 제외한 최솟값, 최댓값을 반환
prod()	결측값을 제외한 값들의 곱을 반환
first(), last()	결측값을 제외한 첫 번째 값, 마지막 값을 반환

■ 컬럼에 다양한 함수를 적용하는 방법

이번에는 groupby()를 활용해서 컬럼에 다양한 함수를 적용하는 방법을 학습하겠다. 시본의 tips 데이터셋을 활용할 것이다. 전체 244개 행의 데이터이며 손님이 식사 비용으로 지불한 총 액수와 팁, 요일, 흡연 여부, 시간대 등의 컬럼을 포함하고 있다.

```
tips = sns.load_dataset('tips')
tips.head()
```

	total_bill	tip	sex	smoker	day	time	size
0	16.99	1.01	Female	No	Sun	Dinner	2
1	10.34	1.66	Male	No	Sun	Dinner	3
2	21.01	3.50	Male	No	Sun	Dinner	3
3	23.68	3.31	Male	No	Sun	Dinner	2
4	24.59	3.61	Female	No	Sun	Dinner	4

손님이 계산한 총 액수에서 팁의 비중을 구해보자. 이를 위한 산술식을 만들어 tip_percent라는 새로운 컬럼에 값을 저장한다.

```
tips['tip_percent'] = tips['tip'] / tips['total_bill']
tips.head()
```

	total_bill	tip	sex	smoker	day	time	size	tip_percent
0	16.99	1.01	Female	No	Sun	Dinner	2	0.059447
1	10.34	1.66	Male	No	Sun	Dinner	3	0.160542
2	21.01	3.50	Male	No	Sun	Dinner	3	0.166587
3	23.68	3.31	Male	No	Sun	Dinner	2	0.139780
4	24.59	3.61	Female	No	Sun	Dinner	4	0.146808

그리고 groupby()로 요일과 흡연 여부 기준에 따라 데이터를 다시 그루핑하여 tips_byday 변수에 저장한다.

```
tips_byday = tips.groupby(['day', 'smoker'])
```

tips_byday 데이터에 손님이 지불한 총 액수 기준 팁의 비중 변수인 tip_percent의 평균을 agg() 함수를 호출해서 구해보자. 전체 컬럼을 기준으로 평균을 구하는 방법은 agg() 함수의 매개변숫값으로 평균을 의미하는 집계 함수인 mean()을 문자로 전달해주면 된다.

```
tips_byday_percent = tips_byday['tip_percent']
tips_byday_percent.agg('mean')
```

```
day   smoker
Thur  Yes      0.163863
      No       0.160298
Fri   Yes      0.174783
      No       0.151650
Sat   Yes      0.147906
      No       0.158048
Sun   Yes      0.187250
      No       0.160113
Name: tip_percent, dtype: float64
```

agg()를 호출하지 않고 mean() 함수를 직접 적용해도 작동은 하지만 agg() 함수를 활용하면 쉽고 간단하게 컬럼에 따라 다른 함수를 사용해서 집계하거나 여러 개의 함수를 한 번에 적용할 수 있으니 이 방법을 추천한다.

만약 함수 목록을 리스트 타입으로 전달하면 각 함수 이름이 컬럼 이름이 된 데이터프레임이 생성된다. mean(), std(), sum() 등 3가지 함수 목록을 agg() 함수에 전달해보자.

```
tips_byday_percent.agg(['mean', 'std', 'sum'])
```

day	smoker	mean	std	sum
Thur	Yes	0.163863	0.039389	2.785676
	No	0.160298	0.038774	7.213414
Fri	Yes	0.174783	0.051293	2.621746
	No	0.151650	0.028123	0.606602
Sat	Yes	0.147906	0.061375	6.212055
	No	0.158048	0.039767	7.112145
Sun	Yes	0.187250	0.154134	3.557756
	No	0.160113	0.042347	9.126438

전달한 함수로 계산된 값들이 컬럼으로 구성된 데이터프레임이 잘 반환되었다.

(이름, 함수) 형식의 튜플을 전달하여 함수명 대신 원하는 이름으로 출력할 수도 있다. mean() 함수는 '팁_평균', std() 함수는 '팁_표준편차'라는 이름으로 출력해보자.

```
tips_byday_percent.agg([('팁_평균', 'mean'), ('팁_표준편차', 'std')])
```

day	smoker	팁_평균	팁_표준편차
Thur	Yes	0.163863	0.039389
	No	0.160298	0.038774
Fri	Yes	0.174783	0.051293
	No	0.151650	0.028123
Sat	Yes	0.147906	0.061375
	No	0.158048	0.039767
Sun	Yes	0.187250	0.154134
	No	0.160113	0.042347

함수명 대신 지정한 이름으로 출력된 것을 확인할 수 있다.

이번에는 2개 이상의 컬럼을 대상으로 여러 가지 함수를 적용하는 경우의 예제를 살펴보자. 적용하려는 집계 함수를 function_list라는 변수에 담아두었고, tip_percent와 total_bill 컬럼을 기준으로 agg( ) 함수를 활용하여 집계했다.

```
function_list = ['count', 'mean', 'max']
tips_byday['tip_percent', 'total_bill'].agg(function_list)
```

| day | smoker | tip_percent | | | total_bill | | |
		count	mean	max	count	mean	max
Thur	Yes	17	0.163863	0.241255	17	19.190588	43.11
	No	45	0.160298	0.266312	45	17.113111	41.19
Fri	Yes	15	0.174783	0.263480	15	16.813333	40.17
	No	4	0.151650	0.187735	4	18.420000	22.75
Sat	Yes	42	0.147906	0.325733	42	21.276667	50.81
	No	45	0.158048	0.291990	45	19.661778	48.33
Sun	Yes	19	0.187250	0.710345	19	24.120000	45.35
	No	57	0.160113	0.252672	57	20.506667	48.17

선택한 컬럼이 최상위 레벨이 되어 3가지 함수를 각각 계산했다.

그런데 함수를 원하는 이름으로 출력하고 싶은 상황도 있을 것이다. 그럴 때는 컬럼 이름과 함수를 튜플로 전달해주면 된다. 단, 튜플로 전달하는 함수의 순서와 적용하려는 컬럼의 순서가 동일하게 전달되어야 한다.

```
function_tuple = [('팁_평균', 'mean'), ('팁_표준편차', 'std')]
tips_byday['tip_percent', 'total_bill'].agg(function_tuple)
```

day	smoker	tip_percent		total_bill	
		팁_평균	팁_표준편차	팁_평균	팁_표준편차
Thur	Yes	0.163863	0.039389	19.190588	8.355149
	No	0.160298	0.038774	17.113111	7.721728
Fri	Yes	0.174783	0.051293	16.813333	9.086388
	No	0.151650	0.028123	18.420000	5.059282
Sat	Yes	0.147906	0.061375	21.276667	10.069138
	No	0.158048	0.039767	19.661778	8.939181
Sun	Yes	0.187250	0.154134	24.120000	10.442511
	No	0.160113	0.042347	20.506667	8.130189

컬럼마다 다른 함수를 적용하고 싶다면 agg() 함수를 활용할 때 딕셔너리로 함수와 이름을 대응시켜 전달한다.

```
tips_byday.agg({'tip' : 'max', 'size' : 'sum'})
```

day	smoker	tip	size
Thur	Yes	5.00	40
	No	6.70	112
Fri	Yes	4.73	31
	No	3.50	9
Sat	Yes	10.00	104
	No	9.00	115
Sun	Yes	6.50	49
	No	6.00	167

집계하고 싶은 함수가 여러 개라면 리스트로 전달해도 된다.

```
tips_byday.agg({'tip_percent' : ['min', 'max', 'mean', 'std'], 'size' : 'sum'})
```

| day | smoker | tip_percent | | | | size |
		min	max	mean	std	sum
Thur	Yes	0.090014	0.241255	0.163863	0.039389	40
	No	0.072961	0.266312	0.160298	0.038774	112
Fri	Yes	0.103555	0.263480	0.174783	0.051293	31
	No	0.120385	0.187735	0.151650	0.028123	9
Sat	Yes	0.035638	0.325733	0.147906	0.061375	104
	No	0.056797	0.291990	0.158048	0.039767	115
Sun	Yes	0.065660	0.710345	0.187250	0.154134	49
	No	0.059447	0.252672	0.160113	0.042347	167

■ 집계된 데이터 인덱싱 처리

groupby()를 활용하여 집계된 데이터는 유일한 그룹 키의 조합이나 다중형 인덱스로 반환되는 경우가 많다. 다음은 그러한 예다.

```
tips.groupby(['day', 'smoker']).mean()
```

day	smoker	total_bill	tip	size
Thur	Yes	19.190588	3.030000	2.352941
	No	17.113111	2.673778	2.488889
Fri	Yes	16.813333	2.714000	2.066667
	No	18.420000	2.812500	2.250000
Sat	Yes	21.276667	2.875476	2.476190
	No	19.661778	3.102889	2.555556
Sun	Yes	24.120000	3.516842	2.578947
	No	20.506667	3.167895	2.929825

그러나 모든 경우에 다중형 인덱스 구조의 데이터프레임을 원하는 것은 아니다. 이러한 경우 as_index 매개변수를 False로 지정하면 일반적인 형태의 데이터프레임으로 반환받을 수 있다.

```
tips.groupby(['day', 'smoker'], as_index=False).mean()
```

	day	smoker	total_bill	tip	size
0	Thur	Yes	19.190588	3.030000	2.352941
1	Thur	No	17.113111	2.673778	2.488889
2	Fri	Yes	16.813333	2.714000	2.066667
3	Fri	No	18.420000	2.812500	2.250000
4	Sat	Yes	21.276667	2.875476	2.476190
5	Sat	No	19.661778	3.102889	2.555556
6	Sun	Yes	24.120000	3.516842	2.578947
7	Sun	No	20.506667	3.167895	2.929825

왼쪽에 인덱스가 새롭게 부여되었다. 다른 방법으로는 as_index를 사용하지 않고 먼저 집계한 후 그 결과에 reset_index() 함수를 호출하는 방법도 있긴 하지만 불필요한 계산을 거치기 때문에 as_index로 처리할 것을 추천한다.

```
tips.groupby(['day', 'smoker']).mean().reset_index()
```

출력되는 결과는 위와 동일하다.

5.1.3 groupby-apply 작업의 개념

고급 데이터 변환 및 집계 작업, 피벗 테이블 관련 작업을 하려면 groupby에 apply를 결합하는 메커니즘을 활용하는 것이 필수다. 초보자의 경우 이 부분을 깊이 이해하기에는 다소 장벽이 높을 수도 있기 때문에 이 책에서는 groupby-apply 활용의 기본적인 개념만 학습하겠다.

■ 사용자 정의 함수에 apply 활용 예

먼저 정의한 함수를 apply로 활용하는 예를 살펴보도록 하자. 다음과 같이 시본의 펭귄 데이터셋을 로드하고 결측값은 미리 삭제한다.

```
penguins = sns.load_dataset("penguins")
penguins = penguins.dropna()
penguins.head()
```

	species	island	bill_length_mm	bill_depth_mm	flipper_length_mm	body_mass_g	sex
0	Adelie	Torgersen	39.1	18.7	181.0	3750.0	Male
1	Adelie	Torgersen	39.5	17.4	186.0	3800.0	Female
2	Adelie	Torgersen	40.3	18.0	195.0	3250.0	Female
4	Adelie	Torgersen	36.7	19.3	193.0	3450.0	Female
5	Adelie	Torgersen	39.3	20.6	190.0	3650.0	Male

펭귄 데이터에서 그룹별 상위 5개의 body_mass_g 값을 추출하는 함수를 생성할 것이다. 먼저 sort_values() 함수를 활용한 값을 리턴하는 top() 함수를 작성하자.

```
def top(data, n=5, column='body_mass_g'):
    return data.sort_values(by=column)[-n:]
```

이제 만들어놓은 top() 함수를 활용하자. 디폴트로 상위 5개 값을 반환하지만 8개 값을 반환받으려면 다음과 같이 n에 8을 입력하면 된다. n을 입력하지 않으면 5개만 출력된다.

```
top(penguins, n=8)
```

	species	island	bill_length_mm	bill_depth_mm	flipper_length_mm	body_mass_g	sex
233	Gentoo	Biscoe	48.4	14.6	213.0	5850.0	Male
235	Gentoo	Biscoe	49.3	15.7	217.0	5850.0	Male
331	Gentoo	Biscoe	49.8	15.9	229.0	5950.0	Male
299	Gentoo	Biscoe	45.2	16.4	223.0	5950.0	Male
337	Gentoo	Biscoe	48.8	16.2	222.0	6000.0	Male
297	Gentoo	Biscoe	51.1	16.3	220.0	6000.0	Male
253	Gentoo	Biscoe	59.6	17.0	230.0	6050.0	Male
237	Gentoo	Biscoe	49.2	15.2	221.0	6300.0	Male

sex 컬럼에 top() 함수를 apply하면 다음과 같은 결과를 얻을 수 있다. 성별을 구분한 뒤 각각 상위 5개 데이터를 반환한다.

```
penguins.groupby('sex').apply(top)
```

sex		species	island	bill_length_mm	bill_depth_mm	flipper_length_mm	body_mass_g	sex
Female	252	Gentoo	Biscoe	45.1	14.5	207.0	5050.0	Female
	268	Gentoo	Biscoe	44.9	13.3	213.0	5100.0	Female
	254	Gentoo	Biscoe	49.1	14.8	220.0	5150.0	Female
	293	Gentoo	Biscoe	46.5	14.8	217.0	5200.0	Female
	342	Gentoo	Biscoe	45.2	14.8	212.0	5200.0	Female
Male	299	Gentoo	Biscoe	45.2	16.4	223.0	5950.0	Male
	297	Gentoo	Biscoe	51.1	16.3	220.0	6000.0	Male
	337	Gentoo	Biscoe	48.8	16.2	222.0	6000.0	Male
	253	Gentoo	Biscoe	59.6	17.0	230.0	6050.0	Male
	237	Gentoo	Biscoe	49.2	15.2	221.0	6300.0	Male

이번에는 sex와 species 등 2개 컬럼을 기준으로 top() 함수를 apply해보자. 대신 행 수는 1개만 출력하고, body_mass_g 컬럼의 값을 집계할 것이다.

```
penguins.groupby(['sex', 'species']).apply(top, n=1, column='body_mass_g')
```

sex	species		species	island	bill_length_mm	bill_depth_mm	flipper_length_mm	body_mass_g	sex
Female	Adelie	114	Adelie	Biscoe	39.6	20.7	191.0	3900.0	Female
	Chinstrap	160	Chinstrap	Dream	46.0	18.9	195.0	4150.0	Female
	Gentoo	342	Gentoo	Biscoe	45.2	14.8	212.0	5200.0	Female
Male	Adelie	109	Adelie	Biscoe	43.2	19.0	197.0	4775.0	Male
	Chinstrap	189	Chinstrap	Dream	52.0	20.7	210.0	4800.0	Male
	Gentoo	237	Gentoo	Biscoe	49.2	15.2	221.0	6300.0	Male

apply() 함수의 매개변수 column을 활용하면 body_mass_g 값 대신 bill_length_mm 값으로 변경해서 출력할 수 있다.

```
penguins.groupby(['sex', 'species']).apply(top, n=1, column='bill_length_mm')
```

sex	species		species	island	bill_length_mm	bill_depth_mm	flipper_length_mm	body_mass_g	sex
Female	Adelie	37	Adelie	Dream	42.2	18.5	180.0	3550.0	Female
	Chinstrap	169	Chinstrap	Dream	58.0	17.8	181.0	3700.0	Female
	Gentoo	330	Gentoo	Biscoe	50.5	15.2	216.0	5000.0	Female
Male	Adelie	19	Adelie	Torgersen	46.0	21.5	194.0	4200.0	Male
	Chinstrap	215	Chinstrap	Dream	55.8	19.8	207.0	4000.0	Male
	Gentoo	253	Gentoo	Biscoe	59.6	17.0	230.0	6050.0	Male

이러한 방식으로 무궁무진하게 응용할 수 있다.

■ describe() 함수에 apply 활용 예

groupby()를 describe() 함수와 결합해서 사용하면 좀 더 상세한 분포를 확인할 수 있다. 펭귄 데이터를 성별 기준으로 body_mass_g 값에 관한 다양한 통계량을 살펴보겠다.

```
penguins.groupby('sex')['body_mass_g'].describe()
```

sex	count	mean	std	min	25%	50%	75%	max
Female	165.0	3862.272727	666.172050	2700.0	3350.0	3650.0	4550.0	5200.0
Male	168.0	4545.684524	787.628884	3250.0	3900.0	4300.0	5312.5	6300.0

이렇게 특정 컬럼을 기준으로 통계량을 세분화해서 살펴볼 수 있다. 앞서 배운 unstack() 함수를 활용하면 다음과 같이 각 컬럼을 행으로 변환시켜 확인할 수 있으니 참고하도록 하자.

```
penguins.groupby('sex')['body_mass_g'].describe().unstack('sex')
```

```
       sex
count  Female     165.000000
       Male       168.000000
mean   Female    3862.272727
       Male      4545.684524
```

```
std    Female     666.172050
       Male       787.628884
min    Female    2700.000000
       Male      3250.000000
25%    Female    3350.000000
       Male      3900.000000
50%    Female    3650.000000
       Male      4300.000000
75%    Female    4550.000000
       Male      5312.500000
max    Female    5200.000000
       Male      6300.000000
dtype: float64
```

기본적인 groupby()와 describe() 함수의 결합 활용 예제를 살펴봤는데 apply까지 결합하면 더욱 다양한 변수를 기준으로 통계량을 계산할 수 있다. 다음은 groupby()와 describe() 함수로 생성한 통계 결과를 기준으로 apply에 lambda를 활용하여 백분위수까지 반환하는 예제다.

```
penguins.groupby('sex')['body_mass_g', 'flipper_length_mm'].apply(lambda x: x.describe())
```

sex		body_mass_g	flipper_length_mm
Female	count	165.000000	165.000000
	mean	3862.272727	197.363636
	std	666.172050	12.500776
	min	2700.000000	172.000000
	25%	3350.000000	187.000000
	50%	3650.000000	193.000000
	75%	4550.000000	210.000000
	max	5200.000000	222.000000
Male	count	168.000000	168.000000
	mean	4545.684524	204.505952
	std	787.628884	14.547876
	min	3250.000000	178.000000
	25%	3900.000000	193.000000
	50%	4300.000000	200.500000
	75%	5312.500000	219.000000
	max	6300.000000	231.000000

■ 버킷 분석에 apply 활용 예

3장에서 데이터를 구간화할 때 cut()과 qcut()을 활용하는 방법을 학습했다. 이 함수를 groupby() 함수와 결합하면 특정 그룹 단위에 대한 버킷 분석을 쉽게 할 수 있다. 버킷 분석이란 용어가 생소할 수도 있으나 말 그대로 데이터를 버킷처럼 그룹별로 나누어 분석한다는 의미다. 펭귄 데이터셋을 활용해서 학습하겠다.

먼저 cut() 함수를 활용해서 body_mass_g 변수를 5개 구간으로 나눈 값을 body_mass_g_bin이라는 새로운 컬럼에 생성하자. 매개변수 bins의 값은 5로 해주었다.

```
penguins['body_mass_g_bin'] = pd.cut(penguins['body_mass_g'], bins=5)
penguins.head()
```

	species	island	bill_length_mm	bill_depth_mm	flipper_length_mm	body_mass_g	sex	body_mass_g_bin
0	Adelie	Torgersen	39.1	18.7	181.0	3750.0	Male	(3420.0, 4140.0]
1	Adelie	Torgersen	39.5	17.4	186.0	3800.0	Female	(3420.0, 4140.0]
2	Adelie	Torgersen	40.3	18.0	195.0	3250.0	Female	(2696.4, 3420.0]
4	Adelie	Torgersen	36.7	19.3	193.0	3450.0	Female	(3420.0, 4140.0]
5	Adelie	Torgersen	39.3	20.6	190.0	3650.0	Male	(3420.0, 4140.0]

데이터가 5개 구간으로 잘 분리되었는지 확인해보자.

```
penguins.body_mass_g_bin.value_counts()
```

```
(3420.0, 4140.0]    121
(4140.0, 4860.0]     80
(2696.4, 3420.0]     56
(4860.0, 5580.0]     54
(5580.0, 6300.0]     22
Name: body_mass_g_bin, dtype: int64
```

이제 body_mass_g_bin 컬럼의 구간값을 기준으로 flipper_length_mm의 값을 구간화하자. 이 방법을 실현하려면 groupby()를 body_mass_g_bin 컬럼으로 적용한 결과에 flipper_length_mm 컬럼에 apply로 cut() 함수를 대입한 것을 적용해주면 된다. bin 수치는 2로 설정했다. 그러면 '5구간 × 2구간'해서 flipper_length_mm_bin 컬럼에 총 10개의 고윳값이 생성될 것이다.

```
penguins['flipper_length_mm_bin'] = penguins.groupby('body_mass_g_bin').flipper_
length_mm.apply(pd.cut, bins=2)
penguins.head()
```

	species	island	bill_length_mm	bill_depth_mm	flipper_length_mm	body_mass_g	sex	body_mass_g_bin	flipper_length_mm_bin
0	Adelie	Torgersen	39.1	18.7	181.0	3750.0	Male	(3420.0, 4140.0]	(175.966, 193.0]
1	Adelie	Torgersen	39.5	17.4	186.0	3800.0	Female	(3420.0, 4140.0]	(175.966, 193.0]
2	Adelie	Torgersen	40.3	18.0	195.0	3250.0	Female	(2696.4, 3420.0]	(187.0, 202.0]
4	Adelie	Torgersen	36.7	19.3	193.0	3450.0	Female	(3420.0, 4140.0]	(175.966, 193.0]
5	Adelie	Torgersen	39.3	20.6	190.0	3650.0	Male	(3420.0, 4140.0]	(175.966, 193.0]

> **NOTE** 위 코드는 다음과 같이 transform() 함수를 활용해도 같은 결과를 얻을 수 있다. transform() 함수의 상세 정보는 판다스 공식 사이트에서 찾아보길 바란다.
>
> ```
> penguins['flipper_length_mm_bin'] = penguins.groupby('body_mass_g_bin')['flipper_
> length_mm'].transform(lambda x: pd.cut(x, bins=2))
> ```

flipper_length_mm_bin 컬럼의 10개 고윳값을 확인하면 다음과 같다.

```
penguins.flipper_length_mm_bin.value_counts()
```

```
(175.966, 193.0]     71
(193.0, 210.0]       50
(202.0, 220.0]       49
(183.964, 202.0]     31
(187.0, 202.0]       28
(171.97, 187.0]      28
(218.5, 230.0]       28
(206.977, 218.5]     26
(222.0, 231.0]       13
(212.982, 222.0]      9
Name: flipper_length_mm_bin, dtype: int64
```

위 예제는 groupby()의 기준 컬럼이 수치형이라서 쉽게 이해가지 않을 수도 있으니 오브젝트 타입인 island 컬럼을 기준으로 다시 한 번 학습하자.

```
penguins['bill_length_mm_bin_by_island'] = penguins.groupby('island').bill_length_
mm.apply(pd.cut, bins=2)
penguins[['island', 'bill_length_mm', 'bill_length_mm_bin_by_island']].head(10)
```

	island	bill_length_mm	bill_length_mm_bin_by_island
0	Torgersen	39.1	(33.488, 39.75]
1	Torgersen	39.5	(33.488, 39.75]
2	Torgersen	40.3	(39.75, 46.0]
4	Torgersen	36.7	(33.488, 39.75]
5	Torgersen	39.3	(33.488, 39.75]

groupby()의 기준 컬럼이 오브젝트 타입이라서 좀 더 확실하게 파악할 수 있을 것이다. bill_length_mm_bin_by_island 컬럼은 전체 데이터에서 구간화된 것이 아닌 island 컬럼의 개별 고윳값을 기준으로 bill_length_mm 컬럼의 값이 구간화된 것이다. island의 Torgersen 값은 bill_length_mm이 (33.488, 39.75)와 (39.75, 46.0) 등 2개 구간으로 분리되었다.

다음과 같이 실행하고 데이터 하단을 확인해보면 Biscoe에 해당하는 값들이 (34.475, 47.05)와 (47.05, 59.6) 구간으로 나뉘어졌음을 알 수 있다.

```
penguins[['island', 'bill_length_mm', 'bill_length_mm_bin_by_island']].tail()
```

	island	bill_length_mm	bill_length_mm_bin_by_island
338	Biscoe	47.2	(47.05, 59.6]
340	Biscoe	46.8	(34.475, 47.05]
341	Biscoe	50.4	(47.05, 59.6]
342	Biscoe	45.2	(34.475, 47.05]
343	Biscoe	49.9	(47.05, 59.6]

이렇게 groupby()와 apply를 활용하면 특정 그룹의 고윳값을 기준으로 구간화 작업을 손쉽게 할 수 있다. 이 함수가 없었다면 for 문을 활용하여 다소 복잡한 방식으로 코드를 만들어야 한다. 이러한 방식으로 데이터를 다양한 기준으로 범주화하는 버킷 분석을 할 수 있다.

이 외에도 apply() 함수를 활용해서 할 수 있는 분석 작업은 매우 다양하다. 지면 한계상 모든 예제를 다루지는 못하지만 기초적인 개념을 이해한 후 구글에서 다양한 활용법이나 예제를 찾아서 데이터 분석 시 활용할 수 있으면 좋겠다.

5.2 피벗 테이블과 크로스탭 활용

엑셀이나 기타 데이터 분석 툴에서 자주 볼 수 있는 피벗 테이블도 판다스에서 수행 가능하다. 판다스에서 피벗 테이블은 앞서 학습한 groupby()를 사용하여 레벨이 있는 인덱스 구조 기반의 데이터 재형성 연산이 가능하다. 하나의 데이터프레임에서 특정 키 기준으로 데이터를 수집한 후 어떤 키는 로우 기준으로, 어떤 키는 컬럼 기준으로 정렬할 수 있게 된다. 그리고 그룹 빈도를 계산하는 crosstab을 활용하여 분석하는 경우도 바로 뒤에서 살펴보도록 한다.

5.2.1 pivot_table 기초

펭귄 데이터셋을 활용하여 pivot_table() 함수의 기본 연산 원리를 학습해보자. 가장 기본적인 연산은 매개변수 index로 원하는 컬럼을 지정하는 것이다. 연산 방식을 따로 지정하지 않으면 기본적으로 index에서 지정한 컬럼을 제외한 전체 컬럼의 평균값을 구한다.

```
penguins.pivot_table(index=['species', 'sex'])
```

species	sex	bill_depth_mm	bill_length_mm	body_mass_g	flipper_length_mm
Adelie	Female	17.621918	37.257534	3368.835616	187.794521
	Male	19.072603	40.390411	4043.493151	192.410959
Chinstrap	Female	17.588235	46.573529	3527.205882	191.735294
	Male	19.252941	51.094118	3938.970588	199.911765
Gentoo	Female	14.237931	45.563793	4679.741379	212.706897
	Male	15.718033	49.473770	5484.836066	221.540984

판다스의 피벗 테이블 연산은 groupby()를 기준으로 작동하기 때문에 이렇게 손쉽게 집계가 가능하다. 이번에는 인덱스와 특정 컬럼만 선택해서 연산하되 매개변수 columns로 sex 컬럼을 지정하여 성별을 분리해서 연산해보자. 연산이 될 값은 values에 입력하며, 리스트 형식도 가능하다.

```python
penguins.pivot_table(values=['body_mass_g', 'flipper_length_mm'],
                     index=['species', 'island'],
                     columns='sex')
```

		body_mass_g		flipper_length_mm	
sex		Female	Male	Female	Male
species	island				
Adelie	Biscoe	3369.318182	4050.000000	187.181818	190.409091
	Dream	3344.444444	4045.535714	187.851852	191.928571
	Torgersen	3395.833333	4034.782609	188.291667	194.913043
Chinstrap	Dream	3527.205882	3938.970588	191.735294	199.911765
Gentoo	Biscoe	4679.741379	5484.836066	212.706897	221.540984

반환된 데이터프레임을 보면 상위 컬럼의 합계는 제공하지 않는다. 합계를 포함시키려면 매개변수 margin을 True로 지정해야 한다.

```python
penguins.pivot_table(values=['body_mass_g', 'flipper_length_mm'],
                     index=['species', 'island'],
                     columns='sex',
                     margins=True)
```

		body_mass_g			flipper_length_mm		
sex		Female	Male	All	Female	Male	All
species	island						
Adelie	Biscoe	3369.318182	4050.000000	3709.659091	187.181818	190.409091	188.795455
	Dream	3344.444444	4045.535714	3701.363636	187.851852	191.928571	189.927273
	Torgersen	3395.833333	4034.782609	3708.510638	188.291667	194.913043	191.531915
Chinstrap	Dream	3527.205882	3938.970588	3733.088235	191.735294	199.911765	195.823529
Gentoo	Biscoe	4679.741379	5484.836066	5092.436975	212.706897	221.540984	217.235294
All		3862.272727	4545.684524	4207.057057	197.363636	204.505952	200.966967

body_mass_g 컬럼과 flipper_length_mm 컬럼의 하위 컬럼으로 성별의 총합을 나타내는 All
컬럼이 생성되었다.

지금까지 pivot_table의 기본 집계 함수인 mean()으로 연산한 결과만 확인했는데 다른 연산 방식
을 위해 매개변수 aggfunc를 활용해보자. 다음은 body_mass_g 컬럼을 기준으로 island 고유 그
룹 길이를 계산하기 위해 len으로 설정한 예제다.

```
penguins.pivot_table(values='body_mass_g',
                     index=['species', 'sex'],
                     columns='island',
                     margins=True,
                     aggfunc=len,
                     fill_value=0)
```

species	sex	Biscoe	Dream	Torgersen	All
Adelie	Female	22	27	24	73.0
	Male	22	28	23	73.0
Chinstrap	Female	0	34	0	34.0
	Male	0	34	0	34.0
Gentoo	Female	58	0	0	58.0
	Male	61	0	0	61.0
All		163	123	47	333.0

len 대신 count도 활용 가능하다.

만약 values가 리스트라면 aggfunc를 value별로 지정해줄 수 있다. 첫 번째 값은 평균 연산만, 두
번째 값은 최소, 최대, 평균을 한 번에 연산한다고 가정한 코드다.

```
penguins.pivot_table(values=['body_mass_g', 'flipper_length_mm'],
                     index=['species', 'island'],
                     columns='sex',
                     aggfunc={'body_mass_g': np.mean, 'flipper_length_mm': [min, max,
np.mean]},
                     fill_value=0)
```

	sex	body_mass_g		flipper_length_mm					
		mean		max		mean		min	
species	island	Female	Male	Female	Male	Female	Male	Female	Male
Adelie	Biscoe	3369.318182	4050.000000	199	203	187.181818	190.409091	172	180
	Dream	3344.444444	4045.535714	202	208	187.851852	191.928571	178	178
	Torgersen	3395.833333	4034.782609	196	210	188.291667	194.913043	176	181
Chinstrap	Dream	3527.205882	3938.970588	202	212	191.735294	199.911765	178	187
Gentoo	Biscoe	4679.741379	5484.836066	222	231	212.706897	221.540984	203	208

이렇게 pivot_table의 여러 매개변수를 활용하여 연산하면 데이터 내 다양한 그룹을 기반으로 통계를 구하는 작업을 쉽게 할 수 있다.

5.2.2 crosstab 기초

판다스에서 crosstab() 함수는 특정한 그룹의 빈도를 계산하기 위한 피벗 테이블의 특수한 경우다. 크로스탭으로 연산이 가능한 경우는 피벗 테이블 함수가 대부분 커버하지만 크로스탭이 더 편리한 경우가 있다. 작동 원리는 2개 이상의 변수에 대해 단순 교차표를 계산하여 테이블로 반환하는 것이다. 그러므로 2개 이상의 범주형 변수 간의 빈도를 계산하는 경우에는 crosstab() 함수를 활용하면 좋다. 매개변수 index와 columns에 계산하고 싶은 2개 컬럼을 지정하면 된다.

펭귄의 종류와 서식하는 섬 변수 간의 빈도를 계산해보자.

```
pd.crosstab(index=penguins.species,
            columns=penguins.island,
            margins=True)
```

island	Biscoe	Dream	Torgersen	All
species				
Adelie	44	56	52	152
Chinstrap	0	68	0	68
Gentoo	124	0	0	124
All	168	124	52	344

pivot_table() 함수처럼 매개변수 margins도 활용 가능하다.

crosstab() 함수가 2개 이상의 변수 간 빈도를 계산할 수 있다고 했는데 index에 리스트로 원하는 컬럼을 여러 개 입력하면 된다.

```
pd.crosstab(index=[penguins.species, penguins.sex],
            columns=penguins.island,
            margins=True)
```

species	island sex	Biscoe	Dream	Torgersen	All
Adelie	Female	22	27	24	73
	Male	22	28	23	73
Chinstrap	Female	0	34	0	34
	Male	0	34	0	34
Gentoo	Female	58	0	0	58
	Male	61	0	0	61
All		163	123	47	333

기본적으로 결측값이 있다면 그 값은 제외되어 결과에 반영되는데 제외하고 싶지 않다면 dropna를 False로 지정하면 된다. 반환된 데이터프레임에서 All 컬럼을 확인하면 결측값도 포함하여 계산된 것을 알 수 있다.

```
pd.crosstab(index=[penguins.species, penguins.sex],
            columns=penguins.island,
            margins=True,
            dropna=False)
```

species	island sex	Biscoe	Dream	Torgersen	All
Adelie	Female	22	27	24	73
	Male	22	28	23	73
Chinstrap	Female	0	34	0	34
	Male	0	34	0	34
Gentoo	Female	58	0	0	58
	Male	61	0	0	61
All		168	124	52	344

이러한 상황에서는 간편하게 특정 변수들 간의 빈도를 확인할 수 있기 때문에 pivot_table( ) 함수보다는 crosstab( ) 함수를 사용한다는 것을 기억하자.

날짜시간 데이터 처리

CHAPTER

06

시계열 데이터란 일정 기간에 대해 시간의 함수로 표현되는 데이터를 의미하며 과거 일정 기간 동안의 연도별 매출액, 2시간 간격의 미세먼지 수치 등을 예로 들 수 있다. 데이터 분석의 세부 분야 중 주로 예측 분석에 사용하고 있다. 시계열 데이터를 자세히 다루기에는 범위가 너무 넓고 깊기 때문에 이 책에서는 판다스에서 사용하는 시계열 종류인 datetime과 관련하여 날짜와 시간에 관련된 기초 지식만 학습할 것이다.

6.1 날짜시간 데이터 타입

날짜시간 데이터란 인덱스가 날짜 혹은 시간으로 되어 있는 데이터를 말한다. 날짜시간 데이터를 다룰 때 기초적으로 알고 있어야 할 데이터 타입은 크게 두 가지다. 한 가지는 datetime이라는 라이브러리 내의 데이터 타입이고, 다른 한 가지는 판다스 내에서 활용되는 데이터 타입이다.

6.1.1 datetime 라이브러리 데이터 타입

파이썬의 표준 라이브러리에는 날짜와 시간 데이터 형식과 달력 관련 기능을 제공하는 데이터 타입이 존재한다. 처음에는 날짜와 마이크로초까지 지원하는 시간을 모두 저장하는 datetime 라이브러리를 학습하는 것이 좋다. datetime에서 알고 있어야 할 데이터 타입은 크게 다음 네 가지다.

- **date**: 날짜 저장. 달력상의 날짜인 연도, 월, 일 단위를 저장
- **time**: 시간 저장. 하루 동안의 시, 분, 초, 마이크로초 단위를 저장
- **datetime**: 날짜와 시간을 저장
- **timedelta**: 2개의 datetime 간의 차이(일, 초, 마이크로초)를 표현

앞으로 날짜시간 데이터 처리를 학습하면서 계속 만나게 될 데이터 타입들이니 꼭 알아두자.

datetime을 사용하려면 다음과 같이 임포트한다.

```
import datetime
```

이 라이브러리는 파이썬 소프트웨어 설치와 함께 번들로 제공되므로 따로 설치할 필요가 없다.

현재 날짜를 출력할 때는 today()를 사용한다.

```
datetime.date.today()
```

```
datetime.date(2022, 8, 19)
```

year, month, day로 연도, 월, 일 값을 추출할 수 있다.

```
today = datetime.date(2022, 8, 19)
today.year, today.month, today.day
```

```
(2022, 8, 19)
```

2개의 datetime 간의 차이를 나타내는 timedelta는 특정 날짜 2개를 마이너스해서 구할 수 있다.

```
delta = datetime.datetime(2022, 8, 19) - datetime.datetime(2011, 3, 20, 7, 12)
print(delta)
print(delta.days)
print(delta.seconds)
```

```
4169 days, 16:48:00
4169
60480
```

6.1.2 날짜시간 인덱스와 기간

판다스에서는 날짜시간 데이터 처리와 관련하여 Timestamp와 Period 데이터 타입의 개념을 필수적으로 알아야 한다. 타임스탬프는 값을 특정 시점과 연결하는 가장 기본적인 타입의 데이터다. 타임스탬프로 특정한 시점을 선택하여 접근할 수 있는데 이는 인덱스 역할을 하기 때문이다.

판다스의 Timestamp() 함수로 날짜시간을 생성할 수 있다.

```
dates = [pd.Timestamp("2021-12-01"),
         pd.Timestamp("2021-12-02"),
         pd.Timestamp("2021-12-03")]
ts = pd.Series(np.random.randn(3), dates)
ts.index
```

```
DatetimeIndex(['2021-12-01', '2021-12-02', '2021-12-03'], dtype='datetime64[ns]',
freq=None)
```

Timestamp()로 생성한 인덱스는 DatetimeIndex라고 나온다. 인덱싱하는 방식은 뒤에서 살펴본다.

이번에는 Period() 함수를 살펴보자. 기간이 표현하는 범위는 명시적으로 지정하거나 날짜시간 문자열 형식에서 유추할 수 있다. 판다스에서 Time Spans라는 용어로 불리기도 한다. 일간, 주간, 월간 등으로 만들 수 있다. 예를 들어 월간으로 만들어보자.

```
periods = [pd.Period("2021-12"), pd.Period("2021-01"), pd.Period("2022-02")]
ts = pd.Series(np.random.randn(3), periods)
ts.index
```

```
PeriodIndex(['2021-12', '2021-01', '2022-02'], dtype='period[M]', freq='M')
```

인덱스를 확인해보니 월간을 의미하는 period[M] 타입의 PeriodIndex로 잘 생성되었다.

판다스에서 날짜시간 데이터를 다룰 때는 이렇게 TimeStamp와 Period 데이터 타입을 기준으로 캡처하고 변환할 수 있다. 즉, 타임스탬프는 특정한 순간 혹은 시점이라고 이해하고, 기간은 언제부터 언제까지의 시간적인 범위라고 이해하면 좋을 듯하다. 이 책에서는 초보자에게 활용도가 높은 타임스탬프 위주로만 학습을 진행하겠다.

6.2 날짜시간 데이터 인덱스

날짜시간 데이터는 관측치가 시간적 순서를 가지는 시간의 흐름에 따른 관측된 데이터로서 인덱스가 시간 또는 날짜 형식인 데이터라고 언급했었다. 이 절에서는 인덱스와 관련한 몇 가지 주요 처리 방법을 학습하자.

6.2.1 문자열을 날짜시간 데이터 타입으로 변환하기

시간 또는 날짜 형식이 포함된 데이터를 열어서 데이터 타입을 확인해보니 object 또는 string 타입으로 나온다면 어떻게 해야 할까?

```
pd.Series(['May 20, 2021', '2022-03-10', '2022.06.01', '08/12/2022', None])
```

```
0      May 20, 2021
1        2022-03-10
2        2022.06.01
3        08/12/2022
4              None
dtype: object
```

시간을 표시하는 방식은 사람마다 또는 상황마다 다르기 때문에 다양한 형식의 문자 또는 object로 인식된다. 다양한 문자로 표기된 데이터를 datetime 타입으로 변환해야 할 때는 to_datetime() 함수를 사용한다.

```
pd.to_datetime(pd.Series(['May 20, 2021', '2022-03-10', '2022.06.01', '08/12/2022',
None]))
```

```
0   2021-05-20
1   2022-03-10
2   2022-06-01
3   2022-08-12
4          NaT
dtype: datetime64[ns]
```

시간 표기를 모두 다르게 입력했지만 모두 datetime 타입으로 변경되었다.

■ 시간 및 날짜 출력 순서 지정

시간과 날짜를 함께 표시하는 경우 시간이 앞에 있고 날짜 문자가 뒤에 있다면 날짜를 앞으로 보낼수 있도록 하는 dayfirst라는 매개변수가 있으니 이를 활용하자.

```
pd.to_datetime(['12:00 06-08-2022'], dayfirst=True)
```

```
DatetimeIndex(['2022-08-06 12:00:00'], dtype='datetime64[ns]', freq=None)
```

입력 데이터에 시간을 먼저 입력했지만 날짜가 앞으로 오도록 변경된 것을 알 수 있다.

■ 날짜 입력 형식 지정

때에 따라서 to_datetime() 함수가 변환 작업을 정상적으로 인지하지 못한다면 format을 따로 정확하게 지정해주는 것이 좋다.

```
pd.to_datetime('2022/03/12', format='%Y/%m/%d')
```

```
Timestamp('2022-03-12 00:00:00')
```

다음 예제는 월에 해당하는 문자가 locale의 약칭 형태로 쓰여진 형태라서 format에 %b라고 설정해주었다.

```
pd.to_datetime('25-Dec-2022 00:00', format='%d-%b-%Y %H:%M')
```

```
Timestamp('2022-12-25 00:00:00')
```

> **NOTE** 연도/월/일 시간/분/초 표기 이외의 형식은 다음 사이트에서 확인하길 바란다.
>
> https://docs.python.org/3/library/datetime.html#strftime-and-strptime-behavior

■ 분리된 날짜 요소를 합쳐서 datetime으로 변환

분리된 정수 또는 문자열 컬럼을 합쳐서 타임스탬프로 조합할 수도 있다.

```
date = pd.DataFrame(
    {"year": [2020, 2021, 2022, 2023, 2025], "month": [2, 3, 9 , 10, 11],
     "day": [3, 8, 12, 20, 28], "hour": [5, 3, 4, 3, 1]})
date
```

	year	month	day	hour
0	2020	2	3	5
1	2021	3	8	3
2	2022	9	12	4
3	2023	10	20	3
4	2025	11	28	1

다음은 year, month, day, hour 컬럼을 조합하여 일련의 시간 데이터를 생성한 값을 All 컬럼에 담는 예다.

```
date['All'] = pd.to_datetime(date[['year', 'month', 'day', 'hour']])
date
```

	year	month	day	hour	All
0	2020	2	3	5	2020-02-03 05:00:00
1	2021	3	8	3	2021-03-08 03:00:00
2	2022	9	12	4	2022-09-12 04:00:00
3	2023	10	20	3	2023-10-20 03:00:00
4	2025	11	28	1	2025-11-28 01:00:00

> **NOTE** 판다스 공식 사이트에 to_datetime() 함수를 적용할 때 필요한 다음과 같은 요소를 언급해 놓았으니 참고하길 바란다.
>
> - 필수 요소: year, month, day
> - 선택 요소: hour, minute, second, millisecond, microsecond, nanosecond

■ 변환 시 에러 상황

만약 변환 시 에러가 발생하면 매개변수 errors를 coerce로 지정하면 해당 데이터만 결측값으로 인지한 후 정상적으로 변환되니 참고하도록 하자.

```
pd.to_datetime(['2022/02/17', 'no time'], errors='coerce')
```

```
DatetimeIndex(['2022-02-17', 'NaT'], dtype='datetime64[ns]', freq=None)
```

6.2.2 날짜시간 인덱스 생성하기

주어진 데이터로만 DatetimeIndex를 만들 수 있는 것이 아니다. 원하는 형식의 datetime 인덱스를 생성하는 다양한 방법을 알아보자.

날짜시간 인덱스를 생성하는 가장 기본적인 방법은 DatetimeIndex() 함수를 활용하는 것이다.

```
dates = [datetime.datetime(2022, 7, 1),
         datetime.datetime(2022, 7, 2),
         datetime.datetime(2022, 7, 3)]

index = pd.DatetimeIndex(dates)
index
```

```
DatetimeIndex(['2022-07-01', '2022-07-02', '2022-07-03'], dtype='datetime64[ns]',
freq=None)
```

■ 시작일과 종료일을 지정해서 날짜시간 인덱스 생성하기

긴 날짜시간 인덱스를 생성하려면 date_range() 함수를 활용하는 것이 좋다. 먼저 start 변수에 시작 날짜, end 변수에 종료 날짜를 저장하고 date_range() 함수에 적용해서 인덱스를 생성해보자.

```
start = datetime.datetime(2022, 1, 1)
end = datetime.datetime(2023, 1, 1)

index = pd.date_range(start, end)
index
```

```
DatetimeIndex(['2022-01-01', '2022-01-02', '2022-01-03', '2022-01-04',
               '2022-01-05', '2022-01-06', '2022-01-07', '2022-01-08',
               '2022-01-09', '2022-01-10',
               ...
               '2022-12-23', '2022-12-24', '2022-12-25', '2022-12-26',
               '2022-12-27', '2022-12-28', '2022-12-29', '2022-12-30',
               '2022-12-31', '2023-01-01'],
              dtype='datetime64[ns]', length=366, freq='D')
```

총 366개의 일간 DatetimeIndex가 생성되었다. 기본적으로 날짜는 freq가 D인 일간으로 생성된다.

방금 생성된 DatetimeIndex는 일반적인 달력상의 날짜^{calendar day}였고 영업일 기준 날짜^{business day}가 필요한 경우도 있다. 이러한 경우에는 bdate_range() 함수를 활용한다.

```
index = pd.bdate_range(start, end)
index
```

```
DatetimeIndex(['2022-01-03', '2022-01-04', '2022-01-05', '2022-01-06',
               '2022-01-07', '2022-01-10', '2022-01-11', '2022-01-12',
               '2022-01-13', '2022-01-14',
               ...
               '2022-12-19', '2022-12-20', '2022-12-21', '2022-12-22',
               '2022-12-23', '2022-12-26', '2022-12-27', '2022-12-28',
               '2022-12-29', '2022-12-30'],
              dtype='datetime64[ns]', length=260, freq='B')
```

> **NOTE**   date_range() 함수를 활용할 때 freq를 'B'로 설정해도 비즈니스 데이 기준 날짜를 생성할 수 있으니 참고로 알아두자.
>
> ```
> pd.date_range(start, end, freq='B')
> ```

■ **원하는 기간과 빈도 형식으로 날짜시간 인덱스 생성하기**

시작 날짜를 기준으로 생성할 날짜의 기간과 빈도 형식을 지정해서 DatetimeIndex를 생성해보자. 각각 매개변수 periods와 freq를 활용하면 된다.

다음은 시작 날짜를 기준으로 월 단위의 200개 DatetimeIndex를 생성한 예다.

```
pd.date_range(start, periods=200, freq='M')
```

```
DatetimeIndex(['2022-01-31', '2022-02-28', '2022-03-31', '2022-04-30',
               '2022-05-31', '2022-06-30', '2022-07-31', '2022-08-31',
               '2022-09-30', '2022-10-31',
               ...
               '2037-11-30', '2037-12-31', '2038-01-31', '2038-02-28',
               '2038-03-31', '2038-04-30', '2038-05-31', '2038-06-30',
               '2038-07-31', '2038-08-31'],
              dtype='datetime64[ns]', length=200, freq='M')
```

만약 1개월 간격이 아니라 2개월 간격으로 하고 싶다면 'M' 대신 '2M'으로 설정하면 된다.

이번에는 시작 영업일 기준 BQS[business quarter start] 빈도를 가진 300개의 날짜시간 인덱스를 생성해보자. BQS는 회계연도상 분기별 첫 날짜로 생각하면 된다.

```
pd.bdate_range(start, periods=300, freq='BQS')
```

```
DatetimeIndex(['2022-01-03', '2022-04-01', '2022-07-01', '2022-10-03',
               '2023-01-02', '2023-04-03', '2023-07-03', '2023-10-02',
               '2024-01-01', '2024-04-01',
               ...
               '2094-07-01', '2094-10-01', '2095-01-03', '2095-04-01',
               '2095-07-01', '2095-10-03', '2096-01-02', '2096-04-02',
               '2096-07-02', '2096-10-01'],
              dtype='datetime64[ns]', length=300, freq='BQS-JAN')
```

빈도 속성에 시간 타입을 입력하면 어떻게 될까? 6시간 단위로 입력하여 결과를 확인해보자.

```
pd.date_range(start, periods=10, freq='6H')
```

```
DatetimeIndex(['2022-01-01 00:00:00', '2022-01-01 06:00:00',
               '2022-01-01 12:00:00', '2022-01-01 18:00:00',
               '2022-01-02 00:00:00', '2022-01-02 06:00:00',
               '2022-01-02 12:00:00', '2022-01-02 18:00:00',
               '2022-01-03 00:00:00', '2022-01-03 06:00:00'],
              dtype='datetime64[ns]', freq='6H')
```

하루 24시간을 6시간으로 나누니 일별 총 4개의 인덱스가 생겼다.

이 외에 date_range()와 bdate_range() 함수를 활용하여 날짜 데이터를 생성할 때 freq 매개변수에 입력 가능한 주요 별칭을 표로 정리했으니 참고하자.

▶ DatetimeIndex 관련한 빈도 높은 freq 전달 오프셋 목록

함수	설명
B	영업일 빈도
D	달력상 일간 빈도
W	주간 빈도
M	월간 빈도
BM	영업 월 종료일 빈도
Q	분기 종료일 빈도
BQ	사업 분기 종료일 빈도
A, Y	연말 빈도
BA, BY	사업상 연말 빈도
BH	업무 시간 빈도
H	매시간 빈도
T, min	분당 빈도
S	초당 빈도

NOTE   freq 매개변수에 입력 가능한 모든 오프셋 목록은 다음 주소에서 확인할 수 있다.

https://pandas.pydata.org/docs/user_guide/timeseries.html#timeseries-offset-aliases

6.2.3 날짜시간 데이터 인덱싱하기

날짜시간 인덱스의 인덱싱을 통해 원하는 시점 또는 기간에 접근할 수 있다. 이전에 학습한 데이터프레임 인덱싱 기법과 크게 다르지 않다. 그러나 타임시리즈 인덱싱만의 특징도 있으니 예제를 통해 알아보자.

먼저 다음과 같이 날짜 인덱스를 생성한다.

```
date = pd.date_range(start, end, freq='BM')
time_series = pd.Series(np.random.randn(len(date)), index=date)
time_series.index
```

```
DatetimeIndex(['2022-01-31', '2022-02-28', '2022-03-31', '2022-04-29',
               '2022-05-31', '2022-06-30', '2022-07-29', '2022-08-31',
               '2022-09-30', '2022-10-31', '2022-11-30', '2022-12-30'],
              dtype='datetime64[ns]', freq='BM')
```

첫 번째부터 다섯 번째까지의 인덱스만 선택해보자.

```
time_series[:5].index
```

```
DatetimeIndex(['2022-01-31', '2022-02-28', '2022-03-31', '2022-04-29',
               '2022-05-31'],
              dtype='datetime64[ns]', freq='BM')
```

다음과 같이 콜론 기호를 2번 연속 사용하고 숫자를 입력하면 그만큼 인덱스를 건너뛰기 때문에 2개월 간격의 인덱스를 얻게 된다.

```
time_series[::2].index
```

```
DatetimeIndex(['2022-01-31', '2022-03-31', '2022-05-31', '2022-07-29',
               '2022-09-30', '2022-11-30'],
              dtype='datetime64[ns]', freq='2BM')
```

이제 본격적으로 원하는 시간 범위 및 순간을 슬라이싱하고 선택해보자. 데이터 분석 시 특정 시기의 데이터만 추출하거나 일 년 중 한 계절의 데이터만 추출해서 분석할 수도 있는데 이 경우 정확한 시간의 데이터를 추출하는 것이 핵심이다. 판다스에서 날짜시간 인덱스를 문자열로 슬라이싱할 수 있는데 이 방법 위주로 학습하자.

먼저 시작일과 종료일을 지정하여 시간 간격으로 구성된 타임시리즈를 생성한다.

```
start = datetime.datetime(2022, 1, 1)
end = datetime.datetime(2023, 1, 1)
date = pd.date_range(start, end, freq='T')
time_series = pd.Series(np.random.randn(len(date)), index=date)
time_series
```

```
2022-01-01 00:00:00     0.391578
2022-01-01 00:01:00    -0.031451
2022-01-01 00:02:00    -0.268395
2022-01-01 00:03:00     0.772123
2022-01-01 00:04:00     0.110434
                          ...
2022-12-31 23:56:00    -0.278811
2022-12-31 23:57:00     0.638450
2022-12-31 23:58:00     1.494796
2022-12-31 23:59:00    -0.217710
2023-01-01 00:00:00    -0.999551
Freq: T, Length: 525601, dtype: float64
```

2022년 1월 1일부터 2023 1월 1일 전까지의 타임시리즈가 1분 간격으로 생성되었다.

■ 특정 날짜(일자)와 범위 선택하여 인덱싱하기

time_series 데이터 중 2022년 3월 1일의 인덱스만 선택해보자. 다음과 같이 문자열 '3/1/2022'를
입력하면 된다.

```
time_series['3/1/2022']
```

```
2022-03-01 00:00:00    -1.849258
2022-03-01 00:01:00     1.808289
2022-03-01 00:02:00     0.478425
2022-03-01 00:03:00     0.329200
2022-03-01 00:04:00     2.446772
                          ...
2022-03-01 23:55:00    -0.009871
2022-03-01 23:56:00    -1.075832
2022-03-01 23:57:00     2.672208
2022-03-01 23:58:00     1.416535
2022-03-01 23:59:00    -1.687350
Freq: T, Length: 1440, dtype: float64
```

문자열 입력 부분에 '2022.03.01'처럼 날짜를 나타내는 다른 형식도 가능하다. 또한 loc을 사용할 수도 있다. 결과는 같으니 생략한다.

```
time_series.loc['2022.03.01.']
```

이번에는 시작일과 종료일을 지정해서 선택해보자. 날짜와 날짜 사이에 콜론(:) 기호를 사용하면 된다. 2022년 5월 10일부터 15일까지의 인덱스를 선택해보자.

```
time_series['5/10/2022':'5/15/2022']
```

```
2022-05-10 00:00:00    -0.248260
2022-05-10 00:01:00     0.605142
2022-05-10 00:02:00     0.482508
2022-05-10 00:03:00    -1.181855
2022-05-10 00:04:00    -1.058664
                          ...
2022-05-15 23:55:00     0.303135
2022-05-15 23:56:00    -2.158530
2022-05-15 23:57:00    -0.988287
2022-05-15 23:58:00    -1.023854
2022-05-15 23:59:00    -0.078979
Freq: T, Length: 8640, dtype: float64
```

■ 특정 월과 범위 선택하여 인덱싱하기

특정 월에 해당하는 데이터를 선택해보자. 일자를 생략하면 되는데 다음은 2022년 10월의 데이터만 선택하는 예다.

```
time_series['2022-10']
```

```
2022-10-01 00:00:00    -1.418122
2022-10-01 00:01:00    -0.453009
2022-10-01 00:02:00    -0.178071
2022-10-01 00:03:00     1.496351
2022-10-01 00:04:00     1.170596
                          ...
2022-10-31 23:55:00     0.009959
```

```
2022-10-31 23:56:00    -0.450187
2022-10-31 23:57:00     0.649978
2022-10-31 23:58:00     0.171329
2022-10-31 23:59:00    -0.644971
Freq: T, Length: 44640, dtype: float64
```

여기에서 5분 간격으로 데이터를 선택하고 싶다면 [::5]를 사용한다.

```
time_series['10/2022'][::5]
```

```
2022-10-01 00:00:00    -1.418122
2022-10-01 00:05:00     0.475709
2022-10-01 00:10:00    -0.159731
2022-10-01 00:15:00     0.268957
2022-10-01 00:20:00    -0.788575
                          ...
2022-10-31 23:35:00     0.332339
2022-10-31 23:40:00     1.757764
2022-10-31 23:45:00     1.386354
2022-10-31 23:50:00     1.254967
2022-10-31 23:55:00     0.009959
Freq: 5T, Length: 8928, dtype: float64
```

월 단위로 데이터를 선택할 때도 마찬가지로 콜론(:)을 활용한다. 다음은 2022년 1월부터 3월까지 선택하는 예다.

```
time_series['2022-1':'2022-3']
```

```
2022-01-01 00:00:00     0.391578
2022-01-01 00:01:00    -0.031451
2022-01-01 00:02:00    -0.268395
2022-01-01 00:03:00     0.772123
2022-01-01 00:04:00     0.110434
                          ...
2022-03-31 23:55:00    -1.000842
2022-03-31 23:56:00    -0.904087
2022-03-31 23:57:00     0.695385
2022-03-31 23:58:00     0.969441
2022-03-31 23:59:00     0.329710
Freq: T, Length: 129600, dtype: float64
```

■ 특정 시간과 범위 선택하여 인덱싱하기

이제 더 세밀하게 시간 단위로 접근해보자. 날짜와 마찬가지로 시간도 문자열로 입력한다. 2022년 1월 18일 10시 20분의 데이터에 접근해보자.

```
time_series['2022-1-18 10:20:00']
```

```
-0.3944044797088744
```

방금 접근한 시간에서 3월 21일 12시 30분까지에 해당하는 데이터를 선택하려면 다음과 같이 한다.

```
time_series['2022-1-18 10:20:00':'2022-3-21 12:30:00']
```

```
2022-01-18 10:20:00    -0.702562
2022-01-18 10:21:00     0.348546
2022-01-18 10:22:00     0.566964
2022-01-18 10:23:00     0.482256
2022-01-18 10:24:00     0.326318
                          ...
2022-03-21 12:26:00     1.144959
2022-03-21 12:27:00     0.919157
2022-03-21 12:28:00    -1.980349
2022-03-21 12:29:00     0.970629
2022-03-21 12:30:00     0.117715
Freq: T, Length: 89411, dtype: float64
```

■ 좀 더 정확한 datetime 인덱싱 방법

지금까지 월, 일, 시간 단위의 데이터를 문자열로 인덱싱하는 방법을 학습했다. 그러나 판다스 공식 문서에 따르면 문자열로 인덱싱하는 방법은 기간의 정확도, 즉 인덱스의 해상도와 관련하여 간격이 얼마나 구체적인지에 100% 정확하지 않을 수도 있다고 한다. 그렇다고 문자열로 인덱싱하는 방법이 정확하지 않다는 말은 아니다.

100%에 근사한 데이터를 추출하려면 다음과 같이 datetime.datetime을 사용하여 인덱싱하는 것이 좋다.

```
time_series[datetime.datetime(2022, 1, 1) :
            datetime.datetime(2022, 2, 28)]
```

```
2022-01-01 00:00:00     0.391578
2022-01-01 00:01:00    -0.031451
2022-01-01 00:02:00    -0.268395
2022-01-01 00:03:00     0.772123
2022-01-01 00:04:00     0.110434
                          ...
2022-02-27 23:56:00    -1.393437
2022-02-27 23:57:00    -0.749410
2022-02-27 23:58:00    -0.621709
2022-02-27 23:59:00    -0.932261
2022-02-28 00:00:00    -0.949698
Freq: T, Length: 83521, dtype: float64
```

날짜와 시간을 함께 사용할 때는 콤마(,)로 구분하여 입력한다.

```
time_series[datetime.datetime(2022, 1, 1, 10, 12, 0) :
            datetime.datetime(2022, 2, 28, 10, 12, 0)]
```

```
2022-01-01 10:12:00    -0.660465
2022-01-01 10:13:00    -0.223361
2022-01-01 10:14:00     0.947397
2022-01-01 10:15:00     1.656524
2022-01-01 10:16:00     1.047178
                          ...
2022-02-28 10:08:00     0.085318
2022-02-28 10:09:00     2.671476
2022-02-28 10:10:00     0.170682
2022-02-28 10:11:00     1.800052
2022-02-28 10:12:00     1.442864
Freq: T, Length: 83521, dtype: float64
```

■ 날짜의 전/후 지정하여 인덱싱하기

지금까지는 문자열로 일치하는 날짜 또는 범위를 인덱싱했다. 그런데 조금 더 재미있게 할 수 있는
인덱싱 기법이 있어서 소개하겠다. 예제를 위해 다음과 같은 시계열을 만든다.

```
date_range = pd.date_range('2022-01-01', '2023-01-01', freq='W')
time_series_2 = pd.Series(np.random.randn(len(date_range)), index=date_range)
```

우선 사용할 truncate() 함수는 타임시리즈를 입력한 날짜 기준으로 분리한다. 방금 만들었던 시계열 데이터에서 2022년 11월 이후에 해당하는 데이터만 선택해보자.

```
time_series_2.truncate(before='2022-11')
```

```
2022-11-06   -1.423014
2022-11-13    0.045216
2022-11-20   -1.401863
2022-11-27    0.510952
2022-12-04    0.154067
2022-12-11    0.503743
2022-12-18   -1.011383
2022-12-25   -1.457005
2023-01-01    1.059140
Freq: W-SUN, dtype: float64
```

truncate() 함수의 before와 after 속성을 활용해서 날짜의 전과 후를 지정하여 그 사이에 포함되어 있는 날짜 인덱스를 추출할 수 있다.

```
time_series_2.truncate(before='2022-11', after='2022-12')
```

```
2022-11-06   -1.423014
2022-11-13    0.045216
2022-11-20   -1.401863
2022-11-27    0.510952
Freq: W-SUN, dtype: float64
```

6.3 Time/Date 컴포넌트

초보자의 경우 주어진 데이터에서 날짜 또는 시간값을 추출하거나 특정 DatetimeIndex에 접근할 수 있는 Time/Date 컴포넌트 활용 빈도가 높을 것이다.

이 절에서는 데이터에서 날짜와 시간값을 추출하는 방법과 샘플 데이터를 활용해서 날짜와 시간값을 추출하는 실습을 하겠다.

6.3.1 날짜(연도, 월, 일)값 추출하기

먼저 제공된 datasets 폴더 내의 UCI에서 제작한 air quality 파일을 로드하자.

```
data_air = pd.read_excel('../datasets/AirQualityUCI.xlsx')
data_air.head()
```

	Date	Time	CO(GT)	PT08.S1(CO)	NMHC(GT)	C6H6(GT)	PT08.S2(NMHC)	NOx(GT)	PT08.S3(NOx)	NO2(GT)	PT08.S4(NO2)	PT08.S5(O3)	T
0	2004-03-10	18:00:00	2.6	1360.00	150	11.881723	1045.50	166.0	1056.25	113.0	1692.00	1267.50	13.60	4
1	2004-03-10	19:00:00	2.0	1292.25	112	9.397165	954.75	103.0	1173.75	92.0	1558.75	972.25	13.30	4
2	2004-03-10	20:00:00	2.2	1402.00	88	8.997817	939.25	131.0	1140.00	114.0	1554.50	1074.00	11.90	5
3	2004-03-10	21:00:00	2.2	1375.50	80	9.228796	948.25	172.0	1092.00	122.0	1583.75	1203.25	11.00	6
4	2004-03-10	22:00:00	1.6	1272.25	51	6.518224	835.50	131.0	1205.00	116.0	1490.00	1110.00	11.15	5

데이터셋을 확인하면 많은 변수가 있지만 0. Date(DD/MM/YYYY), 1. Time(HH.MM.SS), 12. Temperature(℃), 13. Relative Humidity(%), 14. AH Absolute Humidity 이렇게 5개의 컬럼만 사용하겠다.

```
data_air = data_air[['Date', 'Time', 'T', 'RH', 'AH']]
data_air.head()
```

	Date	Time	T	RH	AH
0	2004-03-10	18:00:00	13.60	48.875001	0.757754
1	2004-03-10	19:00:00	13.30	47.700000	0.725487
2	2004-03-10	20:00:00	11.90	53.975000	0.750239
3	2004-03-10	21:00:00	11.00	60.000000	0.786713
4	2004-03-10	22:00:00	11.15	59.575001	0.788794

date 값을 추출할 대상 컬럼인 Date 컬럼의 데이터 타입을 확인해본다.

```
data_air['Date'].dtype
```

```
dtype('<M8[ns]')
```

판다스가 datetime 타입으로 잘 인식하여 로드했다.

■ 연도 값 추출하기

Date 컬럼은 연도-월-일 값으로 구성되어 있다. 먼저 연도 값을 추출해보자. 판다스 dt 컴포넌트의 year를 사용하면 된다.

```
data_air['Date'].dt.year
```

```
0       2004
1       2004
2       2004
3       2004
4       2004
        ...
9352    2005
9353    2005
9354    2005
9355    2005
9356    2005
Name: Date, Length: 9357, dtype: int64
```

연도 값만 잘 추출되며 넘파이의 int64 타입으로 저장된다. 데이터프레임에 year라는 이름의 컬럼을 생성하여 연도를 담아주자.

```
data_air['year'] = data_air['Date'].dt.year
```

■ 월 값 추출하기

이번에는 월에 해당하는 값만 추출해보자. 판다스 dt 컴포넌트의 month를 사용할 것이다.

```
data_air['Date'].dt.month
```

```
0        3
1        3
2        3
3        3
4        3
        ..
9352     4
9353     4
9354     4
9355     4
9356     4
Name: Date, Length: 9357, dtype: int64
```

데이터프레임에 month라는 이름의 컬럼을 생성하여 월 값을 담아주자.

```
data_air['month'] = data_air['Date'].dt.month
```

■ 일 속성 추출하기

일에 해당하는 값만 추출해보자. 판다스 dt 컴포넌트의 day를 활용한다.

```
data_air['Date'].dt.day
```

```
0        10
1        10
2        10
3        10
4        10
        ..
9352      4
9353      4
9354      4
9355      4
9356      4
Name: Date, Length: 9357, dtype: int64
```

day 컬럼도 생성하여 일에 해당하는 값을 담아주자.

```
data_air['day'] = data_air['Date'].dt.day
```

이렇게 year, month, day 3개의 값이 담긴 컬럼을 생성했는데 데이터프레임을 출력해서 확인해보자.

```
data_air.head()
```

	Date	Time	T	RH	AH	year	month	day
0	2004-03-10	18:00:00	13.60	48.875001	0.757754	2004	3	10
1	2004-03-10	19:00:00	13.30	47.700000	0.725487	2004	3	10
2	2004-03-10	20:00:00	11.90	53.975000	0.750239	2004	3	10
3	2004-03-10	21:00:00	11.00	60.000000	0.786713	2004	3	10
4	2004-03-10	22:00:00	11.15	59.575001	0.788794	2004	3	10

데이터프레임의 끝부분도 확인해본다.

```
data_air.tail()
```

	Date	Time	T	RH	AH	year	month	day
9352	2005-04-04	10:00:00	21.850	29.250	0.756824	2005	4	4
9353	2005-04-04	11:00:00	24.325	23.725	0.711864	2005	4	4
9354	2005-04-04	12:00:00	26.900	18.350	0.640649	2005	4	4
9355	2005-04-04	13:00:00	28.325	13.550	0.513866	2005	4	4
9356	2005-04-04	14:00:00	28.500	13.125	0.502804	2005	4	4

Date 컬럼의 값으로 year, month, day 컬럼을 잘 생성했다. 이렇게 컬럼을 생성하면 연도별, 월별, 일별 등의 그룹별 집계와 연산이 가능해진다.

■ ISO 연도의 연도, 주, 일 구성 요소 얻기

유용한 함수를 하나 더 소개하겠다. isocalendar() 함수인데, ISO 캘린더 기반의 연도, 주, 일의 3개 값을 한 번에 추출한다. 연도는 dt 컴포넌트의 year를 활용한 것과 같고, 주 수치는 일 년 중 몇 주 차 인지 의미하고, 일 수치는 해당 요일이 일주일 중 몇 번째인지 의미한다.

```
data_air['Date'].dt.isocalendar()
```

	year	week	day
0	2004	11	3
1	2004	11	3
2	2004	11	3
3	2004	11	3
4	2004	11	3
...	...	...	...
9352	2005	14	1
9353	2005	14	1
9354	2005	14	1
9355	2005	14	1
9356	2005	14	1

9357 rows × 3 columns

year 컬럼은 판다스 dt 컴포넌트의 year를 활용한 값과 같고, week 컬럼은 dt 컴포넌트의 week를 활용한 값과 같다. 그러나 day 컬럼은 dt 컴포넌트의 weekday를 활용한 값과는 같지 않다. 월요일 을 0으로 시작하여 순서대로 일요일까지 6으로 부여되지만 iso 캘린더 기반은 숫자가 다르게 부여되 기 때문이다.

dt 컴포넌트의 weekday를 활용한 결과를 isocalendar() 함수를 활용한 결과와 한 데이터프레임 에 넣어 비교해보자.

```
data_air['weekday'] = data_air['Date'].dt.weekday
data_air[['iso_year', 'iso_week', 'iso_day']] = data_air['Date'].dt.isocalendar()
data_air.head()
```

	Date	Time	T	RH	AH	year	month	day	weekday	iso_year	iso_week	iso_day
0	2004-03-10	18:00:00	13.60	48.875001	0.757754	2004	3	10	2	2004	11	3
1	2004-03-10	19:00:00	13.30	47.700000	0.725487	2004	3	10	2	2004	11	3
2	2004-03-10	20:00:00	11.90	53.975000	0.750239	2004	3	10	2	2004	11	3
3	2004-03-10	21:00:00	11.00	60.000000	0.786713	2004	3	10	2	2004	11	3
4	2004-03-10	22:00:00	11.15	59.575001	0.788794	2004	3	10	2	2004	11	3

0행의 경우 weekday를 활용하면 수요일이 2로 출력되는데 isocalendar() 함수는 수요일이 3으로 출력된다.

```
data_air['iso_day'].value_counts()
```

```
4    1344
5    1344
6    1344
7    1344
1    1335
3    1326
2    1320
Name: iso_day, dtype: Int64
```

value_counts() 함수를 활용해보면 고윳값이 0 없이 1에서 7까지로 구성된 것을 확인할 수 있다. 어떤 함수를 활용하느냐에 따라 결과와 의미가 달라지기 때문에 반드시 판다스 공식 사이트에서 각 함수에 관한 정보를 확인한 후 분석에 활용하고 결과를 해석하는 습관을 가지는 것이 좋다.

6.3.2 시간값 추출하기

이번에는 시간값을 추출하는 방법을 알아보자. 예제에서 활용할 데이터는 air quality다.

그러나 이번에는 로드하는 방법이 살짝 다르다. read_csv() 함수의 매개변수 sep에 세미콜론(;) 구분자를 사용해야 한다. 날짜 표시 문자가 있는 Date 컬럼이 판다스 임포트 시 자동으로 datetime으로 인식되는 것을 앞서 확인했는데, 이런 상태로 Date 컬럼을 string 타입으로 강제 변경하면 문자 데이터 오른쪽에 00:00:00이 자동으로 생성되기 때문이다. 문자 그대로 불러오려면 sep에서 구분자를 지정해야 한다.

```
data_air = pd.read_csv('../datasets/AirQualityUCI.csv', sep = ';')
data_air = data_air[['Date', 'Time', 'T', 'RH', 'AH']]
```

기본적으로 날짜값 없이 시간값만 따로 datetime 형식으로 변환할 수는 없다. 시간값만 저장되어 있는 Time 컬럼은 Date 컬럼과 다르게 단독으로 datetime 형식으로 변경되지 않는다.

그렇다면 이러한 이슈에 대한 해결 방법은 무엇일까? 바로 Date와 Time 컬럼을 합친 상태에서 datetime으로 변경하는 것이다.

데이터프레임의 모든 컬럼의 데이터 타입을 확인해보자.

```
data_air.dtypes
```

```
Date     object
Time     object
T        object
RH       object
AH       object
dtype: object
```

원하는 대로 문자 타입으로 잘 로드되었다. 그런데 온도와 습도의 수치를 의미하는 T, RH, AH 컬럼은 숫자 타입이어야 하므로 데이터 타입을 실수형 데이터 타입으로 변경해준다.

```
data_air[['T', 'RH', 'AH']].astype(float)
```

```
ValueError: could not convert string to float: '13,6'
```

그런데 value 에러가 발생했다. 앞으로 데이터 분석을 하다 보면 굉장히 다양한 에러 메시지를 만나게 될 텐데 겁내지 말고 에러 메시지를 잘 읽고 구글에 검색해보면 분명히 해답은 찾을 수 있다.

지금 발생한 에러는 값에 쉼표(,)가 있어서 숫자 타입으로 바꿀 수 없다는 것이다.

```
data_air.head()
```

	Date	Time	T	RH	AH
0	10/03/2004	18.00.00	13,6	48,9	0,7578
1	10/03/2004	19.00.00	13,3	47,7	0,7255
2	10/03/2004	20.00.00	11,9	54,0	0,7502
3	10/03/2004	21.00.00	11,0	60,0	0,7867
4	10/03/2004	22.00.00	11,2	59,6	0,7888

데이터프레임을 유심히 확인해보면 점(.)이 아닌 쉼표(,)로 되어 있는 것을 확인할 수 있다. 아마 로드 시 구분자를 활용하면서 변경된 듯하다. 이러한 경우에는 앞서 데이터 정제 부분에서 학습했던 replace() 함수로 문자를 교체하면 된다. 교체하면서 데이터 타입도 동시에 변경해주자.

```
data_air['T'] = data_air['T'].str.replace(',', '.').astype(float)
data_air['RH'] = data_air['RH'].str.replace(',', '.').astype(float)
data_air['AH'] = data_air['AH'].str.replace(',', '.').astype(float)

data_air.dtypes
```

```
ate      object
Time      object
T       float64
RH      float64
AH      float64
dtype: object
```

데이터 타입을 다시 확인하니 실수 타입으로 잘 변경되었다. 이제 최종 목표인 Date 컬럼과 Time 컬럼을 합쳐줄 차례다.

2개 컬럼은 '+' 기호로 결합할 수 있으니 Date와 Time 컬럼을 결합하여 Date_Time 컬럼에 담는다.

```
data_air['Date_Time'] = data_air['Date'] + ' ' + data_air['Time']
data_air.head()
```

	Date	Time	T	RH	AH	Date_Time
0	10/03/2004	18.00.00	13,6	48,9	0,7578	10/03/2004 18.00.00
1	10/03/2004	19.00.00	13,3	47,7	0,7255	10/03/2004 19.00.00
2	10/03/2004	20.00.00	11,9	54,0	0,7502	10/03/2004 20.00.00
3	10/03/2004	21.00.00	11,0	60,0	0,7867	10/03/2004 21.00.00
4	10/03/2004	22.00.00	11,2	59,6	0,7888	10/03/2004 22.00.00

Date_Time 컬럼에 날짜와 시간이 함께 잘 합쳐졌다. Date_Time 컬럼을 datetime 형식으로 변경해보자. 날짜와 시간 표시 문자가 동일했다면 to_datetime() 함수로 간단하게 변경될 것이다. 그러나 날짜는 슬래시(/)로 연결되어 있고, 시간은 점(.)으로 연결되어 있기 때문에 매개변수 format에 이 스타일 그대로 입력해주어야 변경 작업이 수행된다.

```
data_air = data_air.dropna()
pd.to_datetime(data_air['Date_Time'], format='%d/%m/%Y %H.%M.%S')
```

```
0       2004-03-10 18:00:00
1       2004-03-10 19:00:00
2       2004-03-10 20:00:00
3       2004-03-10 21:00:00
4       2004-03-10 22:00:00
                ...
9352    2005-04-04 10:00:00
9353    2005-04-04 11:00:00
9354    2005-04-04 12:00:00
9355    2005-04-04 13:00:00
9356    2005-04-04 14:00:00
Name: Date_Time, Length: 9357, dtype: datetime64[ns]
```

날짜 데이터가 중간 중간 빠진 곳이 있어서 datetime 타입으로 변경하기 전에 결측값을 미리 삭제해주었다. 타입 변경이 잘되는 것을 확인했으니 Date_Time 컬럼에 저장한다.

```
data_air['Date_Time'] = pd.to_datetime(data_air['Date_Time'], format='%d/%m/%Y
%H.%M.%S')
data_air.head()
```

	Date	Time	T	RH	AH	Date_Time
0	10/03/2004	18.00.00	13.6	48.9	0.7578	2004-03-10 18:00:00
1	10/03/2004	19.00.00	13.3	47.7	0.7255	2004-03-10 19:00:00
2	10/03/2004	20.00.00	11.9	54.0	0.7502	2004-03-10 20:00:00
3	10/03/2004	21.00.00	11.0	60.0	0.7867	2004-03-10 21:00:00
4	10/03/2004	22.00.00	11.2	59.6	0.7888	2004-03-10 22:00:00

■ 시간 속성 추출

드디어 datetime 형식의 데이터가 담긴 컬럼을 생성했다. 이제야 본연의 목표였던 시간값을 추출할
수 있는 준비가 되었다. 시간값은 dt 컴포넌트의 hour를 사용한다.

```
data_air['Date_Time'].dt.hour
```

```
0       18
1       19
2       20
3       21
4       22
        ..
9352    10
9353    11
9354    12
9355    13
9356    14
Name: Date_Time, Length: 9357, dtype: int64
```

이 시간값도 hour 컬럼에 생성해주자.

```
data_air['hour'] = data_air['Date_Time'].dt.hour
data_air.head()
```

	Date	Time	T	RH	AH	Date_Time	hour
0	10/03/2004	18.00.00	13.6	48.9	0.7578	2004-03-10 18:00:00	18
1	10/03/2004	19.00.00	13.3	47.7	0.7255	2004-03-10 19:00:00	19
2	10/03/2004	20.00.00	11.9	54.0	0.7502	2004-03-10 20:00:00	20
3	10/03/2004	21.00.00	11.0	60.0	0.7867	2004-03-10 21:00:00	21
4	10/03/2004	22.00.00	11.2	59.6	0.7888	2004-03-10 22:00:00	22

이 데이터는 측정 단위가 시간으로 되어 있어서 분과 초 데이터는 모두 0으로 나오기 때문에 의미가 없어서 진행하진 않겠다. 분 값은 dt 컴포넌트의 minute, 초 값은 second를 활용하면 추출할 수 있으니 참고하도록 하자.

이 밖에도 추출할 수 있는 속성이 훨씬 많은데 다음 사이트를 참고하기 바란다.

```
https://pandas.pydata.org/docs/user_guide/timeseries.html#time-date-components
```

6.3.3 날짜/시간 속성 활용 예제

Time/Date 컴포넌트를 활용하여 날짜와 시간값을 추출하는 방법을 학습했다. 그런데 이렇게 추출한 값은 어떻게 활용할 수 있을까? 앞서 학습한 함수를 함께 활용하면 충분히 데이터 분석을 할 수 있다.

시간을 비롯하여 연도, 월, 일, 요일 등의 값을 추출해서 하나의 데이터프레임에 담는다.

```
data_air['year'] = data_air['Date_Time'].dt.year
data_air['month'] = data_air['Date_Time'].dt.month
data_air['day'] = data_air['Date_Time'].dt.day
data_air['weekday'] = data_air['Date_Time'].dt.weekday
data_air.head()
```

	Date	Time	T	RH	AH	Date_Time	hour	year	month	day	weekday
0	10/03/2004	18.00.00	13.6	48.9	0.7578	2004-03-10 18:00:00	18	2004	3	10	2
1	10/03/2004	19.00.00	13.3	47.7	0.7255	2004-03-10 19:00:00	19	2004	3	10	2
2	10/03/2004	20.00.00	11.9	54.0	0.7502	2004-03-10 20:00:00	20	2004	3	10	2
3	10/03/2004	21.00.00	11.0	60.0	0.7867	2004-03-10 21:00:00	21	2004	3	10	2
4	10/03/2004	22.00.00	11.2	59.6	0.7888	2004-03-10 22:00:00	22	2004	3	10	2

hour, year, month, day, weekday 컬럼은 숫자라서 숫자 데이터라고 생각하기 쉽다. 그러나 각 컬럼이 의미하는 고유 특성을 생각해보면 숫자로서는 의미가 없고 단순히 구분하기 위해 존재하는 범주형이다. 예를 들어 month 컬럼의 3월과 7월을 비교할 때 숫자가 큰 7월이 더 가치가 높은 것은 아니지 않은가?

hour 컬럼을 살펴보면 총 24개의 고윳값이 있다. 한 컬럼에 이렇게 많은 카테고리가 있으면 실험을 하기도 힘들고 결과에 대한 의미를 해석하기도 힘들다. 그래서 24시간을 4개 범주로 구분하는 것이 좀 더 좋을 것 같은데 이를 cut 함수로 실행해보자. hour_4cut이라는 컬럼을 생성하여 새벽 시간대는 night, 오전 시간대는 morning, 오후 시간대는 afternoon, 저녁 시간대는 evening으로 분류해보자.

이 데이터는 특성상 시간 데이터가 모두 동일한 비중이기 때문에 간편하게 4개로 분리할 수 있다.

```
data_air['hour_4cut'] = pd.cut(data_air['hour'], 4, labels=['night', 'morning',
'afternoon', 'evening'])
data_air.head()
```

	Date	Time	T	RH	AH	Date_Time	hour	year	month	day	weekday	hour_4cut
0	10/03/2004	18.00.00	13.6	48.9	0.7578	2004-03-10 18:00:00	18	2004	3	10	2	evening
1	10/03/2004	19.00.00	13.3	47.7	0.7255	2004-03-10 19:00:00	19	2004	3	10	2	evening
2	10/03/2004	20.00.00	11.9	54.0	0.7502	2004-03-10 20:00:00	20	2004	3	10	2	evening
3	10/03/2004	21.00.00	11.0	60.0	0.7867	2004-03-10 21:00:00	21	2004	3	10	2	evening
4	10/03/2004	22.00.00	11.2	59.6	0.7888	2004-03-10 22:00:00	22	2004	3	10	2	evening

시간을 4개 범주로 분리했으니 이를 활용한 데이터 집계를 해보자.

5장에서 groupby() 함수를 활용한 데이터 집계를 배운 바 있다. 2개 컬럼을 기준으로 데이터를 그루핑하자.

■ 요일과 시간대를 기준으로 평균과 표준편차 계산하기

groupby() 함수로 요일과 4개 시간대를 기준으로 그루핑하여 air_byhour_4cut 변수에 담는다.

```
air_byhour_4cut = data_air.groupby(['weekday', 'hour_4cut'])
```

air_byhour_4cut 데이터에 agg() 함수를 활용하여 평균과 표준편차를 계산하자.

```
air_byhour_4cut.agg(['mean', 'std'])[['T', 'RH', 'AH']].head(16)
```

weekday	hour_4cut	T mean	T std	RH mean	RH std	AH mean	AH std
0	night	8.560417	37.149948	49.328274	45.671654	-4.969336	34.211403
	morning	12.946726	29.775933	46.394940	36.515607	-2.594567	26.660788
	afternoon	16.946847	35.359127	30.296997	39.462263	-3.883023	30.818108
	evening	12.748182	34.546585	40.380606	40.823595	-3.890700	30.960601
1	night	10.911818	29.606657	52.523030	37.238134	-2.642614	26.900699
	morning	12.613636	30.162164	47.876970	37.370683	-2.648427	26.899831
	afternoon	17.731515	35.769710	29.989394	39.643012	-3.898698	30.959348
	evening	2.911212	57.512109	30.868485	66.769626	-13.555885	52.295689
2	night	-1.210606	57.417294	39.555152	69.894083	-14.169472	53.285454
	morning	3.680000	52.506222	39.236061	62.749085	-11.126616	48.048387
	afternoon	11.072121	51.750210	25.091818	57.028147	-9.945538	45.720673
	evening	11.073810	41.552852	39.775893	48.898722	-6.123480	37.369320
3	night	7.573214	40.630535	49.642857	49.784139	-6.118334	37.370443
	morning	5.315476	49.604721	40.133333	59.054008	-9.720195	45.339768
	afternoon	9.389583	55.000756	23.332143	60.069519	-11.530443	48.736635
	evening	6.620536	51.298823	35.233036	59.688949	-10.289001	46.516060

상단 16행만 확인해보았다.

예제로 작성한 것이라 큰 의미는 없지만 각 요일당 시간대별로 T, RH, AH 컬럼의 평균과 표준편차를 확인할 수 있다. 이것은 연도를 구별하지 않고 계산한 것이지만 연도별, 월별, 계절별 등 다양한 기준으로 데이터를 분류하거나 그루핑한 후 평균과 표준편차를 구해 비교해보면 좀 더 재미있는 분석 결과가 나오지 않을까 한다.

■ 월과 요일을 기준으로 최댓값 구하기

이번에는 월과 요일을 기준으로 데이터를 그루핑해서 air_bymonth 변수에 담는다.

```
air_bymonth = data_air.groupby(['month', 'weekday'])
```

air_bymonth 데이터를 기준으로 agg() 함수를 활용하여 T, RH, AH 컬럼의 최댓값을 구해보자.

```
air_bymonth.agg({'T' : 'max', 'RH' : 'max', 'AH' : 'max'}).head(14)
```

month	weekday	T	RH	AH
1	0	14.4	80.4	1.0567
	1	13.8	83.0	1.0087
	2	15.8	83.8	0.9972
	3	16.5	82.1	0.9687
	4	13.5	83.8	0.8706
	5	15.8	86.6	0.9681
	6	16.9	78.2	0.9826
2	0	13.7	84.3	0.7425
	1	13.9	86.6	0.7165
	2	14.5	83.9	0.6875
	3	15.7	85.3	0.7519
	4	15.0	84.1	0.7530
	5	13.8	75.1	0.7506
	6	19.9	85.0	1.0859

월별로 각 요일의 최댓값을 반환받았다.

이렇게 다양한 기준을 설정해서 통계 작업에 활용할 수 있다. 이 예제는 수많은 활용 방법 중 한 가지일 뿐이다. 파이썬 데이터 분석에 익숙해질수록 활용 아이디어도 많이 늘어날 것이다.

데이터 시각화

CHAPTER

07

드디어 학습의 막바지 단계인 데이터 시각화 장에 도착했다. 데이터 시각화는 앞선 학습 과정에서 데이터 분포 확인, 이상값 또는 결측값 확인 용도로 이미 사용해보았다. 데이터 분석 과정에서 데이터의 변형이 필요하거나 분석 모델을 생성할 때 시각화를 통해 아이디어를 얻을 수도 있다.

이 장 전반부에서는 파이썬에서 데이터 시각화 시 사용하는 대표적인 라이브러리인 맷플롯립 사용법을, 후반부에서는 시본 사용법을 학습하도록 하겠다.

7.1 맷플롯립 데이터 시각화

맷플롯립은 저수준의 그래픽용 라이브러리다. 바로 이 점이 초보자가 학습할 때 다루기 어렵고 복잡하게 느껴질 수 있어 단점이 되기도 한다. 그러나 조금만 익숙해진다면 굉장히 다양하고 세밀한 제어가 가능하여 자유롭게 데이터를 시각화할 수 있다는 점이 장점이 될 수도 있다.

여기에서는 맷플롯립으로 설정 가능한 모든 부분을 학습하기보다는 파이썬으로 데이터 시각화 시 필수적으로 알고 있어야 할 부분만 핵심적으로 학습하겠다.

먼저 시각화 작업에 필요한 라이브러리를 로드한다.

```python
import numpy as np
import pandas as pd
import seaborn as sns
import matplotlib
import matplotlib.pyplot as plt
matplotlib.__version__
```

```
'3.4.2'
```

이 책에서 사용한 맷플롯립 버전은 3.4.2다.

7.1.1 기초: 라인그래프 출력과 관련 옵션 사용자화

맷플롯립 데이터 시각화 학습은 라인그래프를 그리는 plot() 함수부터 시작하는 것이 좋다. 숫자 데이터를 입력해서 간단한 라인그래프를 출력하고 이를 기반으로 여러 가지 옵션을 설정하는 방법을 알아보자.

■ 그래프 함수에 데이터 입력하기

그래프에 입력하는 데이터는 plot() 함수에 직접 입력할 수도 있고, 넘파이의 array 형태도 입력 가능하며, 데이터프레임의 컬럼을 입력해도 된다.

데이터를 입력하는 대표적인 4가지 방법을 알아보자.

함수에 데이터를 직접 입력해서 그래프 출력하기

```
plt.plot([2, 1, 5, 3, 7, 8, 13])
plt.show()
```

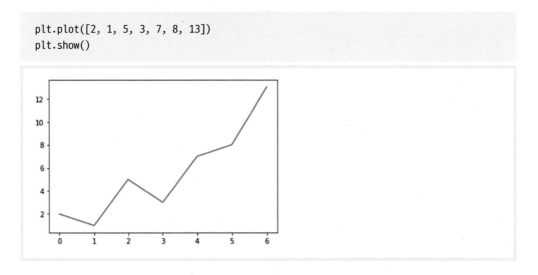

넘파이 배열 데이터를 입력해서 그래프 출력하기

```
data = np.arange(10)
plt.plot(data)
plt.show()
```

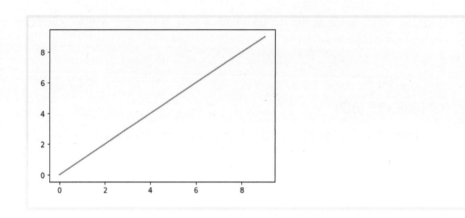

x, y 값을 동시에 입력해서 그래프 출력하기

```
data_x = [1, 2, 3, 4]
data_y = [2, 3, 5, 10]

plt.plot(data_x, data_y)
plt.show()
```

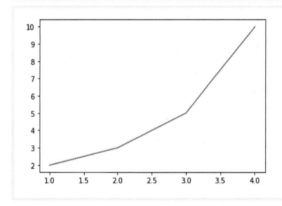

데이터프레임의 컬럼을 입력용 데이터 대신 입력해서 그래프 출력하기

```
import seaborn as sns
iris = sns.load_dataset('iris')

plt.plot(iris.sepal_length)
plt.show()
```

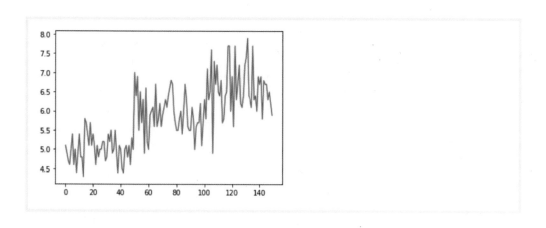

■ x축, y축 레이블 설정하기

xlabel(), ylabel() 함수로 그래프의 하단과 왼쪽에 레이블을 표시할 수 있다. 함수에 표시할 텍스트를 전달하면 된다.

```
data_x = [1, 2, 3, 4]
data_y = [1, 7, 5, 12]

plt.plot(data_x, data_y)
plt.xlabel('X Axis Label', labelpad=12, fontdict={'color': 'hotpink', 'size': 14})
plt.ylabel('Y Axis Label', labelpad=12, fontdict={'color': 'k', 'size': 14})
plt.show()
```

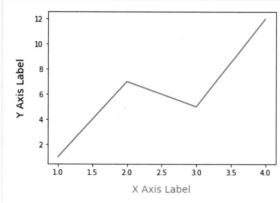

매개변수 labelpad는 그래프와 레이블 사이의 여백padding, fontdict는 폰트 타입과 스타일 관련 설정을 받는다. fontdict의 경우 딕셔너리에 {'family': 폰트 타입, 'color': 폰트 컬러(컬러 코드 입력 가능), 'weight': 폰트 굵기('bold', 'normal' 입력 가능), 'size': 폰트 사이즈(숫자로 입력)} 등을 다양하게 설정할 수 있다.

■ 범례 표시하기

legend() 함수로 데이터의 범례를 표시한다. 그래프가 1개인 경우와 2개 이상인 경우를 살펴보자.

데이터 1개를 플로팅하는 경우 범례를 사용하면 기본적으로 왼쪽 상단에 생성되며 매개변수 loc을 활용하여 위치를 지정할 수 있다. 'best'로 입력하면 자동으로 적당한 위치에 표시된다(제공하는 코드에 입력 가능한 위치 속성을 첨부했다).

```
plt.plot(data_x, data_y, label='Data A')
plt.xlabel('X Axis Label')
plt.ylabel('Y Axis Label')
plt.legend()  # 위치 숫자로 입력 가능 legend(loc=(1.0, 1.0))
plt.show()
```

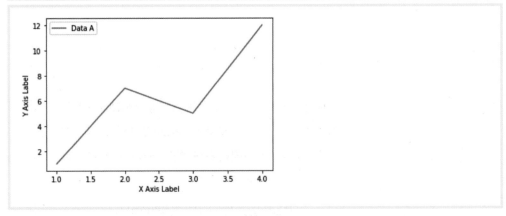

2개 이상의 데이터가 동시에 그려지는 경우에는 범례의 열 개수를 지정할 수 있다. 기본은 1이지만 2로 설정하면 2열로 표시된다.

```
plt.plot(data_x, data_y, label='Data A')
plt.plot(data_y, data_x, label='Data B')
plt.xlabel('X Axis Label')
```

```
plt.ylabel('Y Axis Label')
plt.legend(loc='best', ncol=2)
plt.show()
```

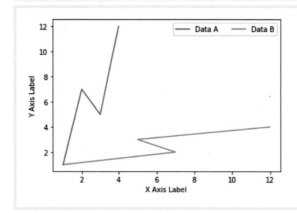

■ x축, y축 범위 정하기

기본적으로 그래프를 그리면 축의 범위는 데이터의 최솟값/최댓값을 기준으로 설정된다. 이때 xlim(), ylim() 함수를 활용해서 축의 범위를 자유롭게 조정할 수 있다. 함수에 [축 최솟값, 축 최댓값] 형식의 리스트를 전달하면 된다.

```
plt.plot(data_x, data_y)
plt.xlabel('X Axis Label')
plt.ylabel('Y Axis Label')
plt.xlim([0, 5])
plt.ylim([-2, 20])
plt.show()
```

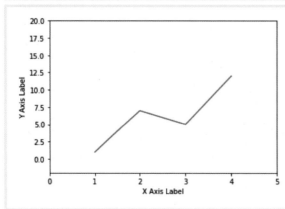

다른 방법으로는 axis() 함수를 활용할 수도 있다. axis 속성으로 [x축 최솟값, x축 최댓값, y축 최솟값, y축 최댓값]을 입력하면 된다.

```python
plt.plot(data_x, data_y)
plt.xlabel('X Axis Label')
plt.ylabel('Y Axis Label')
plt.axis([0, 5, -2, 20])
plt.show()
```

결과는 앞의 그래프와 같으니 생략한다.

■ 컬러 지정하기

그래프에 컬러를 지정하지 않으면 기본적으로 맷플롯립 기본 컬러 팔레트 10개의 색상 순서대로 라인그래프가 출력된다. plot() 함수의 매개변수 color로 컬러를 지정할 수 있으며 특정 컬러를 표현하는 문자로도 입력 가능하다.

맷플롯립 라이브러리에 명명된 색상 이름 사용하기

그래프를 초록색으로 표현하고 싶은 경우 color에 'green'이라고 입력해도 되지만 'g'라고 입력해도 된다. 검은색도 'k' 또는 'black'으로 입력할 수 있다. 더 다양한 색상명은 다음 주소를 확인하자.

https://matplotlib.org/stable/gallery/color/named_colors.html

```python
plt.plot(data_x, data_y, color='g')
plt.show()
```

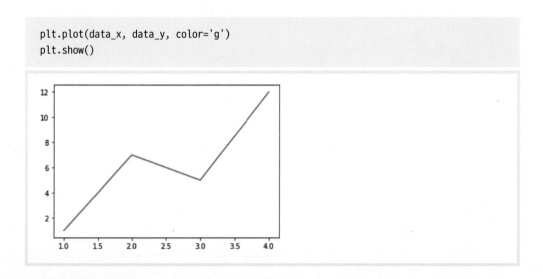

hex 코드 사용하기

#ff0000 형식의 컬러 코드를 본 적이 있을 것이다. RGB 색상 코드 표기법으로 #과 뒤에 붙는 여섯 자리 또는 세 자리 숫자로 색상을 표기하는 방식이다. 원하는 hex 코드를 찾아서 입력할 수도 있다.

구글에서 컬러는 추천하는 팔레트를 검색해서 사용할 수도 있고, hex 코드를 제공하는 사이트를 활용해도 된다.

https://htmlcolorcodes.com/

색상 이름을 사용하는 방법처럼 color 속성에 입력하면 된다.

```python
plt.plot(data_x, data_y, color='#ff0000')
```

■ 라인 스타일 설정하기

라인그래프를 출력하면 기본적인 솔리드 타입으로 그려진다. 그 외에도 그릴 수 있는 타입이 더 있다. 라인 스타일은 plot() 함수의 매개변수 linestyle로 지정한다. 4개의 라인그래프에 solid, dashed, dotted, dashdot 등 4가지 타입을 적용해서 출력해보자.

```python
plt.plot([1, 2, 3, 4], [2, 1, 3, 5], linestyle='solid', color='g', label='solid')
plt.plot([1, 2, 3, 4], [3, 2, 4, 6], linestyle='dashed', color='g', label='dashed')
plt.plot([1, 2, 3, 4], [4, 3, 5, 7], linestyle='dotted', color='g', label='dotted')
plt.plot([1, 2, 3, 4], [5, 4, 6, 8], linestyle='dashdot', color='g', label='dashdot')

plt.xlabel('X Axis Label')
plt.ylabel('Y Axis Label')
plt.legend(loc='best')
plt.axis([0.5, 4.5, 0, 9])
plt.show()
```

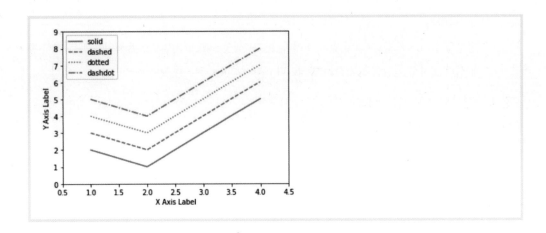

이 외에도 맷플롯립의 linestyle 옵션을 이용하여 더 다양하게 라인 스타일을 설정할 수 있으니 다음 주소를 방문하여 살펴보고 직접 적용해보길 추천한다.

https://matplotlib.org/stable/gallery/lines_bars_and_markers/linestyles.html

■ 그리드 표시하기

plot() 함수는 기본적으로 그리드를 표시하지 않지만 grid() 함수를 결합하면 그리드를 표시할 수 있다. 그리드를 표시하면 데이터를 정확하게 파악할 수 있는 장점이 있으니 상황에 따라 적절히 사용하면 된다. grid() 함수를 True로 지정하면 그리드가 표시된다.

```python
plt.plot([1, 2, 3, 4], [2, 1, 3, 5], linestyle='solid', color='g', label='solid')
plt.plot([1, 2, 3, 4], [4, 3, 5, 7], 'x:', color='limegreen', label='dashed +
marker')

plt.xlabel('X Axis Label')
plt.ylabel('Y Axis Label')
plt.legend(loc='best')
plt.grid(True)
plt.show()
```

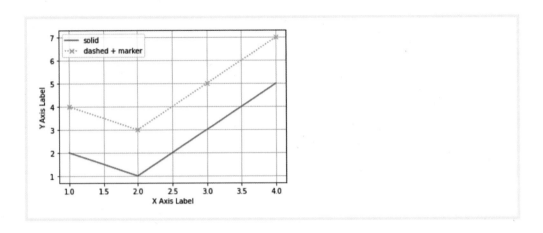

그리드가 표시되는 방향은 axis 매개변수로 지정한다. 또한 컬러, 투명도, 라인스타일도 지정할 수 있다.

```python
plt.plot([1, 2, 3, 4], [2, 1, 3, 5], linestyle='solid', color='g', label='solid')
plt.plot([1, 2, 3, 4], [4, 3, 5, 7], 'x:', color='limegreen', label='dashed + marker')

plt.xlabel('X Axis Label')
plt.ylabel('Y Axis Label')
plt.legend(loc='best')
plt.grid(True, axis='y', color='orange', alpha=0.25, linestyle='-.')
plt.show()
```

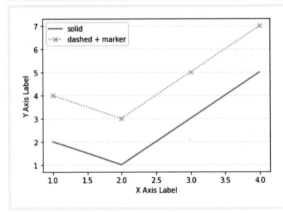

■ 타이틀 설정하기

title() 함수로 그래프의 타이틀을 설정할 수 있다. loc으로 위치 설정이 가능하며, pad로 그래프와의 공백 지정도 가능하다.

폰트 스타일도 설정할 수 있는데 plot() 함수 내에 다 입력하면 코드가 너무 길어지므로 font_style 이라는 변수에 폰트 스타일 관련 속성을 담은 다음 plot() 함수의 fontdict 속성에서 연결해주었다. 이러한 방식을 활용하면 코드 양이 줄어들고, 여러 가지 그래프에서 같은 스타일을 적용할 수 있다는 장점이 있으니 추후 활용하길 바란다.

```python
plt.plot([1, 2, 3, 4], [2, 1, 3, 5], linestyle='solid', color='g', label='solid')

plt.legend(loc='best')
plt.grid(True, axis='y', alpha=0.25)
font_style = {
    'fontsize': 14,
    'fontweight': 'bold'   # {'normal', 'bold', 'heavy', 'light', 'ultrabold',
'ultralight'} 설정 가능
}
plt.title('Title of Chart', fontdict=font_style, loc='center', pad=15)
plt.show()
```

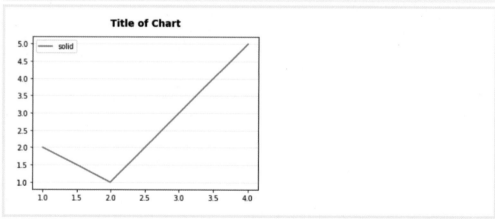

■ 여러 그래프 동시에 그리기

다중 플로팅은 데이터 분석 시 여러 개의 그래프를 동시에 출력해서 비교하는 경우에 활용한다. 내용이 약간 어려워 조금은 헷갈리는 부분이므로 이해하기 어렵다면 나중에 학습해도 된다.

여러 가지 방법이 있지만 subplot() 함수를 활용한 방법을 학습하자.

subplot() 함수를 활용하려면 먼저 자신이 그리고자 하는 레이아웃을 몇 개의 행 또는 열로 나눌 것인지 기준을 정해야 한다. subplot() 함수에 3개의 숫자를 차례대로 입력하는데 왼쪽부터 행 수, 열 수, 인덱스 수를 의미한다. 결과는 2 by 1의 레이아웃으로 출력되며 그중 첫 번째 그래프가 인덱스 1이고, 두 번째 그래프가 인덱스 2다.

```
plt.subplot(2, 1, 1)
plt.plot([1, 2, 3, 4], [3, 4, 1, 7], linestyle='solid', color='g', label='solid')
plt.xlabel('speed')
plt.ylabel('Data A')

plt.subplot(2, 1, 2)
plt.plot([1, 2, 3, 4], [5, 2, 9, 6], linestyle='solid', color='limegreen',
label='solid')
plt.xlabel('speed')
plt.ylabel('Data B')

plt.tight_layout()
plt.show()
```

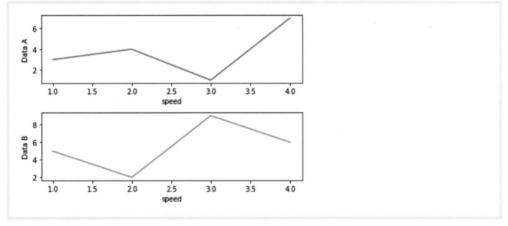

2열 레이아웃의 서브플롯은 위와 반대로 1행 2열의 인덱스 1이라는 의미를 갖는 (1, 2, 1)이라고 subplot() 함수에 입력해서 그래프를 출력한다. 인덱스 2도 마찬가지로 생성하면 다음과 같이 세로로 분할된 2개의 그래프를 동시에 그릴 수 있다.

```
plt.subplot(1, 2, 1)
plt.plot([1, 2, 3, 4], [3, 4, 1, 7], linestyle='solid', color='g', label='solid')
plt.xlabel('speed')
plt.ylabel('Data A')

plt.subplot(1, 2, 2)
plt.plot([1, 2, 3, 4], [5, 2, 9, 6], linestyle='solid', color='limegreen',
label='solid')
plt.xlabel('speed')
plt.ylabel('Data B')

plt.tight_layout()
plt.show()
```

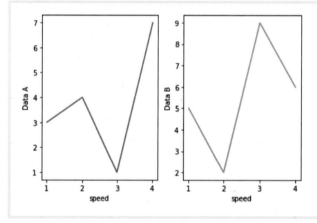

지금까지 맷플롯립의 가장 기초적인 그래프 형태인 라인그래프와 관련 옵션 설정 방법을 알아보았다. 레고를 조립해서 수만 가지의 블록 모형을 완성할 수 있듯이 맷플롯립의 다양한 구성 요소에 관련 함수를 조합하고 속성을 다르게 설정하면 수만 가지 스타일의 그래프가 나온다.

앞부분에서는 차트 구성 요소 변경 방법을 학습했는데 지금부터는 데이터 형식과 목적에 따른 그래프 종류별 사용법을 학습하겠다.

7.1.2 데이터 분포 확인: 히스토그램

이 책 초반에 특정 변수의 분포를 시각화할 때 히스토그램을 사용한다고 한 적이 있다. 히스토그램은 hist() 함수를 사용한다.

지금부터 실습할 그래프는 시본의 아이리스 데이터셋을 활용할 것이다.

```
iris = sns.load_dataset('iris')
```

■ 히스토그램 기본

hist() 함수를 활용하여 데이터의 sepal_length 변수의 히스토그램을 그려보자. 색상은 skyblue로 지정했다.

```
plt.hist(iris.sepal_length, color='skyblue')
plt.show()
```

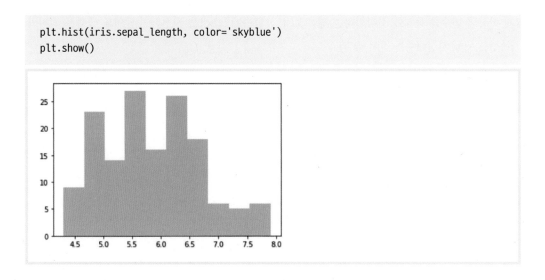

데이터의 앞부분에 더 많이 밀집해 있는 것을 확인할 수 있다.

■ 2개 이상의 변수 히스토그램 시각화

이번에는 2개 변수의 히스토그램을 하나의 그래프에 그려보자. 주피터 노트북 1개 셀 안에 변수가 다른 2개의 히스토그램을 입력해야 한다. bins 매개변수로 간격도 조정할 수 있다.

```
plt.hist(iris.sepal_length, bins=20, label='sepal_length', color='skyblue')
plt.hist(iris.petal_length, bins=20, label='petal_length', color='violet')
plt.legend(loc='upper right')
plt.show()
```

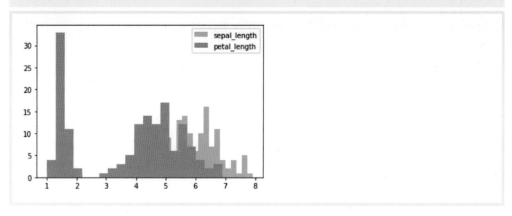

2개 이상의 변수를 동시에 시각화하는 경우 hist() 함수에 label을 지정하지 않아도 출력은 되지만 가독성을 위해 지정해주는 것이 좋다.

■ 누적 히스토그램 시각화

누적 히스토그램도 그릴 수 있다. 매개변수 cumulative를 True로 입력하면 된다.

```
plt.hist(iris.sepal_length, cumulative=True, label='cumulative', color='skyblue')
plt.hist(iris.sepal_length, cumulative=False, label='not cumulative', color='violet')
plt.legend(loc='upper left')
plt.show()
```

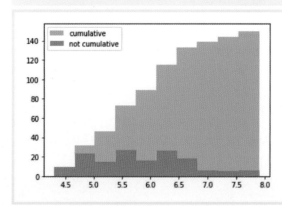

히스토그램 4가지 타입 선택

히스토그램은 기본적으로 bar 타입의 그래프로 출력되는데 총 4가지 타입 중에서 선택할 수 있다. 매개변수 histtype에 bar 타입 외에 barstacked, step, stepfilled 타입을 용도에 맞게 사용할 수 있다. 시각화 기초 과정에서 학습했던 subplot() 함수를 활용해서 4개 그래프를 한 번에 출력해보자.

코드의 첫째 줄에 사용한 figure() 함수는 전체 그래프 영역의 사이즈를 조정하기 위해 사용했다.

```
fig = plt.figure(figsize=(10, 6))
ax1 = fig.add_subplot(2, 2, 1)
ax2 = fig.add_subplot(2, 2, 2)
ax3 = fig.add_subplot(2, 2, 3)
ax4 = fig.add_subplot(2, 2, 4)

ax1.hist((iris.sepal_length, iris.petal_length), histtype='bar')
ax2.hist((iris.sepal_length, iris.petal_length), histtype='barstacked')
ax3.hist((iris.sepal_length, iris.petal_length), histtype='step')
ax4.hist((iris.sepal_length, iris.petal_length), histtype='stepfilled')

ax1.title.set_text('Type : bar')
ax2.title.set_text('Type : barstacked')
ax3.title.set_text('Type : step')
ax4.title.set_text('Type : stepfilled')

plt.tight_layout()
plt.show()
```

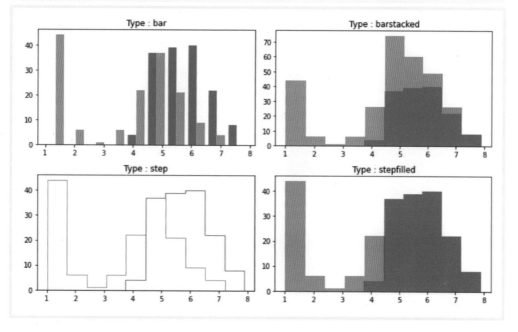

7.1.3 범주형 데이터 개수 확인: 막대그래프

카테고리 타입의 데이터에 가장 많이 사용되는 그래프 형태인 막대그래프를 시각화하는 방법을 알아보자. 막대그래프는 bar() 함수를 활용한다. 먼저 데이터는 아이리스 종류별 petal_length 변수의 평균값을 사용하기로 하자. bar() 함수의 x축 값에는 species 변수의 고윳값 이름을 표시하기 위해 unique()를 사용하고, y축 값에는 groupby()를 활용하여 종류별 그루핑을 한 후의 평균값을 입력해주었다. 이렇게 데이터 입력 부분에 다른 함수를 활용할 수도 있다.

```python
plt.bar(iris.species.unique(), iris.groupby('species').petal_length.mean())
plt.show()
```

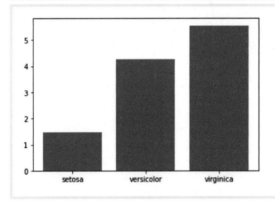

컬러는 매개변수 color로 변경할 수 있다.

```python
plt.bar(iris.species.unique(), iris.groupby('species').petal_length.mean(),
        color='mediumseagreen')
plt.show()
```

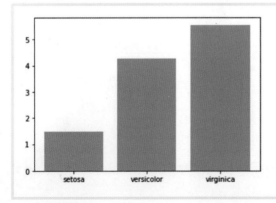

그러나 개별 막대마다 다른 컬러를 지정하고 싶은 경우도 있을 것이다. 그런 경우에는 적용하고 싶은 컬러를 순서대로 리스트 형태로 입력하면 된다. 그리고 막대 너비도 width로 조절할 수 있다. 1.0이 가장 max 값인데 그것을 기준으로 조절한다.

```
plt.bar(iris.species.unique(), iris.groupby('species').petal_length.mean(),
        color=['gold', 'mediumseagreen', 'teal'], width=0.98)
plt.show()
```

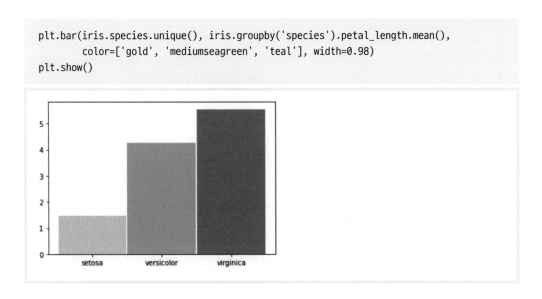

bar() 함수를 활용하면 기본적으로 수직 형태의 그래프가 출력된다. 수평 형태의 그래프를 그리고 싶다면 barh() 함수를 활용하면 된다.

```
plt.barh(iris.species.unique(), iris.groupby('species').petal_length.mean())
plt.show()
```

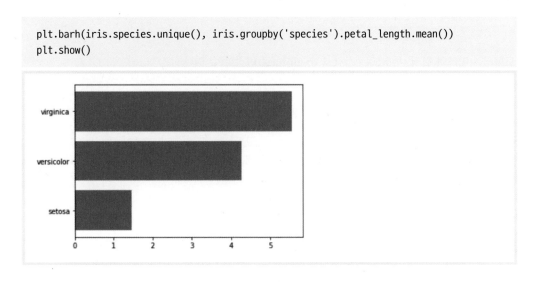

barh() 함수도 bar() 함수에서 활용한 매개변수를 동일하게 사용한다.

7.1.4 수치형 데이터 상관관계: 산점도

2개의 수치형 변수 간의 관계를 살펴볼 때는 산점도를 그려보는 것이 좋다. 산점도는 x축과 y축에 각각 변수를 설정하고 두 개의 값에 대응하는 위치를 원으로 표현한다. 산점도를 통해 두 변수 간의 관계가 선형인지 비선형인지 확인하여 방향성과 강도를 파악할 수 있다. 그리고 이상값을 찾는 데도 활용할 수 있다.

산점도는 scatter() 함수로 그린다. 속성으로 x와 y에 수치형 변수를 입력하면 기본적인 산점도가 출력된다. 참고로 x와 y를 생략하고 순서대로 데이터명 또는 변수만 입력해도 실행된다.

```
plt.scatter(x=iris.petal_length, y=iris.petal_width)
plt.show()
```

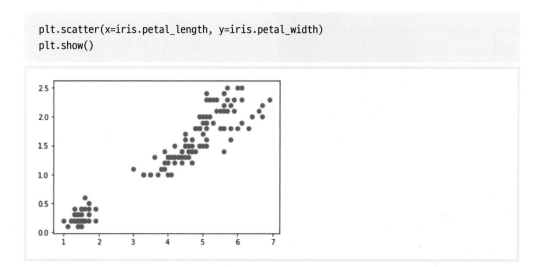

도형의 사이즈와 컬러, 투명도는 각각 s, c, alpha로 변경할 수 있다.

```
area = (18 * np.random.rand(len(iris.petal_length)))**2
colors = np.random.rand(len(iris.petal_length))

plt.scatter(iris.petal_length, iris.petal_width, s=area, c=colors, alpha=0.75,
cmap='Set1_r')
plt.show()
```

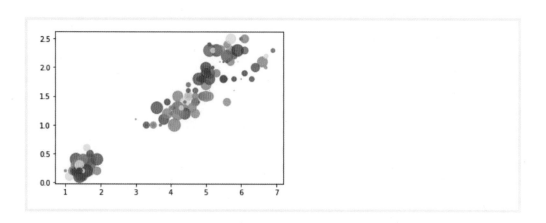

앞선 코드에서도 활용했지만 컬러를 변경하기 위해 cmap을 활용하는 방법도 있다. 값의 위치에 따라 표현되는 컬러 팔레트를 선택해서 시각화할 수 있다. RdYlGn이라는 컬러맵을 사용하면 다음과 같은 컬러 속성으로 그래프가 출력된다.

```python
import matplotlib.cm as cm
colors = cm. RdYlGn(np.linspace(0, 1, iris.petal_width.shape[0]))

plt.scatter(iris.petal_length, iris.petal_width, s=10**2, c=colors)
plt.show()
```

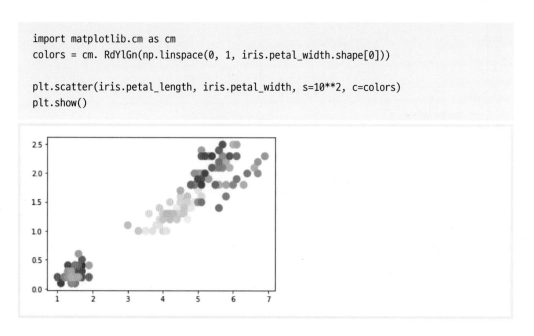

더 많은 컬러맵은 다음 주소에서 확인할 수 있다.

https://matplotlib.org/stable/tutorials/colors/colormaps.html

데이터 그룹별로 다른 컬러를 적용하고 싶은 경우를 살펴보자. 먼저 아이리스 세 종류를 개별 데이터로 만들어준다.

```
setosa = iris[iris.species == 'setosa']
versicolor = iris[iris.species == 'versicolor']
virginica = iris[iris.species == 'virginica']
```

그리고 각 데이터를 산점도로 그리는데 컬러를 서로 다르게 지정한다. 3개의 산점도가 동일한 셀 내에서 실행되면 1개의 그래프에 동시에 표시된다.

```
plt.scatter(setosa.sepal_length, setosa.petal_width, color = 'hotpink')
plt.scatter(versicolor.sepal_length, versicolor.petal_width, color = '#88c999')
plt.scatter(virginica.sepal_length, virginica.petal_width, color = 'skyblue')
plt.show()
```

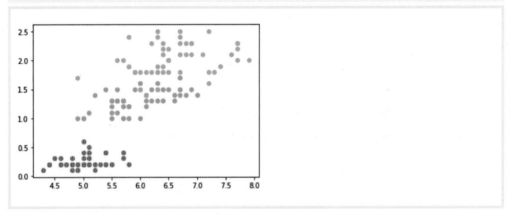

산점도의 경우에는 시본 라이브러리를 활용하는 것이 더 편리하다. 활용 방법은 뒷부분에서 학습하겠다.

7.1.5 데이터 분포 확인과 이상값 찾기: 박스플롯

박스플롯은 데이터의 분포를 사분위수 기준으로 표현한다는 것을 이 책 앞부분에서 학습했다. 히스토그램처럼 데이터의 분포를 살펴볼 때나 이상값을 찾는 데도 사용한다.

맷플롯립에서 박스플롯을 그릴 때는 boxplot() 함수를 활용하며 시각화하고자 하는 변수만 입력하면 기본적인 박스플롯 그래프가 출력된다.

```
plt.boxplot([iris.sepal_length, iris.sepal_width, iris.petal_length, iris.petal_width])
plt.show()
```

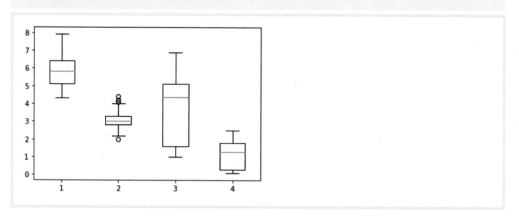

일반적으로 그래프에서 원으로 표시된 부분을 이상값으로 해석한다. 이상값의 기준은 매개변수 whis로 조절할 수 있다. 기본 세팅값은 1.5로 되어 있는데 2.0으로 변경하여 실행하면 이상값의 개수가 줄어드는 것을 확인할 수 있다.

```
plt.boxplot([iris.sepal_length, iris.sepal_width, iris.petal_length, iris.petal_width],
            notch=True, whis=2.0)
plt.show()
```

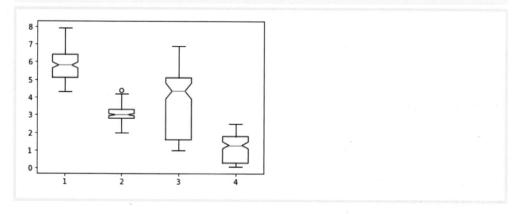

notch를 True로 입력하면 중앙값의 95% 신뢰구간을 노치 형태로 표시한다는 것을 의미한다. 박스 플롯 중앙값 부근이 안쪽으로 살짝 구부러진 것을 알 수 있다.

boxplot() 함수는 박스플롯 형태의 그래프를 출력하는 것 외에도 해당 변수의 분위수와 중앙값을 반환한다. whisker는 최솟값, 1사분위수, 3사분위수, 최댓값을, median은 중앙값을, fliers는 수염을 벗어나는 포인트인 이상값을 반환한다고 이해하면 된다.

```
boxplot = plt.boxplot([iris.sepal_length, iris.sepal_width, iris.petal_length,
                       iris.petal_width])

whiskers = [item.get_ydata() for item in boxplot['whiskers']]
medians = [item.get_ydata() for item in boxplot['medians']]
fliers = [item.get_ydata() for item in boxplot['fliers']]

print('whiskers:', whiskers)
```

whiskers: [array([5.1, 4.3]), array([6.4, 7.7]), array([2.8, 2.3]), array([3.3, 3.8]), array([1.6, 1.]), array([5.1, 6.9]), array([0.3, 0.1]), array([1.8, 2.5])]

```
print('medians:', medians)
```

medians: [array([5.8, 5.8]), array([3., 3.]), array([4.35, 4.35]), array([1.3, 1.3])]

```
print('fliers:', fliers)
```

fliers: [array([7.9]), array([2. , 2.2, 2.2, 2.2, 3.9, 4. , 4.4, 3.9, 4.1, 4.2]), array([], dtype=float64), array([], dtype=float64)]

이렇게 boxplot() 함수로도 각 분위수나 이상값에 해당하는 정확한 값을 array 형태로 얻을 수 있다.

수평 형태의 박스플롯을 그리고 싶다면 boxplot() 함수의 vert를 False로 입력하면 된다. 수직 형태가 기본이기 때문이다.

```python
plt.boxplot([iris.sepal_length, iris.sepal_width, iris.petal_length, iris.petal_width],
            vert=False)
plt.show()
```

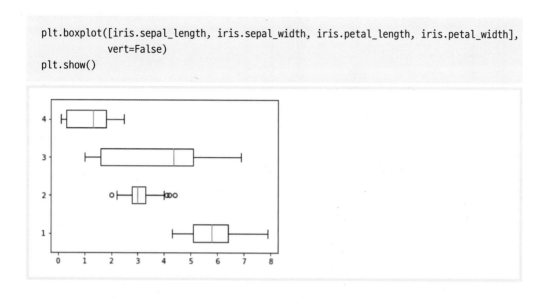

7.1.6 데이터 분포와 상세 모양 확인: 바이올린그래프

이번에는 바이올린그래프를 시각화하는 방법을 알아보도록 하자. 전체적인 데이터 분포 모양까지 파악하고 싶다면 boxplot() 대신 violinplot() 함수를 사용한다. boxplot() 함수의 활용 방법과 크게 다르지 않다.

4개 변수에 관해 기본적인 출력을 해보자. positions는 각 변수의 그래프 출력 순서를 의미한다. 디폴트는 [1, 2, 3, 4]다.

```python
plt.violinplot([iris.sepal_length, iris.sepal_width, iris.petal_length,
                iris.petal_width], positions=[2, 1, 4, 3])
plt.show()
```

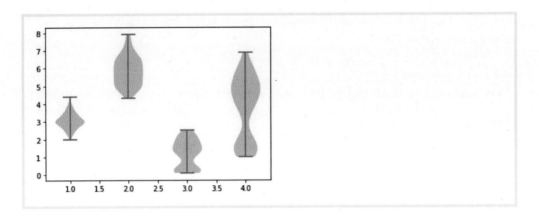

매개변수 showmeans를 True로 입력하면 평균값을 표시한다.

```
plt.violinplot([iris.sepal_length, iris.sepal_width, iris.petal_length,
          iris.petal_width], showmeans=True)
plt.show()
```

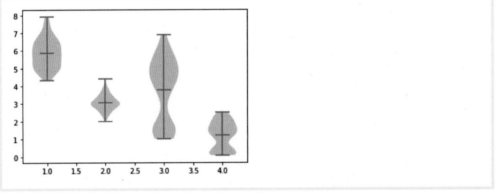

violinplot() 함수는 데이터 분포 분위수를 직접 리스트로 입력해서 표시할 수 있다. 다음 코드는
sepal_length 변수는 분위수를 25%와 75%에, petal_length 변수는 분위수를 20%와 80%에 표시
한다. 이는 매개변수 quantiles로 지정할 수 있다.

```
plt.violinplot([iris.sepal_length, iris.sepal_width, iris.petal_length, iris.petal_
width],
          quantiles=[[0.25, 0.75], [0.1, 0.9], [0.2, 0.8], [0.35, 0.65]])
plt.show()
```

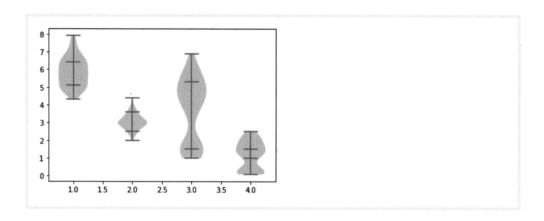

이번에는 컬러를 변경해보자. violinplot()은 매개변수 color를 갖고 있지 않아서 다른 방식으로 접근해야 한다. violinplot()을 활용한 시각화 코드를 변수로 저장한 뒤 다시 호출하여 bodies에 면적 색상을 적용하는 것이다. 예제는 총 4개의 변수가 대상이니 각 그래프를 인덱스로 호출하면 된다.

```
violinplot = plt.violinplot([iris.sepal_length, iris.sepal_width, iris.petal_length,
iris.petal_width], showmeans=True)

violinplot['bodies'][0].set_facecolor('hotpink')
violinplot['bodies'][1].set_facecolor('purple')
violinplot['bodies'][2].set_facecolor('limegreen')
violinplot['bodies'][3].set_facecolor('darkgreen')

# 플롯의 라인 컬러 변경. 순서: 세로 라인, 최댓값, 최솟값, 중앙값 표시 라인
violinplot['cbars'].set_edgecolor('k')
violinplot['cmaxes'].set_edgecolor('darkgrey')
violinplot['cmins'].set_edgecolor('darkgrey')
violinplot['cmeans'].set_edgecolor('k')

plt.show()
```

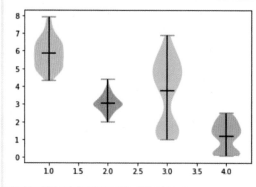

지금까지 맷플롯립의 주요 그래프 시각화 방법을 학습했는데 이 외에 다루지 못한 부분에 관심이 있는 독자는 더 전문적인 학습 자료를 찾아 스스로 학습하길 추천하며, 관심이 생기지 않더라도 괜찮다. 바로 다음 과정에서 학습할 좀 더 간편하게 할 수 있는 고수준 라이브러리인 시본을 활용하면 된다.

7.2 시본 데이터 시각화

시본은 맷플롯립을 기반으로 하는 파이썬 데이터 시각화 라이브러리다. 특히 통계 관련 데이터 시각화를 할 수 있는 고차원의 인터페이스를 제공한다. 장점은 매우 간결하고 직관적이다. 단점은 세부적인 변경에 제한이 있다. 많이 활용되는 시본의 주요 그래프를 학습해보자.

맷플롯립에서 로드한 라이브러리를 그대로 활용한다. 추가로 시본의 그래프 스타일 테마를 정할 수 있는데 다음과 같이 whitegrid 테마를 입력한 후 시작하자.

```
sns.set_style('whitegrid')
```

7.2.1 수치형 데이터 : 라인그래프

가장 기본적인 라인그래프를 그리는 방법이다. 시본의 비행기 데이터셋을 로드하자.

```
flights = sns.load_dataset('flights')
flights.head()
```

	year	month	passengers
0	1949	Jan	112
1	1949	Feb	118
2	1949	Mar	132
3	1949	Apr	129
4	1949	May	121

라인그래프는 lineplot() 함수로 출력한다. x에는 연도, y에는 승객 수를 의미하는 변수를 입력하고 출력해보자.

```
sns.lineplot(x='year', y='passengers', data=flights)
```

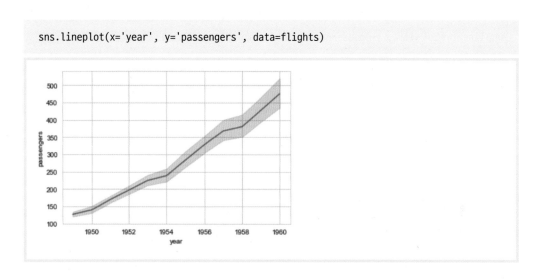

라인 주위의 투명하고 두꺼운 면적은 연도마다 반복되는 값이 집계되어 평균과 95% 신뢰구간을 나타낸다.

query() 함수를 사용하여 9월 데이터만 한정해서 시각화할 수도 있다.

```
september_flights = flights.query("month == 'Sep'")
sns.lineplot(x='year', y='passengers', data=september_flights)
```

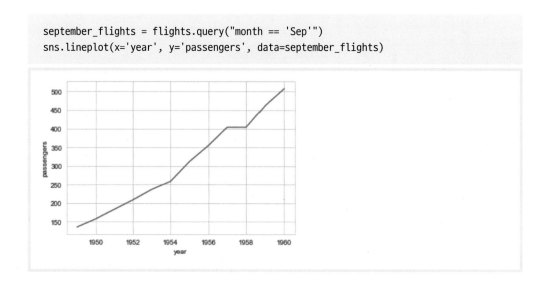

매개변수 hue에 구분하고자 하는 변수를 입력하면 그에 따라 분리된 라인그래프가 출력된다. 전체 평균값을 1개로 표현한 라인을 월 기준으로 분리시켜보자.

```
sns.lineplot(x='year', y='passengers', hue='month', data=flights)
```

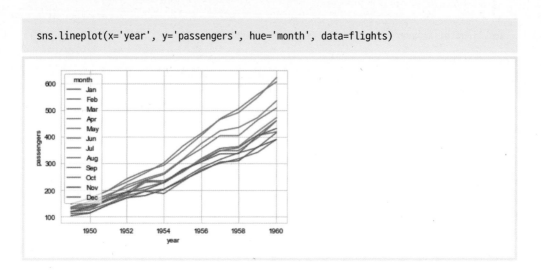

참고로 매개변수 style을 활용하면 해당 변수의 고윳값에 따라 모양이 다르게 출력되니 사용해보길 바란다.

relplot() 함수를 활용해서 라인그래프를 동시에 2개 이상을 그릴 수도 있다. kind를 line으로 설정하고, col에 분리하고 싶은 변수를 입력하면 된다. tips 데이터를 활용한 예다.

```
sns.relplot(x='day', y='tip', kind='line', col='sex',
            hue='smoker', ci=None, data=tips)
```

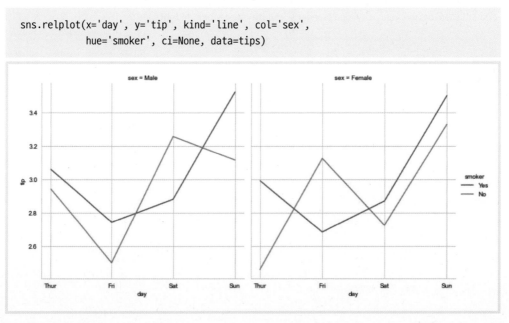

7.2.2 데이터 분포 확인: 히스토그램

시본에서 히스토그램은 histplot() 함수를 활용한다. 이미 학습에서 많이 활용한 펭귄 데이터셋의 변수 1개를 호출해서 히스토그램을 그려보자.

```python
penguins = sns.load_dataset('penguins')
sns.histplot(x='flipper_length_mm', data=penguins)
```

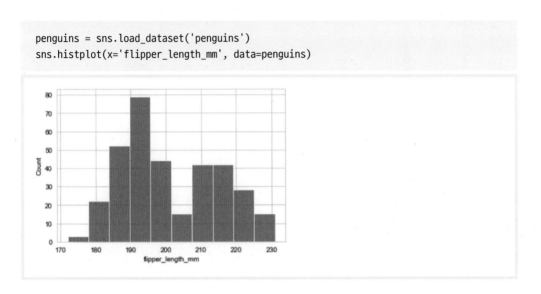

flipper_length_mm 변수의 분포가 그래프로 출력되었다. 기본적으로 10개의 막대그래프로 분포를 표현하고 있다. 막대그래프 수는 bins를 활용하여 10 기준에서 증가시키거나 줄일 수 있다. 막대수를 20개로 표현해보자.

```python
sns.histplot(x='flipper_length_mm', bins=20, data=penguins)
```

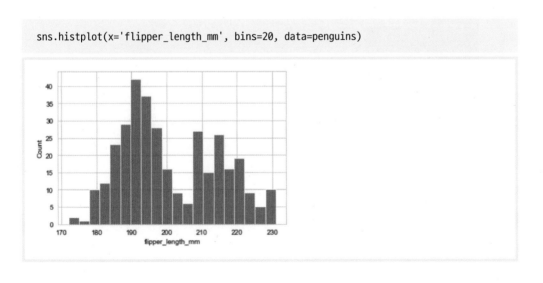

막대그래프의 개수가 아닌 너비를 조정할 수도 있는데 binwidth를 활용한다. 6으로 설정했을 때 기본 그래프와 동일한 너비로 출력되며 숫자가 작을수록 더 세밀한 막대로 표현된다.

```
sns.histplot(x='flipper_length_mm', binwidth=2, data=penguins)
```

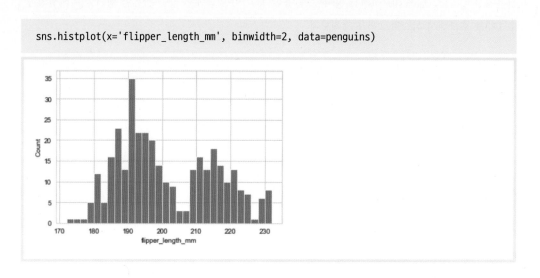

만약 수평 막대그래프로 표현된 분포도를 그리고 싶다면 다른 함수를 활용하는 것이 아닌 y에 데이터를 입력해주면 된다.

```
sns.histplot(y='flipper_length_mm', data=penguins)
```

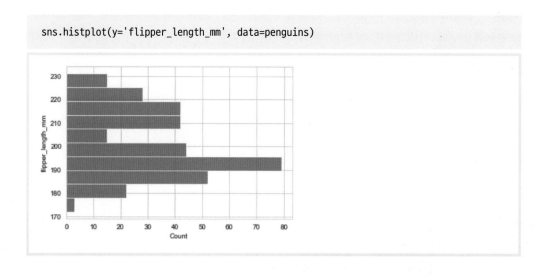

hue를 활용하면 그룹별로 세분화하여 시각화해준다. 펭귄 종류별로 분포도를 확인해보자.

```
sns.histplot(x='flipper_length_mm', hue='species', data=penguins)
```

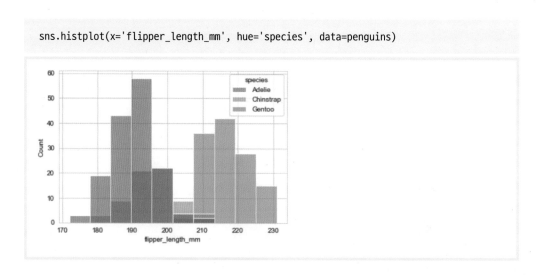

방금 출력된 그래프는 종별 막대그래프가 겹쳐서 직관적이지 않다. 이때 multiple에 'stack'을 입력한다.

```
sns.histplot(x='flipper_length_mm', hue='species', multiple='stack', data=penguins)
```

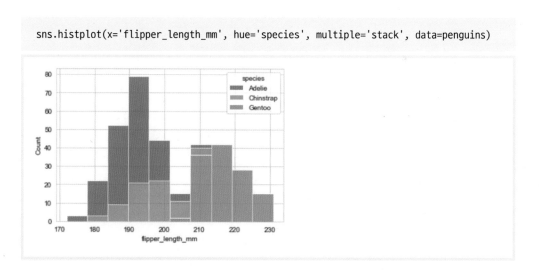

각 구간에 종별 막대그래프가 차곡하게 쌓인 형태로 시각화되어 훨씬 알아보기 좋다.

히스토그램을 동시에 여러 개 출력하고 싶다면 displot() 함수를 사용하면 되는데 컬럼을 의미하는 매개변수 col에 분리 기준이 될 변수를 입력한다. 다음과 같이 하면 성별에 따른 분포를 각각 확인할 수 있다.

```
sns.displot(x='body_mass_g', hue='species', col='sex',
            kind='hist', multiple='stack', data=penguins)
```

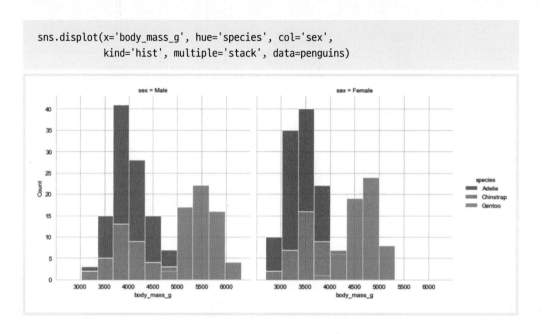

7.2.3 수치형 데이터 상관관계: 산점도

이번에는 상관관계를 살펴볼 때 활용하는 산점도를 그려보자. 산점도 예제는 시본의 tips 데이터셋을 사용할 것이다.

```
tips = sns.load_dataset('tips')
tips.head()
```

	total_bill	tip	sex	smoker	day	time	size
0	16.99	1.01	Female	No	Sun	Dinner	2
1	10.34	1.66	Male	No	Sun	Dinner	3
2	21.01	3.50	Male	No	Sun	Dinner	3
3	23.68	3.31	Male	No	Sun	Dinner	2
4	24.59	3.61	Female	No	Sun	Dinner	4

산점도는 scatterplot() 함수를 활용하여 그리는데, x와 y에 상관관계를 확인할 2개의 데이터를 입력하면 기본적인 산점도가 그려진다. 다음 예제에는 레스토랑에서 손님이 지불한 총액과 팁 관련 변수를 입력했다.

```
sns.scatterplot(x='total_bill', y='tip', data=tips)
```

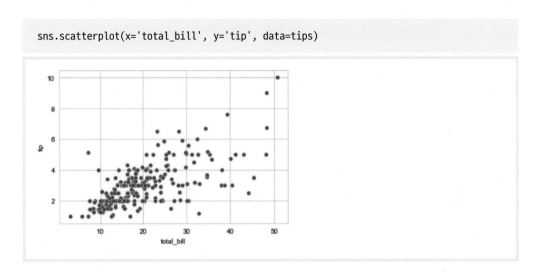

그래프 결과를 간단하게 살펴보면 두 변수는 양의 관계로 총 지불액이 커질수록 팁도 커진다는 것을 알 수 있다.

hue를 활용하면 그룹별 산점도 시각화를 할 수 있다. 점심과 저녁 시간대를 분리해서 살펴보기 위해 time 변수를 입력했다.

```
sns.scatterplot(x='total_bill', y='tip', hue='time', data=tips)
```

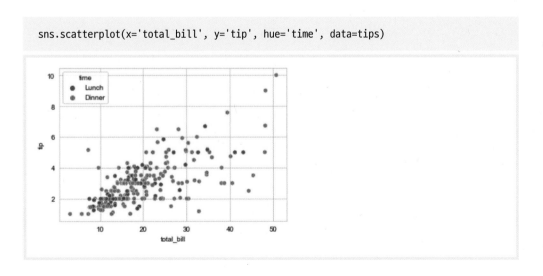

데이터 수치에 따라 산점도의 사이즈도 변경할 수 있다. size에 적용할 변수를 입력하고, sizes에 도
형의 최소, 최대 사이즈를 입력한다. 예제는 size 변수를 활용했다.

```
sns.scatterplot(x='total_bill', y='tip', hue='size',
                size='size', sizes=(20, 200), legend='full', data=tips)
```

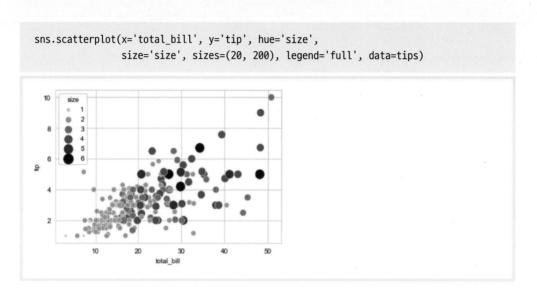

산점도를 여러 개 동시에 출력하려면 relplot( ) 함수를 활용한다. 사용법은 displot( )함수와 유사하다.

```
sns.relplot(x='total_bill', y='tip', col='time', hue='day', style='day',
            kind='scatter', data=tips)
```

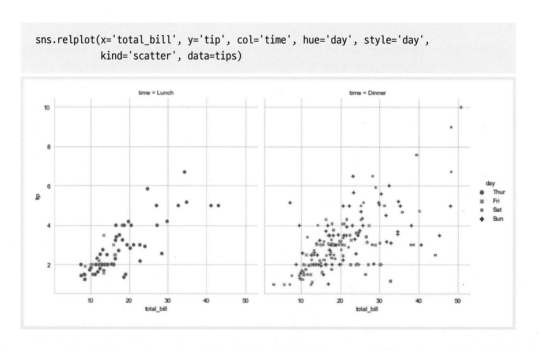

7.2.4 범주형 데이터 개수 확인: 막대그래프 – countplot( )

시본에는 여러 종류의 막대그래프가 있다. 그중에서도 사용성이 높은 것은 countplot( )이다. 범주형 데이터에 사용하며 단순하게 관측값의 개수를 표시한다. tips 데이터를 활용해서 예제를 살펴보자.

데이터셋에서 4개의 요일 값이 있는 범주형 데이터인 day 변수를 countplot( ) 함수로 시각화하면 각 요일에 해당하는 데이터가 집계되어 막대그래프가 그려진다.

```
sns.countplot(x='day', data=tips)
```

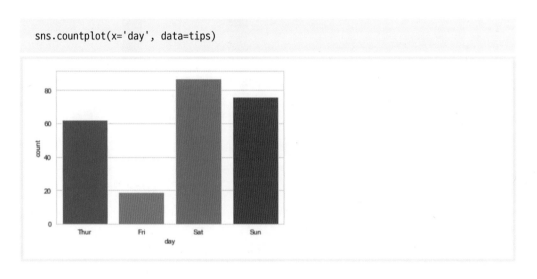

다른 그래프와 마찬가지로 hue를 활용하면 각 막대가 그룹별로 구분된다. 시간대로 구분해보자.

```
sns.countplot(x='day', hue='time', data=tips)
```

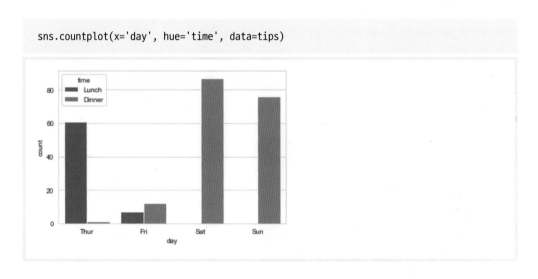

단순하게 데이터 수를 표시할 때는 countplot( )을 활용한다는 것을 기억하자.

한 번에 여러 개의 countplot()을 시각화할 때는 catplot()을 활용하자. 매개변수 kind를 count로 설정한다.

```
sns.catplot(x='sex', hue='time', col='day',
            data=tips, kind='count', height=5, aspect=.6)
```

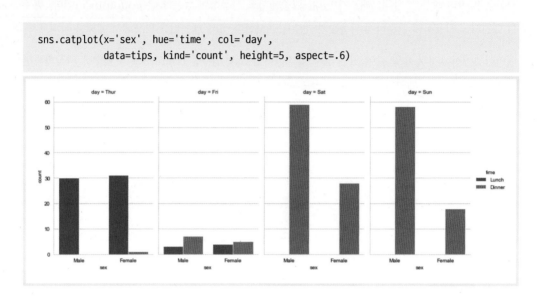

7.2.5 범주형과 수치형 데이터: 막대그래프 – barplot()

barplot()을 활용하는 막대그래프는 각 막대의 높이가 입력한 수치형 변수에 대한 중심 경향의 추정치를 나타낸다. 그리고 막대 상단에 오차막대를 표시하여 해당 추정치 주변의 불확실성도 함께 표현한다.

tips 데이터셋을 활용하여 barplot을 그려보자. x에 요일, y에 지불한 총 가격 변수를 입력했다.

```
sns.barplot(x='day', y='total_bill', data=tips)
```

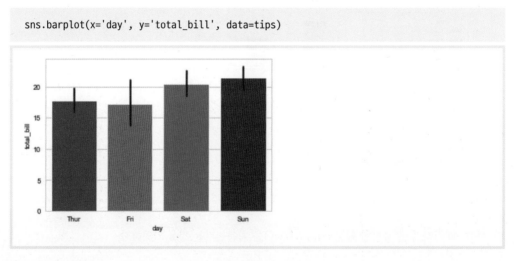

일요일에 손님들이 지불하는 총 액수가 가장 큰 것을 알 수 있다. 이것을 다시 hue를 활용해서 성별로 구분해서 시각화해보자.

```
sns.barplot(x='day', y='total_bill', hue='sex', data=tips)
```

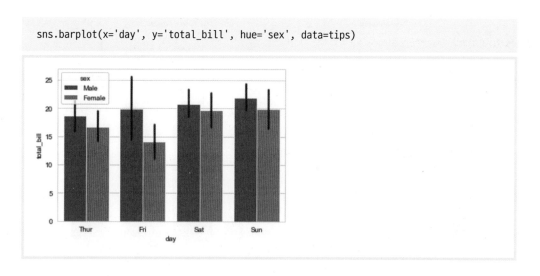

barplot()의 오차막대 신뢰구간의 수치와 색상 팔레트 속성을 변경하자.

```
sns.barplot(x='day', y='total_bill', hue='sex', data=tips, ci=65, palette='Blues_d')
```

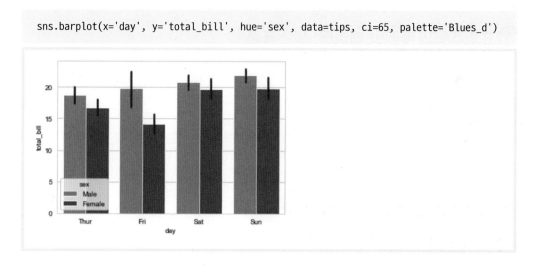

palette는 컬러셋을 지정하는 매개변수로 다음 사이트를 참고해서 다른 값을 선택할 수 있다.

```
https://seaborn.pydata.org/tutorial/color_palettes.html
```

동시에 여러 개의 막대그래프를 그릴 땐 catplot() 함수를 활용한다. kind에 bar라고 입력하면 barplot으로, count라고 입력하면 바로 앞에서 살펴봤던 countplot으로 출력된다. 그래프를 시간대별로 구분하기 위해 col에 time 변수를 입력했다.

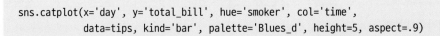

```
sns.catplot(x='day', y='total_bill', hue='smoker', col='time',
            data=tips, kind='bar', palette='Blues_d', height=5, aspect=.9)
```

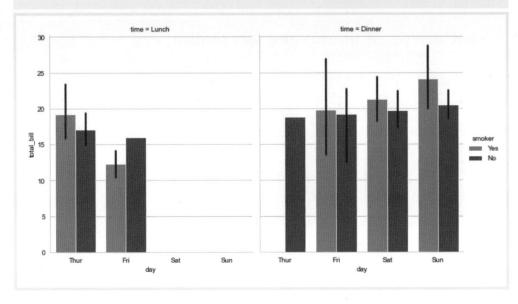

7.2.6 범주형과 수치형 데이터 : 박스플롯

시본에서 박스플롯은 boxplot() 함수를 활용한다. x에 범주형 변수인 day, y에 수치형 변수인 total_bill을 입력하고 그래프를 출력해보자.

```
sns.boxplot(x='day', y='total_bill', data=tips)
```

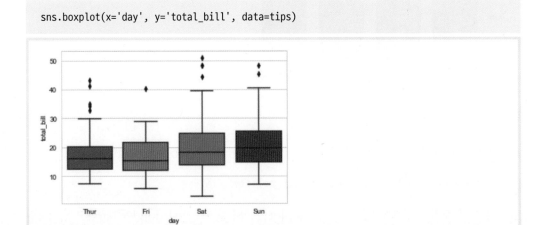

countplot()과 마찬가지로 hue 매개변수를 활용해서 그룹별로 살펴볼 수 있다.

```
sns.boxplot(x='day', y='total_bill', hue='sex', data=tips, linewidth=2.5,
            palette='Set2')
```

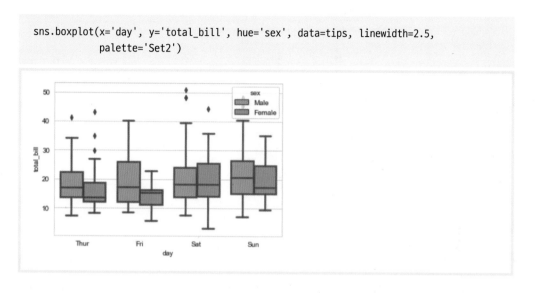

박스플롯 자체로는 4분위수 기준의 데이터 분포와 이상값을 확인하는 용도 이상은 힘든데 하나의 변수에 대해 산점도를 그리는 stripplot()을 결합해서 출력하는 방법으로 단점을 보완할 수 있다.

```
sns.boxplot(x='day', y='total_bill', data=tips, palette='Set2')
sns.stripplot(x='day', y='total_bill', data=tips, color='.25')
```

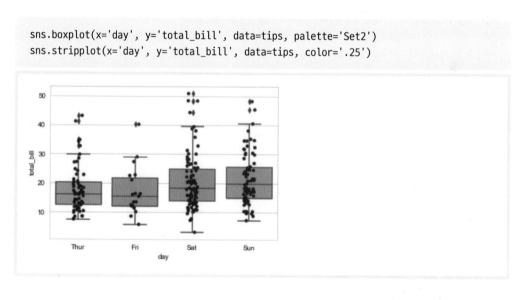

stripplot() 대신 swarmplot()을 활용하면 산점도의 점들을 겹치지 않게 출력할 수 있다.

```
sns.boxplot(x='day', y='total_bill', data=tips, palette='Set2')
sns.swarmplot(x='day', y='total_bill', data=tips, color='.25')
```

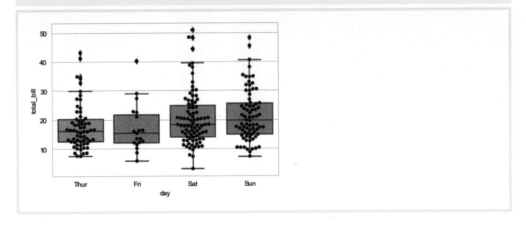

swarmplot()을 활용하면 값 분포를 더 잘 표현할 수 있지만 데이터 수가 너무 많으면 잘 작동하지 않는다. 벌이 모여 있는 모습과 비슷하여 꿀벌[beeswarm]그래프라고도 부른다.

7.2.7 범주형과 수치형 데이터 : 바이올린그래프

마지막으로 시본으로 바이올린그래프를 시각화하는 방법을 알아보자.

기본적인 사용 방법은 boxplot()과 유사하다. hue도 활용하여 출력해보자.

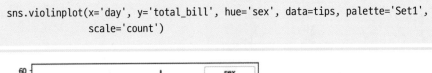

```
sns.violinplot(x='day', y='total_bill', hue='sex', data=tips, palette='Set1',
               scale='count')
```

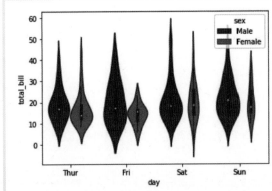

hue를 사용하면 입력한 데이터의 고윳값이 개별 바이올린으로 분리되어 출력된다. 그러나 split을 True로 설정하면 hue를 기준으로 분리된 바이올린을 하나의 바이올린에 출력할 수 있다(split을 True로 활용할 수 있는 경우는 hue에 활용하는 변수가 2개의 고윳값으로 구성된 경우다). 그리고 inner에 'quartile'이라고 입력하면 4분위수도 동시에 표시된다.

```
sns.violinplot(x='day', y='total_bill', hue='sex', data=tips, palette='Set1',
               split=True, scale='count', inner='quartile')
```

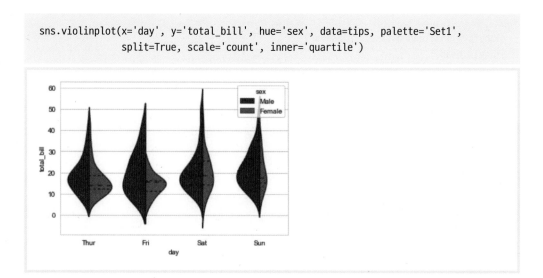

기본 바이올린 플롯에서 좀 더 분포의 모양을 반영한 모습으로 시각화하고 싶다면 bandwidth를 의미하는 bw 수치를 조절하여 대역폭을 줄인다.

```
sns.violinplot(x='day', y='total_bill', hue='sex', data=tips, palette='Set1',
               split=True, scale='count', inner='stick',
               scale_hue=False, bw=.2)
```

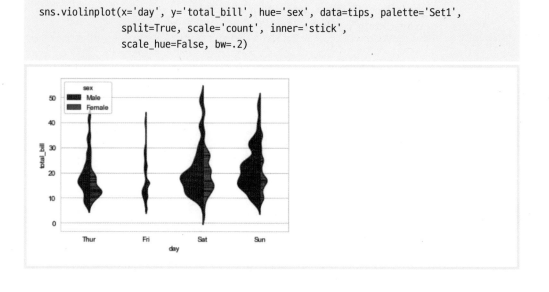

기본적인 바이올린 플롯보다 좀 더 구불구불하게 시각화되었는데 실제 분포에 더 가깝게 그려졌기 때문이다.

다른 데이터셋으로 바이올린 플롯의 추가적인 예제를 살펴보자. 시본의 planets 데이터셋을 사용하겠다.

```python
planets = sns.load_dataset('planets')
planets.head()
```

	method	number	orbital_period	mass	distance	year
0	Radial Velocity	1	269.300	7.10	77.40	2006
1	Radial Velocity	1	874.774	2.21	56.95	2008
2	Radial Velocity	1	763.000	2.60	19.84	2011
3	Radial Velocity	1	326.030	19.40	110.62	2007
4	Radial Velocity	1	516.220	10.50	119.47	2009

x가 아닌 y에 범주형 변수를 입력하면 가로 방향의 바이올린 플롯을 그릴 수 있다. data에 데이터의 일부만 선택해서 입력할 수도 있다. orbital_period 변수의 값 중 1000보다 작은 데이터만 한정해서 시각화해보자. 이 방법은 시본의 다른 그래프에도 동일하게 적용 가능하다.

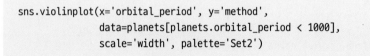

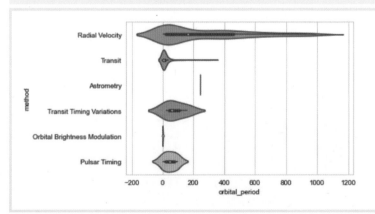

그래프를 보면 −200까지의 데이터도 포함되어 있다. 여기에서 데이터의 시작 부분을 자를 수도 있는데 cut을 활용한다. 0부터 시작하도록 입력해보자.

```
sns.violinplot(x='orbital_period', y='method',
               data=planets[planets.orbital_period < 1500],
               cut=0, scale='width', palette='Set2')
```

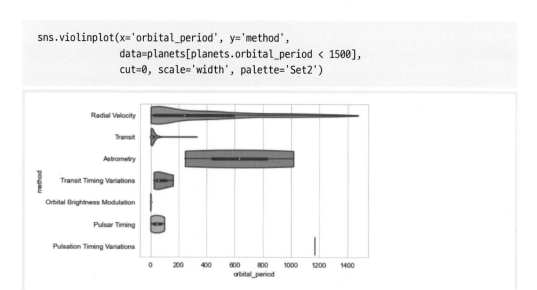

이렇게 시각화 함수에 입력하는 데이터도 자유롭게 설정할 수 있다.

이상으로 시본의 주요 그래프를 시각화하는 방식을 학습했다. 8장 데이터 분석 실습에서는 이 장에서 다루지 않은 그래프도 함께 다루겠다.

시본의 좀 더 다양한 그래프를 학습하고 싶다면 다음 공식 사이트를 방문한다.

```
https://seaborn.pydata.org/api.html
```

데이터 분석: EDA 실습

CHAPTER

08

이전 과정을 통해 데이터를 다양하게 다루고 시각화하기 위한 기법은 충분히 학습했다. 하지만 구슬이 서 말이라도 꿰어야 보배다. 실제 데이터셋을 활용해서 앞선 기술들이 어떻게 사용되고 응용되는지에 관련해서는 아직 구체적으로 감이 잘 오지 않을 테니 이에 관한 실습을 해보려고 한다. 이번 데이터 분석 실습 과정에서 분석의 대상이 되는 데이터의 특징을 파악하여 적합한 전처리 기법을 적용한 후 데이터를 더 잘 이해할 수 있도록 다양한 시각화 작업을 해보도록 하겠다.

우리는 EDA^{Exploratory Data Analysis} 과정에 중점을 둔 데이터 분석 과정을 실습할 것이다. EDA는 데이터를 분류하거나 수치를 예측하는 등 특정 데이터 분석의 결과를 산출하는 데이터 분석 과정은 아니다. 실제 데이터 분석 과정을 설계하기 전에 데이터의 양상이나 패턴을 파악하여 데이터 관련 이해도를 높이고 데이터 특성을 파악하는 시간을 갖는 과정이라고 할 수 있다. 이런 과정을 거쳐서 좀 더 효율적이고 적합한 데이터 분석 과정을 설계할 수 있다. EDA와 관련한 이론 지식은 다루지 않겠지만 이 장의 데이터 분석 EDA 실습 과정을 통해 '아, 이러한 것이구나!'를 느끼길 바라며 데이터 분석의 첫 걸음을 체험해본다고 생각하면 좋겠다.

8.1 데이터 첫 탐색

데이터 분석에서 가장 중요한 준비물은 데이터다. 우리가 처음 만난 사람과 대면했을 때 바로 깊은 대화를 할 수 없는 것처럼 데이터도 마찬가지다. 처음 보는 데이터로 특정 결과를 도출하는 분석을 하기는 힘들다. 아니 불가능하다. 그렇기 때문에 데이터 분석의 가장 처음에는 데이터의 모습을 살펴보고 파악하는 시간을 가져야 한다.

8.1.1 라이브러리와 데이터 로드

가장 먼저 할 일은 데이터 분석에 필요한 라이브러리를 임포트하는 것이다. 이 책에서는 처음부터 필요한 라이브러리를 전부 임포트하지만 실제로는 필요할 때마다 하나씩 추가해서 임포트해도 된다.

```python
import pandas as pd
import numpy as np
import matplotlib.pyplot as plt
import seaborn as sns
```

```
%matplotlib inline
import warnings
warnings.filterwarnings("ignore")

import datetime as dt
import missingno as msno
plt.rcParams['figure.dpi'] = 140
```

그리고 오늘의 주인공인 넷플릭스 콘텐츠 관련 데이터를 로드하자. 캐글에서 무료로 제공하는 데이터셋이지만 이 책에서 미리 다운로드를 받은 후 제공하고 있으니 그것을 불러온다. 상단 5행을 미리 확인하여 판다스가 데이터를 제대로 읽었는지 확인해보자.

```
df = pd.read_csv('data/netflix_titles.csv')
df.head()
```

	show_id	type	title	director	cast	country	date_added	release_year	rating	duration	listed_in	description
0	s1	TV Show	3%	NaN	João Miguel, Bianca Comparato, Michel Gomes, R...	Brazil	August 14, 2020	2020	TV-MA	4 Seasons	International TV Shows, TV Dramas, TV Sci-Fi &...	In a future where the elite inhabit an island
1	s2	Movie	7:19	Jorge Michel Grau	Demián Bichir, Héctor Bonilla, Oscar Serrano, ...	Mexico	December 23, 2016	2016	TV-MA	93 min	Dramas, International Movies	After a devastating earthquake hits Mexico Cit...
2	s3	Movie	23:59	Gilbert Chan	Tedd Chan, Stella Chung, Henley Hii, Lawrence ...	Singapore	December 20, 2018	2011	R	78 min	Horror Movies, International Movies	When an army recruit is found dead, his fellow...
3	s4	Movie	9	Shane Acker	Elijah Wood, John C. Reilly, Jennifer Connelly...	United States	November 16, 2017	2009	PG-13	80 min	Action & Adventure, Independent Movies, Sci-Fi...	In a postapocalyptic world, rag-doll robots hi...
4	s5	Movie	21	Robert Luketic	Jim Sturgess, Kevin Spacey, Kate Bosworth, Aar...	United States	January 1, 2020	2008	PG-13	123 min	Dramas	A brilliant group of students become card-coun...

데이터가 데이터프레임으로 잘 생성되어 출력되었다.

이 데이터는 일정한 기간에 정기적으로 업데이트된 넷플릭스의 영화 및 TV쇼 프로그램 관련 정보를 포함하고 있다. 데이터 내 각 변수의 의미를 간단하게 살펴보자.

- **show_id**: 콘텐츠 해당 아이디 번호
- **type**: TV쇼 또는 영화 중 콘텐츠가 속한 범주
- **title**: 콘텐츠 이름
- **director**: 콘텐츠 제작자 또는 감독
- **cast**: 영화와 TV쇼의 캐스팅 배우 목록

- **country**: 콘텐츠 제작 국가
- **date_added**: 콘텐츠가 넷플릭스에 업데이트된 날짜
- **release_year**: 콘텐츠 개봉 연도 또는 방영 시작 연도
- **rating**: 콘텐츠 관람 또는 시청 등급
- **duration**: 콘텐츠 상영 또는 방영 시간
- **listed_in**: 콘텐츠 해당 장르 목록
- **description**: 콘텐츠 상세 설명

우리가 데이터 분석을 실습해볼 넷플릭스 데이터는 이러한 성격을 가진 변수로 구성되어 있다.

8.1.2 데이터 모양과 결측값 확인

이제 준비된 데이터의 대략적인 외양을 확인할 차례다. 전체 행 수와 데이터 타입을 동시에 확인할 수 있는 판다스의 info() 함수를 활용해서 살펴보자.

```
df.info()
```

```
<class 'pandas.core.frame.DataFrame'>
RangeIndex: 7787 entries, 0 to 7786
Data columns (total 12 columns):
 #   Column        Non-Null Count  Dtype
---  ------        --------------  -----
 0   show_id       7787 non-null   object
 1   type          7787 non-null   object
 2   title         7787 non-null   object
 3   director      5398 non-null   object
 4   cast          7069 non-null   object
 5   country       7280 non-null   object
 6   date_added    7777 non-null   object
 7   release_year  7787 non-null   int64
 8   rating        7780 non-null   object
 9   duration      7787 non-null   object
 10  listed_in     7787 non-null   object
 11  description   7787 non-null   object
dtypes: int64(1), object(11)
memory usage: 730.2+ KB
```

데이터셋은 7787까지의 인덱스가 있고, 12개의 컬럼이 있다. 1개 컬럼의 데이터 타입이 수치형인 것을 제외하면 대부분의 컬럼이 오브젝트 타입인데, 좀 더 자세히 확인해보고 각 컬럼에 구체적인 타입을 정해주도록 하자.

describe() 함수도 사용해볼 수는 있겠지만 지금 상태에서는 수치형이 release_year 컬럼 1개밖에 없고, 데이터가 연도를 나타내기 때문에 확인하는 것은 큰 의미는 없을 것 같으므로 생략해도 될 것 같다.

데이터에 결측값이 어느 정도 분포하는지 확인해보자. 샘플링한 500개 데이터를 기준으로 missingno의 matrix 그래프로 확인한다.

```
msno.matrix(df.sample(500))
```

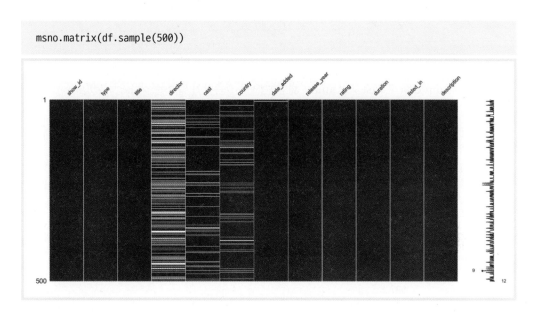

3개 컬럼에 결측값이 꽤 존재한다. 각 컬럼당 결측값 수를 확인하기 위해 bar 타입으로 확인한다.

```
msno.bar(df)
```

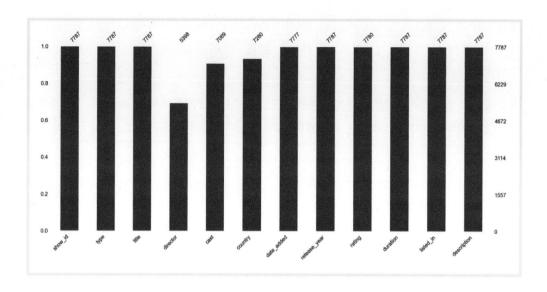

시각화를 통해 director > cast > country 컬럼 순으로 결측값이 많다는 것을 알 수 있다.

결측값의 수를 합산해보자.

```
df.isna().sum()
```

```
show_id          0
type             0
title            0
director      2389
cast           718
country        507
date_added      10
release_year     0
rating           7
duration         0
listed_in        0
description      0
dtype: int64
```

합산해보니 그래프를 통해서 잘 드러나지 않았던 date_added와 rating 컬럼에도 소량의 결측값이 존재한다는 것을 확인했다. 이제 본격적으로 결측값을 처리하자.

8.1.3 결측값 채우기

총 5개의 컬럼에 결측값이 있다는 것을 확인했다. 각 컬럼의 특성에 맞게 결측값을 채우는 것이 중요하다.

country 컬럼은 범주형이기 때문에 가장 빈도가 높은 값으로 결측값을 채우도록 한다.

```
df['country'] = df['country'].fillna(df['country'].mode())
```

cast 컬럼과 director 컬럼은 각각 배우와 감독 이름을 의미하는데 이는 콘텐츠의 고유한 데이터로서 다른 데이터를 참고해서 채울 수 없기 때문에 넘파이의 결측값을 넣어주도록 하자.

```
df['cast'].replace(np.nan, 'Missing', inplace=True)
df['director'].replace(np.nan, 'Missing', inplace=True)
```

date_added와 rating 컬럼에는 워낙 소수의 결측값이 있기 때문에 따로 채워주는 작업은 하지 않고 결측값이 있는 행을 삭제를 하는 것이 좋겠다. 그리고 모든 데이터에서 중복된 행이 있는 경우 삭제하는 작업도 함께 수행하자.

```
df.dropna(inplace=True)
df.drop_duplicates(inplace= True)
```

이제 모든 컬럼의 결측값을 다시 합산해보자.

```
df.isnull().sum()
```

```
show_id        0
type           0
title          0
director       0
cast           0
country        0
date_added     0
release_year   0
rating         0
duration       0
```

```
listed_in        0
description      0
dtype: int64
```

결측값이 확인되지 않는다. 이제 본격적으로 데이터 전처리 과정에 들어가자.

8.1.4 날짜시간 데이터 처리

콘텐츠가 넷플릭스에 업로드된 날짜를 의미하는 date_added 컬럼을 살펴보자. 이 컬럼은 유일하게 날짜시간(datetime) 타입이다. 그러나 데이터를 로드했을 때 오브젝트 타입으로 불려졌으므로 먼저 datetime 타입으로 바꿔준다.

```
df['date_added'] = pd.to_datetime(df['date_added'])
```

datetime으로 전환된 날짜는 '연도＋월＋일'로 구성되어 있는데 일은 의미가 없어 보이지만 연도와 월은 연도별이나 월별로 데이터를 분석하는 데 도움이 될 것 같으니 개별 컬럼으로 분리하자. 특히 월 데이터는 숫자뿐만 아니라 월 이름을 의미하는 month_name으로도 사용할 수 있으니 2가지 모두 사용해서 추출하자. 오른쪽에 3개 컬럼이 잘 생성된 것을 확인할 수 있다.

```
df['month_added'] = df['date_added'].dt.month
df['month_name_added'] = df['date_added'].dt.month_name()
df['year_added'] = df['date_added'].dt.year

df.head(3)    # 데이터의 첫 3행만 출력
```

	title	director	cast	country	date_added	release_year	rating	duration	listed_in	description	month_added	month_name_added	year_added
3%	Missing	João Miguel, Bianca Comparato, Michel Gomes, R...	Brazil	2020-08-14	2020	TV-MA	4 Seasons	International TV Shows, TV Dramas, TV Sci-Fi &...	In a future where the elite inhabit an island ...	8	August	2020
7:19	Jorge Michel Grau	Demián Bichir, Héctor Bonilla, Oscar Serrano, ...	Mexico	2016-12-23	2016	TV-MA	93 min	Dramas, International Movies	After a devastating earthquake hits Mexico Cit...	12	December	2016
23:59	Gilbert Chan	Tedd Chan, Stella Chung, Henley Hii, Lawrence ...	Singapore	2018-12-20	2011	R	78 min	Horror Movies, International Movies	When an army recruit is found dead, his fellow...	12	December	2018

8.2 데이터 전처리

결측값과 datetime 형식의 처리를 기본적으로 마쳤으니 이제 본격적인 데이터 전처리에 들어가도록 하자. 기존 컬럼을 활용하여 데이터 분석에 도움이 될 만한 새로운 변수를 만드는 파생변수 생성 작업과 적합한 데이터 타입을 적용하는 처리를 할 것이다.

8.2.1 country 변수를 활용하여 파생변수 만들기

데이터프레임의 앞부분에서는 보이지 않았지만 끝부분을 확인해보면 country 컬럼에 값이 1개인 경우도 있지만 여러 개인 경우도 존재한다.

```
df.tail(3)
```

	show_id	type	title	director	cast	country	date_added	release_year	rating	duration	listed_in	description
7784	s7785	Movie	Zulu Man in Japan	NaN	Nasty C	NaN	September 25, 2020	2019	TV-MA	44 min	Documentaries, International Movies, Music & M...	In this documentary, South African rapper Nast...
7785	s7786	TV Show	Zumbo's Just Desserts	NaN	Adriano Zumbo, Rachel Khoo	Australia	October 31, 2020	2019	TV-PG	1 Season	International TV Shows, Reality TV	Dessert wizard Adriano Zumbo looks for the nex...
7786	s7787	Movie	ZZ TOP: THAT LITTLE OL' BAND FROM TEXAS	Sam Dunn	NaN	United Kingdom, Canada, United States	March 1, 2020	2019	TV-MA	90 min	Documentaries, Music & Musicals	This documentary delves into the mystique behi...

콘텐츠를 제작한 주요 국가가 가장 앞에 있으므로 가장 앞에 있는 국가 외에는 삭제하도록 하자. 문자열 데이터 처리에서 학습했던 split() 함수를 활용해서 값을 나눈 후 가장 첫 번째 열만 가져온다.

```
df['country_1st'] = df['country'].apply(lambda x: x.split(',')[0])
df['country_1st'].tail()
```

```
7781     United States
7782            Sweden
7783             India
7785         Australia
7786    United Kingdom
Name: country_1st, dtype: object
```

그리고 데이터 분석 결과를 확인할 때 가독성이 좋아지도록 문자 길이가 긴 국가 이름은 짧은 단어로 변경하자. 예를 들어 'United States'는 'USA'로 변경하는 것이다. 'UK'와 'S. Korea'도 같은 이유로 변경하겠다.

```
df['country_1st'].replace('United States', 'USA', inplace=True)
df['country_1st'].replace('United Kingdom', 'UK', inplace=True)
df['country_1st'].replace('South Korea', 'S. Korea', inplace=True)
df['country_1st'].tail()
```

```
7781            USA
7782         Sweden
7783          India
7785      Australia
7786             UK
Name: country_1st, dtype: object
```

이렇게 하여 country_1st 컬럼에는 주요 국가만 담겼다.

8.2.2 rating 변수를 활용하여 파생변수 만들기

콘텐츠의 시청 등급을 의미하는 rating 컬럼의 고윳값을 확인해보자.

```
df['rating'].unique()
```

```
array(['TV-MA', 'R', 'PG-13', 'TV-14', 'TV-PG', 'NR', 'TV-G', 'TV-Y',
       'TV-Y7', 'PG', 'G', 'NC-17', 'TV-Y7-FV', 'UR'], dtype=object)
```

이렇게 14가지 시청 등급이 나온다. 값이 너무 여러 개면 데이터 분석 결과를 파악하는 데 어려움이 따른다. 그러므로 이 14가지 시청 등급을 4가지 상위 분류로 다시 묶어주자. 캐글에 올라온 다른 유저의 노트북을 참고하여 넷플릭스의 각 등급이 타깃팅하고 있는 대상 분류를 다음과 같이 ratings_ages라는 변수에 저장해주었다.

이러한 작업은 데이터가 속한 도메인 분야의 특징을 파악해서 처리해야 한다. 넷플릭스의 시청 등급 중 TV-MA, R, NR, NC-17, UR은 개별적으로 조금씩 다르긴 하지만 전체적으로 성인을 대상으로 한 시청 등급이라 한 묶음으로 그룹핑해주는 것이다. 추후 다른 데이터 분석 시에도 어떤 변수에 고 윳값이 너무 여러 가지가 있다면 도메인의 특징을 살려서 값을 줄이는 것이 결과를 해석하는 데 도움이 된다.

```
ratings_ages = {
    'TV-MA': 'Adults',
    'R': 'Adults',
    'PG-13': 'Teens',
    'TV-14': 'Teens',
    'TV-PG': 'Older Kids',
    'NR': 'Adults',
    'TV-G': 'Kids',
    'TV-Y': 'Kids',
    'TV-Y7': 'Older Kids',
    'PG': 'Older Kids',
    'G': 'Kids',
    'NC-17': 'Adults',
    'TV-Y7-FV': 'Older Kids',
    'UR': 'Adults'
}
```

저장해둔 ratings_ages 변수를 각 콘텐츠가 대상으로 하는 사용자라는 의미로 target_user라는 새로운 컬럼을 생성하여 rating 컬럼에 replace() 함수를 사용해서 저장한다.

```
df['target_user'] = df['rating'].replace(ratings_ages)
df['target_user'].unique()
```

```
array(['Adults', 'Teens', 'Older Kids', 'Kids'], dtype=object)
```

target_user 컬럼이 잘 생성되었다. 이 컬럼은 각 콘텐츠가 4개의 사용자 분류 중 어느 사용자를 타깃으로 하는지 파악하기 쉽도록 도움을 줄 것이다.

8.2.3 duration 변수를 활용하여 파생변수 만들기

duration 컬럼에 저장된 값을 살펴보자. 영화 데이터에는 재생 시간, TV쇼 데이터에는 시즌 관련 정보가 담겨 있다.

```
df['duration'].unique()[:10]
```

```
array(['4 Seasons', '93 min', '78 min', '80 min', '123 min', '1 Season',
       '95 min', '119 min', '118 min', '143 min'], dtype=object)
```

duration 컬럼의 원본 값은 영화와 TV쇼의 값이 함께 들어 있어 기준과 단위가 다르기 때문에 분리해야 한다. 시즌 횟수 값만 새로운 컬럼에 저장하자. 데이터 처리 아이디어는 시즌 정보가 있는 콘텐츠에는 Season이라는 단어가 있기 때문에 이 단어가 값에 포함되어 있다면 시즌이 있는 데이터로 인식하게 하여 해당 숫자만 추출하는 것이다. 이 아이디어를 코드로 전환하면 다음과 같다. lambda와 if를 활용하여 특정 값이 데이터에 있다면 숫자를 추출하라고 요청한 코드를 apply로 적용하였다.

```
df['season_count'] = df.apply(lambda x : x['duration'].split(' ')[0] if 'Season' in
x['duration'] else "", axis = 1)
df['season_count'].unique()
```

```
array(['4', '', '1', '2', '3', '5', '9', '8', '6', '11', '7', '13', '12',
       '10', '16', '15'], dtype=object)
```

생성된 season_count 컬럼의 고윳값만 확인해보면 시즌이 있는 데이터만 그 횟수가 잘 담겨 있는 것이 보인다. 그런데 ''와 같이 값이 없는 데이터도 있으니 이러한 데이터는 넘파이의 결측값으로 변경하자.

```
df['season_count'].replace('', np.nan, inplace=True)
```

기존 duration 컬럼으로 다시 돌아와서 방금의 경우와는 반대로 Season 단어가 없으면 바로 해당 숫자만 추출하는 것으로 코드를 작성한다. 결과적으로 영화 데이터의 경우 해당 영화의 재생 시간 데이터만 남게 된다.

```
df['duration'] = df.apply(lambda x : x['duration'].split(' ')[0] if 'Season' not in
x['duration'] else "", axis = 1)
df['duration'].unique()[:10]
```

```
array(['', '93', '78', '80', '123', '95', '119', '118', '143', '103'],
      dtype=object)
```

duration 컬럼도 마찬가지로 공백 상태인 ' ' 값은 넘파이의 결측값으로 변경해서 저장한다.

```
df['duration'].replace('', np.nan, inplace=True)
```

이렇게 기존 컬럼을 활용하여 영화의 재생 시간과 TV쇼의 시즌 수 데이터 관련 컬럼을 생성해보았다.

8.2.4 listed_in 변숫값 분리하기

listed_in 컬럼은 해당 콘텐츠가 어떤 장르에 속하는지에 관한 데이터가 들어 있다. 이 데이터는 단일 값이 아니라 여러 개의 값으로 구성되어 있는데 split() 함수를 활용해서 데이터를 분리하려 한다. 그런데 원본 데이터에 분리 기준이 되는 쉼표(,) 전후로 공백이 있는 경우가 있다. 그러므로 공백이 포함되어 있는 쉼표는 공백을 제거한 후 최종적으로 쉼표 기준으로 분리 작업을 수행하자.

```
df['genre'] = df['listed_in'].apply(lambda x : x.replace(' ,',',').replace(', ',',').
split(','))
df.head(5)
```

country	date_added	release_year	rating	duration	listed_in	month_added	month_name_added	year_added	country_1st	target_user	season_count	genre
Brazil	2020-08-14	2020	TV-MA	NaN	International TV Shows, TV Dramas, TV Sci-Fi & ...	8	August	2020	Brazil	Adults	4	[International TV Shows, TV Dramas, TV Sci-Fi ...
Mexico	2016-12-23	2016	TV-MA	93	Dramas, International Movies	12	December	2016	Mexico	Adults		[Dramas, International Movies]
Singapore	2018-12-20	2011	R	78	Horror Movies, International Movies	12	December	2018	Singapore	Adults		[Horror Movies, International Movies]
United States	2017-11-16	2009	PG-13	80	Action & Adventure, Independent Movies, Sci-	11	November	2017	USA	Teens		[Action & Adventure, Independent Movies, Sci-Fi ...

8.2.5 불필요한 변수 삭제하기

주요 파생변수 생성 작업을 마쳤으니 변수를 정리하겠다. 데이터 분석에 불필요한 컬럼인 show_id 와 description은 삭제하자. 삭제는 drop() 함수를 사용한다.

```
df = df.drop(columns=['show_id', 'description'])
df.head(3)
```

	type	title	director	cast	country	date_added	release_year	rating	duration	listed_in	month_added	month_name_added	year_added
0	TV Show	3%	Missing	João Miguel, Bianca Comparato, Michel Gomes, R...	Brazil	2020-08-14	2020	TV-MA	NaN	International TV Shows, TV Dramas, TV Sci-Fi &...	8	August	2020
1	Movie	7:19	Jorge Michel Grau	Demián Bichir, Héctor Bonilla, Oscar Serrano, ...	Mexico	2016-12-23	2016	TV-MA	93	Dramas, International Movies	12	December	2016
2	Movie	23:59	Gilbert Chan	Tedd Chan, Stella Chung, Henley Hii, Lawrence ...	Singapore	2018-12-20	2011	R	78	Horror Movies, International Movies	12	December	2018

모든 변수가 잘 정리되었다.

필수 과정은 아니지만 데이터 분석에 불필요하거나 의미 없다고 생각되는 컬럼은 삭제하는 편이 데이터 분석 처리에 사용되는 메모리 사용량도 줄이고, 코드 실행 결과 확인 시에도 더 좋다. 복잡하거나 대용량 데이터인 경우에는 의미가 더 크다.

8.2.6 데이터 타입 변경하기

모든 컬럼의 데이터 타입을 확인해보자. 날짜시간 데이터 타입과 수치형도 있지만 대부분 오브젝트 타입이다.

```
df.dtypes
```

```
type        object
title       object
director    object
```

```
cast              object
country           object
date_added        object
release_year       int64
rating            object
duration          object
listed_in         object
season_count      object
genre             object
dtype: object
```

오브젝트 타입을 그대로 사용할 수도 있지만 일부는 데이터의 성격에 맞는 형식으로 바꿔줘야 한다.

type과 target_user 컬럼의 경우에는 카테고리 타입으로 변경해준다. 나머지 오브젝트 타입 컬럼은 그대로 유지한다. 그리고 year_added, duration, season_count 등 3개 컬럼은 수치형으로 변경할 필요가 있으므로 타입 변경을 해준다.

이러한 계획을 반영한 데이터 타입 변경 코드는 다음과 같다.

```
df['type'] = pd.Categorical(df['type'])
df['target_user'] = pd.Categorical(df['target_user'], categories=['Kids', 'Older
Kids', 'Teens', 'Adults'])
df['year_added'] = pd.to_numeric(df['year_added'])
df['duration'] = pd.to_numeric(df['duration'])
df['season_count'] = pd.to_numeric(df['season_count'])
```

데이터 타입을 다시 출력해보자.

```
df.dtypes
```

```
type              category
title               object
director            object
cast                object
country             object
date_added    datetime64[ns]
release_year         int64
rating              object
duration           float64
listed_in           object
```

```
month_added                 int64
month_name_added           object
year_added                  int64
country_1st                object
target_user              category
season_count              float64
genre                      object
dtype: object
```

변경 작업한 컬럼이 적합한 데이터 타입으로 잘 변경되었다. 다음 과정으로 넘어가자.

8.2.7 콘텐츠 타입별로 데이터 저장하기

우리는 실습 과정에서 넷플릭스 데이터에서 가장 크게 구분해서 살펴볼 기준점으로 콘텐츠 타입을
의미하는 type 컬럼을 선택하려고 한다. type 컬럼의 고윳값인 영화와 TV쇼로 데이터를 각각 저장
해 놓고 각 콘텐츠 타입별로 다양한 데이터 탐색을 해보자.

```
df_tv = df[df['type'] == 'TV Show']
df_tv.head(3)
```

	type	title	director	cast	country	date_added	release_year	rating	duration	listed_in	month_added	month_name_added	year_added
0	TV Show	3%	Missing	João Miguel, Bianca Comparato, Michel Gomes, R...	Brazil	2020-08-14	2020	TV-MA	NaN	International TV Shows, TV Dramas, TV Sci-Fi &...	8	August	2020
5	TV Show	46	Serdar Akar	Erdal Beşikçioğlu, Yasemin Allen, Melis Birkan...	Turkey	2017-07-01	2016	TV-MA	NaN	International TV Shows, TV Dramas, TV Mysteries	7	July	2017
11	TV Show	1983	Missing	Robert Więckiewicz, Maciej Musiał, Michalina O...	Poland, United States	2018-11-30	2018	TV-MA	NaN	Crime TV Shows, International TV Shows, TV Dramas	11	November	2018

```
df_movie = df[df['type'] == 'Movie']
df_movie.head(3)
```

	type	title	director	cast	country	date_added	release_year	rating	duration	listed_in	month_added	month_name_added	year_added
1	Movie	7:19	Jorge Michel Grau	Demián Bichir, Héctor Bonilla, Oscar Serrano, ...	Mexico	2016-12-23	2016	TV-MA	93.0	Dramas, International Movies	12	December	2016
2	Movie	23:59	Gilbert Chan	Tedd Chan, Stella Chung, Henley Hii, Lawrence ...	Singapore	2018-12-20	2011	R	78.0	Horror Movies, International Movies	12	December	2018
3	Movie	9	Shane Acker	Elijah Wood, John C. Reilly, Jennifer Connelly...	United States	2017-11-16	2009	PG-13	80.0	Action & Adventure, Independent Movies, Sci-Fi...	11	November	2017

TV쇼 데이터는 df_tv, 영화 데이터는 df_movie로 각각 데이터를 분리하여 저장했다. 이렇게 개별 데이터를 저장해두면 좀 더 편리하게 데이터 분석을 할 수 있다. 물론 전체 데이터프레임을 사용해서 데이터 탐색 및 시각화 작업도 진행할 것이다.

8.3 데이터 시각화 기초

가장 먼저 데이터의 전반적인 분포나 비중을 시각화해서 파악하자. 우리는 앞서 학습한 맷플롯립과 시본을 활용하여 기초적이지만 다양한 목적의 그래프를 시각화해볼 것이다.

시각화 과정 전에 한글 출력을 위한 맷플롯립의 폰트 매니저를 임포트하고, 현재 로컬에 설치되어 있는 폰트 목록을 확인해보자.

```
import matplotlib.font_manager as fm

# 설치된 폰트 출력
font_list = [font.name for font in fm.fontManager.ttflist]
font_list
```

```
Out [3]:  ['cmb10',
           'DejaVu Sans',
           'DejaVu Serif',
           'DejaVu Sans',
           'STIXNonUnicode',
           'STIXGeneral',
           'DejaVu Sans Mono',
           'STIXSizeTwoSym',
           'STIXSizeFiveSym',
           'STIXNonUnicode',
           'DejaVu Serif Display',
           'DejaVu Sans Mono',
           'cmmi10',
           'cmex10',
           'cmsy10',
           'STIXSizeFourSym',
           'STIXNonUnicode',
           'STIXNonUnicode',
           'DejaVu Sans Display',
```

앞으로 작성할 시각화 코드의 폰트명은 이 목록에 있는 폰트 중 하나를 사용하면 된다.

8.3.1 콘텐츠 타입별 개수 시각화하기

전체 데이터프레임을 활용해서 콘텐츠 타입별 개수가 각각 얼마인지 파악해보자. 개수를 시각화하는 경우에는 시본의 countplot() 함수를 활용할 수 있다. x에 관찰하려는 컬럼명을 입력하면 되는데 콘텐츠 타입에 해당하는 type 컬럼을 입력해보자.

```python
# 시본 그래프 스타일 지정: 한 번만 실행
sns.set(style='white')

sns.countplot(x='type', data=df, palette='husl')
sns.despine(left=True)
plt.title('콘텐츠 타입별 개수', fontsize=14, fontfamily='Malgun Gothic',
          fontweight='bold', position=(0, 0))
plt.show()
```

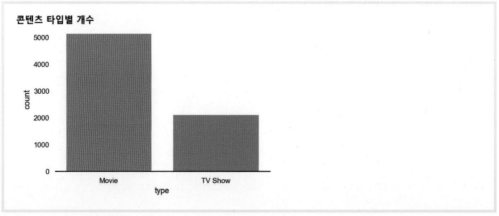

그런데 시본의 countplot() 함수 관련 코드 외에 여러 가지 코드가 위아래로 있는 것이 보일 것이다.

첫 번째 줄에 있는 set() 함수는 앞으로 시본 그래프를 출력할 때의 스타일을 고정하는 것이다. 최초 1번만 실행하면 그 후에 출력하는 시본 그래프는 모두 이 스타일로 동일하게 출력된다.

그리고 plt에서 호출한 title() 함수는 그래프의 타이틀을 설정할 수 있는 맷플롯립의 함수다. 왼쪽부터 타이틀 내용, 폰트 사이즈, 폰트명, 폰트 두께, 폰트 위치 등의 매개변수를 활용했다. 이 외에 사용할 수 있는 매개변수는 7장 데이터 시각화를 참조하여 직접 사용해보길 바란다.

despine() 함수는 시본 그래프의 상단과 오른쪽 그래프 라인을 제거하는 역할을 한다. 그런데 괄호 안에 왼쪽 그래프 라인도 추가로 더 제거한다고 입력했기 때문에 그래프에는 하단 라인만 출력되었다. 이 함수는 좀 더 그래프를 깔끔하게 보이게 하기 위한 것이니 생략해도 무방하다.

> **NOTE** 7장 데이터 시각화에서 시본 라이브러리는 맷플롯립 기반으로 동작한다고 했다. 이러한 특징 때문에 맷플롯립의 함수를 시본에서도 섞어서 활용할 수 있다는 장점이 있다. 시본 라이브러리가 맷플롯립 라이브러리보다 접근하기 쉽게 만들어졌지만 다양한 속성을 지원하지 않기 때문에 조금 익숙해지면 일정 부분에서 제약을 느낄 것이다. 이때 맷플롯립 함수를 조합해서 시각화 작업을 하면 부족한 부분을 보완할 수 있다.

콘텐츠 타입별 개수를 막대그래프로 시각화하니 영화 데이터가 TV쇼 데이터보다 대략 2.5배 많다는 것을 확인할 수 있다.

8.3.2 콘텐츠 타입 비중 시각화하기

이번에는 데이터 수가 아닌 비중을 시각화해보도록 하자. 비중을 나타내는 대표적인 그래프는 파이 그래프다. 파이 차트 또는 원 그래프라고도 한다. 맷플롯립 라이브러리의 pie() 함수를 활용하여 파이 그래프를 그릴 수 있다. 현재 전체 데이터프레임에는 비중을 나타내는 데이터가 없기 때문에 이 값을 만드는 작업부터 먼저 하겠다.

groupby()로 type 컬럼의 고윳값을 기준으로 개수를 데이터프레임 길이로 나눈 값을 소수점 2자리까지만 추출하자.

```
type_count = df.groupby(['type'])['type'].count()
length = len(df)
result = (type_count/length).round(2)
```

위 코드를 1줄로 표현하면 다음과 같다.

```
(df.groupby(['type'])['type'].count()/length).round(2)
```

```
type
Movie      0.71
TV Show    0.29
Name: type, dtype: float64
```

이 상태에서 테이블을 좀 더 보기 좋게 표현하기 위해 인덱스와 컬럼 위치를 교환해주는 T를 사용해서 데이터프레임을 저장하자.

```
type_ratio = pd.DataFrame(result).T
type_ratio
```

type	Movie	TV Show
type	0.71	0.29

이제 비중 관련하여 만들어둔 변수들을 파이 그래프의 함수에 적용해보자. pie() 함수에서 입력하는 매개변수 labels와 wedgeprops는 가독성을 위해 미리 변수를 만들어 저장한 후 활용했다.

```
labels = ['Movie', 'TV show']
wedgeprops = {'linewidth': 2, 'width':1, 'edgecolor':'w'}

plt.figure(figsize=(6, 4))
plt.pie(type_count/length, labels=labels, autopct='%1.2f%%', startangle=90,
colors=['#E68193', '#459E97'],
        textprops={'fontsize': 10}, wedgeprops = wedgeprops)
plt.title('콘텐츠 타입 비중', fontsize=14, fontfamily='Malgun Gothic',
fontweight='bold', position=(0, 0))
plt.show()
```

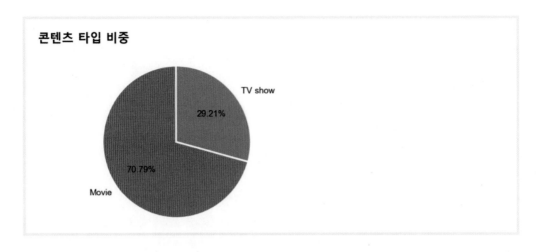

출력된 파이 그래프를 살펴보면 막대그래프와 마찬가지로 영화 데이터 비중이 TV쇼의 2배 이상이라는 것을 알 수 있다. pie 코드 바로 위에 사용한 figure() 함수는 그래프 출력 사이즈를 지정하는 매개변수 figsize를 사용하기 위해 활용했다.

8.3.3 월별 콘텐츠 업로드 수 시각화하기

넷플릭스 데이터에는 각 콘텐츠가 업로드된 날짜가 있다. 데이터 전처리 과정에서 날짜시간 데이터를 처리할 때 월 데이터만 추출해서 month_added 컬럼을 만들었는데 이 컬럼을 활용하여 전체 콘텐츠가 월 기준으로 어느 정도 업로드되었는지 시각화해보자.

개수를 표현할 때는 시본의 countplot() 함수를 활용한다. 그런데 콘텐츠 타입별로 파악하기 위해 hue에 type 컬럼을 입력해주었다.

```python
plt.figure(figsize=(10,5))
sns.countplot(x='month_added', hue='type', data=df, palette='husl')
sns.despine(left=True)
plt.title('월별 콘텐츠 업로드 수', fontsize=14, fontfamily='Malgun Gothic',
          fontweight='bold', position=(0, 0))
plt.show()
```

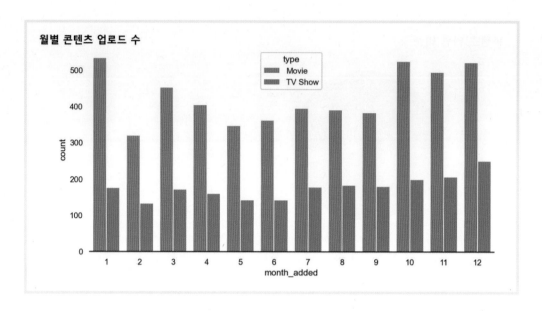

영화의 경우에는 업로드 수가 1월이 가장 높고 2월이 가장 낮은 반면 TV쇼는 12월이 가장 높고 2월이 가장 낮다는 것을 알 수 있다. 공통적으로 겨울 시즌에는 업로드되는 콘텐츠 수가 많고, 대략 2월은 업로드되는 콘텐츠 수가 가장 적다.

8.3.4 연도순으로 콘텐츠 개봉 또는 방영 수 시각화하기

넷플릭스 데이터에는 각 콘텐츠가 영화인 경우 개봉 연도, TV쇼인 경우 방영 연도 값인 release_year 컬럼이 있다. 이 컬럼을 활용하여 연도에 따른 영화 개봉 수와 TV쇼 방영 수를 시각화해보자.

시본의 countplot() 함수를 활용하며 x에 release_year 컬럼을 사용하면 된다. 콘텐츠 타입별 비교를 위해 type 컬럼을 hue에 입력하자.

```
plt.figure(figsize=(10,5))
sns.countplot(x='release_year', hue='type', data=df, palette='husl')
sns.despine(left=True)
plt.title('연도순 콘텐츠 개봉 또는 방영 수', fontsize=14, fontfamily='Malgun Gothic',
          fontweight='bold', position=(0, 0))
plt.xticks(rotation=90, fontsize=6)
plt.show()
```

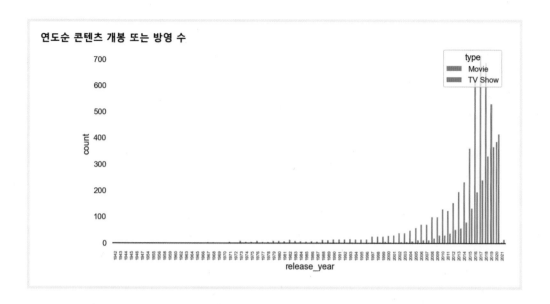

추가적으로 xticks()라는 함수도 활용했는데 x축에 표시되는 텍스트를 90도 회전시키기 위해서다. 텍스트 양이 많아 영역에 모두 표시하기 어려울 때는 이러한 방식으로 각도를 변형하여 사용하는 것이 좋다.

그래프를 보면 1942년도부터 콘텐츠의 개봉 또는 방영이 시작된 것으로 보인다. 영화 개봉 수는 꾸준히 증가하다가 2017년 이후부터 감소하는 양상을 보이고 있으며, TV쇼는 영화 개봉 수보다 대부분 낮은 수치였지만 꾸준히 증가하다가 2020년에 영화를 뛰어넘는 수치를 보인다.

8.3.5 콘텐츠 타입별 타깃 유저 수 시각화하기

우리는 데이터 전처리 과정에서 시청 등급을 의미하는 rating 컬럼을 기반으로 좀 더 상위 그룹으로 그루핑한 target_user 컬럼을 생성한 바 있다. 7살 미만 어린이를 대상으로 하는 콘텐츠는 Kids, 7살 이상 어린이는 Older Kids, 청소년은 Teens, 성인 대상은 Adults로 총 4개의 값은 각 콘텐츠가 타깃으로 하는 유저 대상이라 할 수 있다.

countplot() 함수의 x에 target_user 컬럼, hue에 type 컬럼을 지정한다.

```
plt.figure(figsize=(10,5))
sns.countplot(x='target_user', hue='type', data=df, palette='husl')
sns.despine(left=True)
plt.title('콘텐츠 타입별 타깃 유저 수', fontsize=14, fontfamily='Malgun Gothic',
          fontweight='bold', position=(0, 0))
plt.xticks()
plt.show()
```

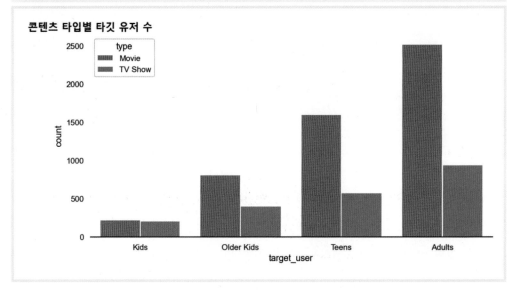

예상했겠지만 성인을 위한 콘텐츠가 영화나 TV쇼 모두에서 많은 양을 차지하고 있다. 그리고 2가지 콘텐츠 타입 모두 공통적으로 Kids, Older Kids, Teens, Adults 순으로 뒤로 갈수록 큰 타깃으로 삼고 있다.

8.3.6 연도순 콘텐츠 타입별 업로드 수 시각화하기

데이터에서 year_added 컬럼은 각 콘텐츠가 넷플릭스에 업로드된 연도를 의미한다. 이 컬럼을 활용해서 연도별로 콘텐츠가 어느 정도로 업로드되었는지 나타내는 그래프를 시각화해보자.

역시 countplot()을 활용하며 x에 year_added 컬럼을 입력한다. 타입별 비교를 위해 hue에 type 컬럼을 입력한다.

```
plt.figure(figsize=(10,5))
sns.countplot(x='year_added', hue='type', data=df, palette='husl')
sns.despine(left=True)
plt.title('연도순 콘텐츠 타입별 업로드 수', fontsize=14, fontfamily='Malgun Gothic',
          fontweight='bold', position=(0, 0))
plt.xticks()
plt.show()
```

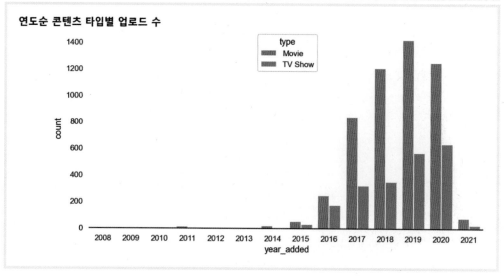

2008년도부터 콘텐츠가 업로드되었으며 2016년도부터 많은 양이 업로드되기 시작했다. 영화는 2019년도에 가장 많이 업로드되었고, TV쇼는 2020년도에 가장 많이 업로드되었다. 2021년에 해당 하는 데이터는 앞부분의 데이터만 담겨 있기 때문에 2020년까지의 그래프만 확인하면 된다.

8.3.7 연도순 콘텐츠 타입과 타깃 유저 비중 시각화하기

이번에는 데이터 수를 시각화하는 것이 아닌 비중을 시각화해보자. 앞부분에서 콘텐츠 타입 비중을 시각화했을 때 맷플롯립 파이 그래프를 사용했는데, 시본의 displot( ) 함수도 비중을 표현할 수 있 다. x에 year_added 컬럼을 입력하고, 역시 콘텐츠 타입 비교를 위해 hue도 활용한다.

displot( )에서 kind는 데이터 시각화를 위한 접근 방식을 정하는 것이다. {'hist', 'kde', 'ecdf'} 중에 서 1개를 사용하면 되는데 우리는 kde 방식으로 출력해보겠다.

```
sns.displot(x='year_added', hue='type', data=df, kind='kde', height=6,
            multiple='fill', clip=(0, None), palette='husl')
sns.despine(left=True)
plt.title('연도순 콘텐츠 타입 비중', fontsize=14, fontfamily='Malgun Gothic',
          fontweight='bold', position=(0, 0))
plt.xticks()
plt.show()
```

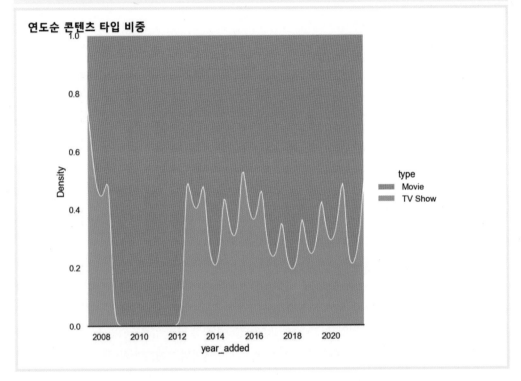

각 콘텐츠 타입의 비중을 합하면 1이라는 수치가 되는 비중 그래프가 출력되었다. multiple을 fill로 설정해서 이러한 결과물이 나오게 된 것인데 stack으로 설정하면 또 다른 형태의 그래프가 출력되니 한 번 시도해보길 바란다.

2009~2012년은 영화의 비중이 굉장히 높았던 시기라는 것을 알 수 있다.

이번에는 콘텐츠 타입이 아닌 타깃 유저의 비중을 연도순으로 살펴보자. hue만 target_user로 변경해주었다.

```python
sns.displot(x='year_added', hue='target_user', data=df, kind='kde', height=6,
            multiple='fill', clip=(0, None), palette='husl')
sns.despine(left=True)
plt.title('연도순 타깃 유저 비중', fontsize=14, fontfamily='Malgun Gothic',
          fontweight='bold', position=(0, 0))
plt.xticks()
plt.show()
```

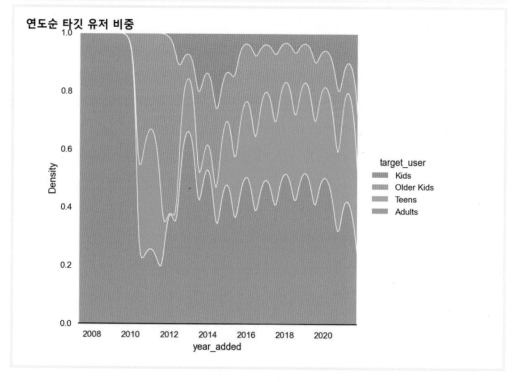

2008~2010년에는 성인을 위한 콘텐츠가 대부분이었지만 그 이후부터는 점차 다른 타깃을 대상으로 한 콘텐츠가 증가한 것을 알 수 있다.

지금까지 비중 그래프를 시각화하여 콘텐츠 타입과 유저 비중 데이터에 대한 변화의 경향을 파악해보았다.

8.4 데이터 시각화 고급

앞부분에서는 데이터 시각화 작업 시 데이터프레임에 존재하는 컬럼을 직접 활용해서 출력하는 방식을 활용했는데 이번에는 데이터를 1번 이상 다시 가공하여 시각화하는 작업을 해보자.

8.4.1 영화와 TV쇼 장르 Top 10 시각화하기

listed_in 컬럼은 각 콘텐츠 데이터가 어느 장르에 속하는지에 관한 값을 가지고 있다. 이 값을 활용하면 어느 장르가 넷플릭스 콘텐츠에서 비중을 많이 차지하고 있는지 알 수 있다. 많은 비중을 차지하고 있다는 것은 그만큼 인기가 있다고 해석할 수 있으니 Top 10 장르를 파악해보자. 기존에 영화와 TV쇼 이렇게 2가지 콘텐츠 타입별로 분리한 데이터프레임을 활용할 것이다.

먼저 영화의 Top 10 장르를 파악해보자. 이러한 결과는 value_counts() 함수를 활용하면 쉽게 할 수 있다.

```
df_movie['listed_in'].value_counts().head(10)
```

```
Documentaries                                        322
Dramas, International Movies                          307
Stand-Up Comedy                                      293
Comedies, Dramas, International Movies                240
Dramas, Independent Movies, International Movies      213
Children & Family Movies, Comedies                   160
Documentaries, International Movies                   159
Comedies, International Movies                        149
Dramas, International Movies, Romantic Movies         147
Children & Family Movies                             138
Name: listed_in, dtype: int64
```

이를 시본의 barplot() 함수를 활용해서 시각화해보자. 방금 전의 결과물을 movie_top10이란 변수로 저장한 뒤 x에 인덱스, y에 개수를 입력한다. x에 인덱스를 활용하는 이유는 그래프 하단에 해당 값의 이름을 직접 출력하기 위해서다.

```
movie_top10 = df_movie['listed_in'].value_counts().head(10)

plt.figure(figsize=(15,5))
sns.barplot(x = movie_top10.index,
            y = movie_top10.values, palette='husl')
sns.despine(left=True)
plt.xticks(rotation=70)
plt.title('영화 Top 10 장르', fontsize=22, fontfamily='Malgun Gothic',
          fontweight='bold', position=(0, 0))
plt.show()
```

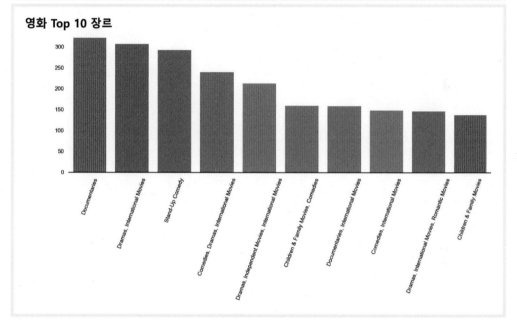

이번에는 마찬가지로 TV쇼의 top 10 장르를 시각화해보자. TV쇼 데이터의 listed_in 컬럼에 value_counts() 함수를 활용한 결과는 생략하겠다. 궁금한 독자는 직접 출력해보기 바란다.

```
tv_top10 = df_tv['listed_in'].value_counts().head(10)

plt.figure(figsize=(15,5))
sns.barplot(x = tv_top10.index,
            y = tv_top10.values, palette='husl')
sns.despine(left=True)
plt.xticks(rotation=70)
plt.title('TV쇼 Top 10 장르', fontsize=22, fontfamily='Malgun Gothic',
          fontweight='bold', position=(0, 0))
plt.show()
```

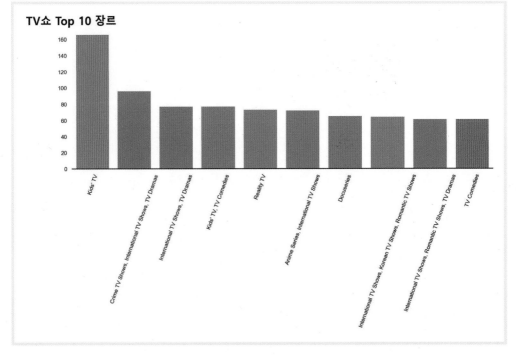

x축에 출력되는 데이터명이 굉장히 길어서 각도가 많이 꺾인 상태로 출력된다.

영화는 다큐멘터리, 드라마, 스탠드업 코미디 이렇게 3개 장르가 순서대로 많은 비중을 차지하고 있고, TV쇼는 어린이 대상 프로그램이 압도적으로 많은 비중을 차지하고 있다. 나머지 9개 장르는 그렇게 큰 차이가 나지 않는 모습을 보이고 있다.

8.4.2 영화 재생 시간 분포와 TV쇼 시즌 수 시각화하기

앞서 우리는 데이터 전처리 과정에서 원본 데이터에 영화 재생 시간과 TV쇼 시즌 수 데이터가 담겨 있는 duration 컬럼을 각각의 값이 담긴 2가지 컬럼으로 분리했다. duration 컬럼을 활용하여 넷플릭스 영화의 콘텐츠 재생 시간 분포를 그려보도록 하자. 일단 결측값이나 음수로 된 데이터가 있을지 모르니 0 이상의 데이터만 필터링한 후 사용하자.

```python
df_duration_over0 = df[df['duration'] > 0]
```

분포는 histplot() 함수를 활용해서 그리면 좋다. 이전에 학습했지만 histplot() 함수에서 전체 데이터를 몇 개의 막대그래프로 표현할 것인지는 binwidth로 지정한다.

```python
plt.figure(figsize=(10,5))
sns.histplot(x='duration', bins=30, binwidth=4, kde=True, discrete=False,
             data=df_duration_over0)
sns.despine(left=True)
plt.title('영화 재생 시간 분포', fontsize=14, fontfamily='Malgun Gothic',
          fontweight='bold', position=(0, 0))
plt.show()
```

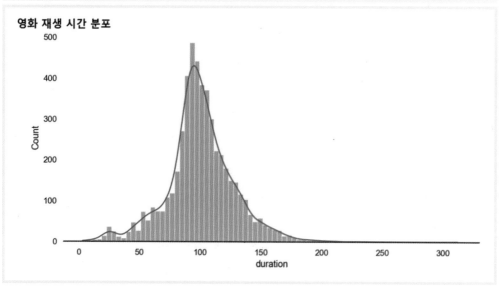

300분이 넘는 재생 시간의 영화도 있지만 대체적으로 75~120분 사이의 재생 시간에 상당히 많은 비중이 밀집해 있는 것을 알 수 있다.

이번에는 TV쇼 콘텐츠의 해당 시즌 값이 저장된 season_count 컬럼을 활용하여 시즌 수와 관련한 경향 데이터를 생성해보자. value_counts() 함수를 활용하여 시즌 수에 따라 해당하는 콘텐츠 수를 정렬한 데이터프레임을 df_season_count 변수로 저장한다. 인덱스를 다시 설정하고 내림차순으로 값을 정렬하기 위해 reset_index()와 sort_values() 함수도 함께 활용했다.

```
df_season_count = df['season_count'].value_counts().reset_index().sort_
values('season_count', ascending=False)
df_season_count
```

	index	season_count
0	1	1371
1	2	350
2	3	173
3	4	86
4	5	57
5	6	30
6	7	18
7	8	17
8	9	7
9	10	5
10	11	2
11	12	2
12	15	2
13	13	1
14	16	1

생성된 데이터를 막대그래프에 시각화해보자. barplot() 함수의 data에는 df_season_count로 입력하고, x에 index 컬럼, y에 season_count 컬럼을 입력하면 된다.

```
plt.figure(figsize=(10,5))
sns.barplot(x='index', y='season_count', data=df_season_count, palette='husl')
sns.despine(left=True)
plt.title('TV쇼 시즌 수', fontsize=14, fontfamily='Malgun Gothic', fontweight='bold',
          position=(0, 0))
plt.xticks()
plt.show()
```

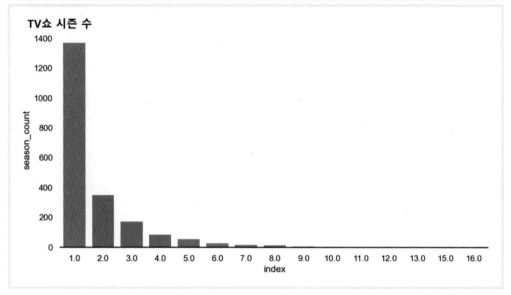

시즌이 1개인 TV쇼가 가장 많으며 2개, 3개 순으로 그 수가 점점 적어진다. 테이블 형식에서 값을 파악할 때보다 막대그래프로 확인하니 시즌이 1개인 콘텐츠가 월등하게 많다는 것이 더 잘 느껴진다.

8.4.3 연도순 콘텐츠 업로드 수 시각화하기

8.3절 데이터 시각화 기초에서는 월별 및 연도별 콘텐츠 업로드 수를 barplot() 함수를 활용해서 별도의 가공 없이 시각화해보았다. 이번에는 같은 형식의 그래프를 막대 대신 라인으로 표현하는 relplot() 함수를 활용해서 시각화해보려고 하는데 이 경우에는 데이터 가공이 필요하다. 표현 형식이 같아 보이더라도 그래프 함수에 따라서 입력받는 속성값이 달라서 그것에 적합한 데이터를 입력해야 하기 때문이다.

먼저 영화 데이터만 담겨 있는 df_movie 데이터를 활용하여 업로드된 연도와 해당하는 콘텐츠 수로 구성된 데이터프레임을 만들어보자. 특정 컬럼을 기준으로 데이터 수를 세고, 오름차순으로 정렬된 연도순으로 데이터를 다시 정렬시킨다. 그리고 추후에 어느 콘텐츠 타입인지 표시하기 위해 type 컬럼을 생성하여 Movie라는 값을 넣어준다.

```
contents_added_movie = df_movie['year_added'].value_counts().reset_index()
contents_added_movie = contents_added_movie.rename(columns = {'index' : 'year_added',
'year_added' : 'count'})
contents_added_movie = contents_added_movie.sort_values('year_added')
contents_added_movie['type'] = 'Movie'
```

재구성한 데이터프레임을 출력해보면 다음과 같은 형식의 데이터가 출력된다.

contents_added_movie

	year_added	count	type
12	2008	1	Movie
11	2009	2	Movie
13	2010	1	Movie
8	2011	13	Movie
10	2012	3	Movie
9	2013	6	Movie
7	2014	19	Movie
6	2015	54	Movie
4	2016	247	Movie
3	2017	837	Movie
2	2018	1209	Movie
0	2019	1422	Movie
1	2020	1251	Movie
5	2021	78	Movie

이번에는 TV쇼 데이터가 담겨 있는 df_tv 데이터를 활용해서 같은 구성의 데이터프레임을 생성하자. type 컬럼에 넣어줄 값은 당연히 TV show다.

```
contents_added_tv = df_tv['year_added'].value_counts().reset_index()
contents_added_tv = contents_added_tv.rename(columns = {'index' : 'year_added',
'year_added' : 'count'})
contents_added_tv = contents_added_tv.sort_values('year_added')
contents_added_tv['type'] = 'TV show'
```

출력해서 데이터프레임이 잘 생성되었는지 확인하자.

```
contents_added_tv
```

	year_added	count	type
9	2008	1	TV show
8	2013	5	TV show
7	2014	6	TV show
5	2015	29	TV show
4	2016	174	TV show
3	2017	320	TV show
2	2018	353	TV show
1	2019	571	TV show
0	2020	639	TV show
6	2021	24	TV show

원하는 데이터프레임을 잘 생성했지만 1개 그래프에 2가지 타입의 데이터를 표현하기 위해서는 모두 하나의 데이터프레임에 담겨 있어야 한다. 4장에서 학습한 데이터 병합 함수 중 세로로 합칠 때 사용 하는 concat() 함수를 활용하면 간단히 처리할 수 있다. 합치면 중복되는 인덱스가 생기니 인덱스도 다시 생성한다.

```
df_contents_added = pd.concat([[contents_added_tv, contents_added_movie])
df_contents_added = df_contents_added.reset_index()
df_contents_added
```

	index	year_added	count	type
0	9	2008	1	TV show
1	8	2013	5	TV show
2	7	2014	6	TV show
3	5	2015	29	TV show
4	4	2016	174	TV show
5	3	2017	320	TV show
6	2	2018	353	TV show
7	1	2019	571	TV show
8	0	2020	639	TV show
9	6	2021	24	TV show
10	13	2008	1	Movie
11	11	2009	2	Movie
12	12	2010	1	Movie
13	8	2011	13	Movie
14	10	2012	3	Movie
15	9	2013	6	Movie
16	7	2014	19	Movie
17	6	2015	54	Movie
18	4	2016	247	Movie
19	3	2017	837	Movie
20	2	2018	1209	Movie
21	0	2019	1422	Movie
22	1	2020	1251	Movie
23	5	2021	78	Movie

최종 데이터프레임인 df_contents_added가 생성되었으니 이제 그래프로 시각화해보자. relplot() 함수의 x에 year_added 컬럼, y에 count 컬럼, hue에 type 컬럼을 지정하고, 그래프 타입을 의미하는 kind에 line이라고 입력한다.

```
sns.relplot(x='year_added', y='count', hue='type', linewidth=2.5, palette='husl',
        kind='line', data=df_contents_added)
sns.despine(left=True)
plt.title('연도순 콘텐츠 타입별 업로드 수', fontsize=14, fontfamily='Malgun Gothic',
        fontweight='bold', position=(0, 0))
plt.show()
```

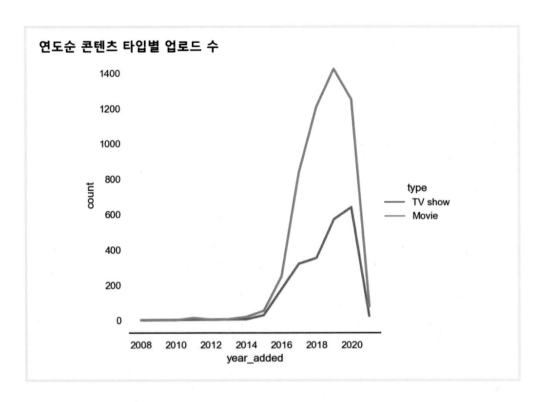

이렇게 연도순으로 전반적인 콘텐츠 타입별 업로드 수의 변화량을 시각화해보았다.

같은 형식으로 표현되더라도 사용하는 함수에 따라 입력하는 데이터의 형식이 다를 수도 있다는 것을 알기 위해 relplot( ) 함수로 시각화하는 것을 학습해보았다. 우리는 필요한 형식에 따라 적합한 데이터를 만들 줄도 알아야 하는데 이것은 꾸준한 노력이 필요하다.

8.4.4 상관관계 : 연도와 월 콘텐츠 업로드 수를 히트맵으로 시각화하기

앞에서 연도순으로 또는 월별 기준으로 콘텐츠 업로드 수를 시각화해보았다. 이번에는 이들 2개 변수의 상관관계를 한 그래프에서 표현하는 히트맵을 그려보자. 히트맵이란 직사각형으로 구성된 매트릭스 각 영역을 수치 범주에 맞는 컬러를 입혀 플로팅하는 것이다. 우리는 히트맵을 상관관계를 살펴보기 위한 일반적인 목적보다 전반적인 넷플릭스의 시기별 업데이트 수를 살펴보기 위한 목적으로 학습하겠다.

먼저 year_added와 month_name_added 컬럼을 활용하여 매트릭스 형태의 행렬 데이터를 만들자. year_added 컬럼에 month_name_added 컬럼을 groupby시킨 후 value_counts() 함수를 적용한 행렬 데이터가 담겨 있는 데이터프레임을 만든다. month_order 변수에 월 이름 순서를 정해서 행렬 데이터프레임 생성 시 함께 적용해주었다.

```
month_order = ['January', 'February', 'March', 'April', 'May', 'June', 'July',
               'August', 'September', 'October', 'November', 'December'][::-1]
df_bymonth = df.groupby('year_added')['month_name_added'].value_counts().unstack().
fillna(0)[month_order].T
df_bymonth
```

year_added month_name_added	2008	2009	2010	2011	2012	2013	2014	2015	2016	2017	2018	2019	2020	2021
December	0.0	0.0	0.0	0.0	1.0	2.0	6.0	21.0	93.0	110.0	173.0	206.0	161.0	0.0
November	0.0	1.0	1.0	0.0	1.0	2.0	5.0	4.0	45.0	79.0	151.0	262.0	152.0	0.0
October	0.0	0.0	0.0	11.0	0.0	3.0	4.0	14.0	50.0	123.0	171.0	185.0	164.0	0.0
September	0.0	0.0	0.0	1.0	0.0	2.0	1.0	7.0	40.0	104.0	113.0	130.0	166.0	0.0
August	0.0	0.0	0.0	0.0	0.0	0.0	1.0	1.0	40.0	102.0	161.0	136.0	132.0	0.0
July	0.0	0.0	0.0	0.0	0.0	0.0	1.0	8.0	29.0	77.0	152.0	157.0	150.0	0.0
June	0.0	0.0	0.0	0.0	0.0	0.0	1.0	7.0	17.0	90.0	67.0	164.0	159.0	0.0
May	0.0	1.0	0.0	1.0	0.0	0.0	0.0	7.0	12.0	86.0	91.0	133.0	159.0	0.0
April	0.0	0.0	0.0	0.0	0.0	0.0	2.0	5.0	22.0	93.0	106.0	157.0	181.0	0.0
March	0.0	0.0	0.0	0.0	0.0	1.0	0.0	4.0	17.0	138.0	168.0	161.0	136.0	0.0
February	1.0	0.0	0.0	0.0	1.0	0.0	2.0	4.0	15.0	84.0	82.0	154.0	111.0	0.0
January	1.0	0.0	0.0	0.0	0.0	0.0	2.0	0.0	41.0	71.0	127.0	148.0	219.0	102.0

이제 생성된 데이터로 히트맵을 그려보자.

시본을 활용해서 그릴 때는 heatmap() 함수를 활용하면 된다. 데이터 속성에 df_bymonth를 입력하고, 사각형 도형 간의 간격은 linewidth로 정하고, 사용하고 싶은 컬러셋은 cmap을 활용한다.

```
plt.figure(figsize=(10,5))
sns.heatmap(df_bymonth, linewidths=.5, cmap='YlGnBu')
plt.title('연도와 월 콘텐츠 업로드 수 히트맵', fontsize=14, fontfamily='Malgun Gothic',
          fontweight='bold', position=(0, 0))
plt.show()
```

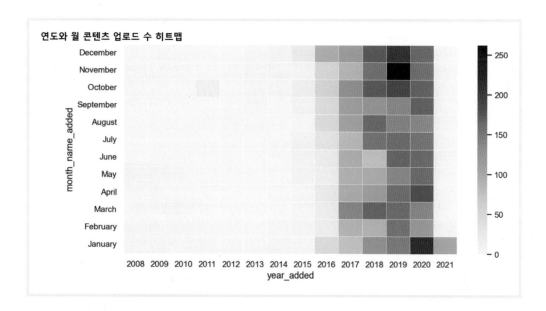

출력된 히트맵을 살펴보면 2019년 11월 영역에 해당하는 사각형이 가장 진한 컬러를 보인다. 넷플릭스에 콘텐츠가 가장 많이 업로드된 시기라고 보면 된다.

다음 주소에서 heatmap 그래프 설정을 더 확인할 수 있다.

https://seaborn.pydata.org/generated/seaborn.heatmap.html

시본의 heatmap()을 활용하면 굉장히 심플하게 히트맵을 그릴 순 있지만 맷플롯립에서 heatmap을 그릴 수 있는 함수에 비해선 그래프 편집의 자유도가 조금 떨어진다. pcolor() 함수로 heatmap을 그려보자.

pcolor() 함수는 그래프 컬러셋은 cmap으로 설정하고, 도형 간의 간격은 linewidth로 설정하며, 구분선의 컬러는 edgecolors로 설정한다. 맷플롯립의 colorbar() 함수를 로드하여 오른쪽에 표시되는 컬러바 관련한 설정도 가능하니 참고하도록 하자.

```
plt.figure(figsize=(10, 5))
plt.pcolor(df_bymonth, cmap='afmhot_r', edgecolors='white', linewidths=2)

plt.title('연도와 월 콘텐츠 업로드 수 히트맵', fontsize=14, fontfamily='Malgun Gothic',
          fontweight='bold', position=(0, 0))
cbar = plt.colorbar()
cbar.ax.tick_params(labelsize=8)
cbar.ax.minorticks_on()
```

```
plt.xticks(np.arange(0.5, len(df_bymonth.columns), 1), df_bymonth.columns,
          fontsize=9, fontfamily='arial')
plt.yticks(np.arange(0.5, len(df_bymonth.index), 1), df_bymonth.index, fontsize=9,
          fontfamily='arial')
plt.box(False)
plt.show()
```

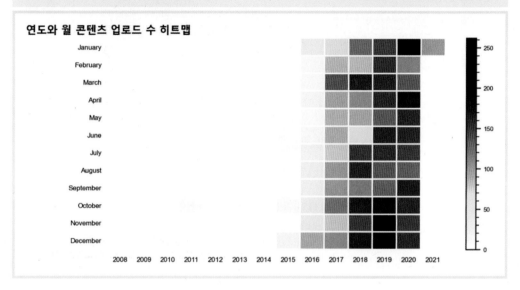

pcolor() 함수는 시본의 heatmap() 함수보다 좀 더 세밀한 조정이 가능하여 보기 좋은 그래프를 시각화할 수 있다.

8.4.5 랭킹: 콘텐츠 제작 국가 Top 10 시각화하기

이번에는 넷플릭스 콘텐츠 중 가장 많은 비중을 차지하는 10개 국가를 순서대로 찾아보자. country 컬럼이 제작 국가를 의미하고 있으니 groupby() 함수를 활용해서 제작 국가 기준으로 그루핑한 후 각 국가의 콘텐츠 수를 세는 방식을 코드로 작성한다. top10_country라는 변수에 groupby()와 agg() 함수를 활용하여 계산을 한 뒤 sort_values()로 큰 순서대로 정렬하여 10행만 추출한 값을 담는다.

```
top10_country = df.groupby('country_1st')['country'].agg('count').sort_
values(ascending=False)[:10]
top10_country.head(10)
```

```
country_1st
USA            2874
India           956
UK              576
Canada          259
Japan           235
France          196
S. Korea        194
Spain           168
Mexico          123
Turkey          106
Name: country, dtype: int64
```

막대그래프에서 가장 높은 수치에 해당하는 막대 하나만 컬러를 강조하기 위해 다음과 같이 컬러셋을 세팅하여 colors 변수에 담는다.

```python
# Top1 컬러만 다르게 하기 위한 컬러셋 변수 생성
colors = ['#f1f1f1' for _ in range(len(top10_country))]
colors[0] = '#E50914'
```

생성한 데이터 top10_country와 컬러셋에 해당하는 변수를 활용하여 다음과 같이 코드를 입력한다. bar() 함수의 x에 해당하는 데이터는 직접 국가명을 출력하기 위해 top10_country의 index 값을 사용했다.

```python
plt.figure(figsize=(10,5))
plt.bar(top10_country.index, top10_country, width=0.8, linewidth=0.6, color=colors)
plt.grid(axis='y', linestyle='-', alpha=0.2)
plt.tick_params(axis='both', which='major', labelsize=12)
plt.title('Top 10 제작 국가', fontsize=18, fontfamily='Malgun Gothic',
          fontweight='bold', position=(0, 0))
sns.despine(top=True, right=True, left=True, bottom=False)
plt.show()
```

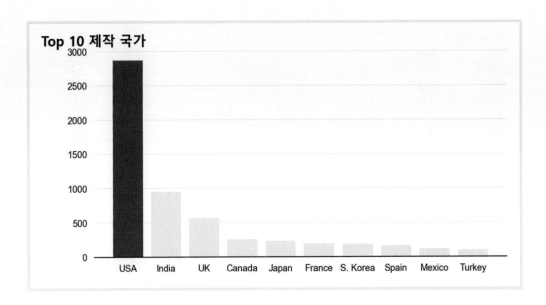

Top 10 제작 국가

가장 높은 값인 USA만 빨간색으로 표시되었다.

방금은 맷플롯립의 bar() 함수를 활용한 것이었는데 시본의 barplot() 함수를 활용해서 시각화해 보자. 생성했던 top10_country 데이터는 barplot() 함수가 받아들이기에 적합하지 않은 형식이기 때문에 인덱스를 리셋한 데이터프레임을 활용한다.

```
top10_country_df = df.groupby('country_1st')['country'].agg('count').sort_
values(ascending=False)[:10].reset_index()
top10_country_df.head(10)
```

	country_1st	country
0	USA	2874
1	India	956
2	UK	576
3	Canada	259
4	Japan	235
5	France	196
6	S. Korea	194
7	Spain	168
8	Mexico	123
9	Turkey	106

barplot() 함수에 적당한 속성값을 넣어서 출력한다. 이제는 손쉽게 매개변숫값을 입력할 수 있을 것이다.

```
plt.figure(figsize=(10,5))
sns.barplot(x='country_1st', y='country', data=top10_country_df, palette='husl')
sns.despine(left=True)
plt.title('Top 10 제작 국가', fontsize=18, fontfamily='Malgun Gothic',
          fontweight='bold', position=(0, 0))
plt.show()
```

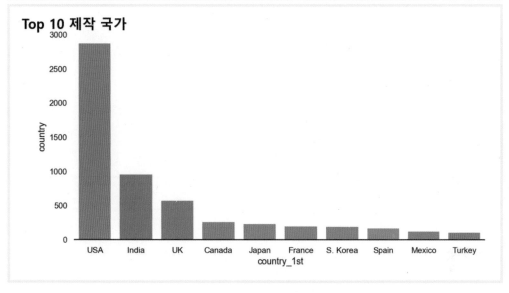

맷플롯립의 bar() 함수를 사용할 때처럼 색상 변경은 할 수 없지만 선택한 컬러 팔레트에 해당하는 색상으로 출력되었다.

8.4.6 워드클라우드 : 빈도가 높은 장르 시각화하기

마지막 시각화 작업은 텍스트로 재미있는 그래프 결과물을 만드는 워드클라우드를 그리는 것이다. 워드클라우드란 텍스트에서 키워드, 개념 등을 직관적으로 파악할 수 있도록 핵심 단어를 시각화하는 기법이다. 빅데이터에서 데이터의 특징을 도출하기 위해 사용한다. 지금 로드하려는 워드클라우드 라이브러리는 자체적으로 빈도수를 계산하고 주요 텍스트를 활용하여 클라우드 형태의 그래프를 출력한다.

워드클라우드 라이브러리가 설치되어 있지 않은 경우 다음과 같이 입력하여 설치한다.

```
!pip install wordcloud
```

워드클라우드 라이브러리를 임포트한다.

```
from wordcloud import WordCloud, STOPWORDS
```

이제 워드클라우드 그래프에 표현할 텍스트 꾸러미 데이터를 만든다. listed_in 컬럼에 있는 콘텐츠의 장르 데이터를 활용해서 만들 것이고 문자열 처리에서 학습했던 join() 함수를 활용해서 리스트 타입의 문자열을 합칠 것이다. 이 결과물을 text라는 변수에 담는다.

```
text = ' '.join(df_movie['listed_in'])
text
```

```
'Dramas, International Movies Horror Movies, International Movies Action & Adventure, Independent Movies, Sci-Fi & Fantasy Dramas Hor
ror Movies, International Movies Dramas Horror Movies, International Movies Horror Movies, International Movies, Thrillers Dramas, Th
rillers Documentaries, International Movies, Sports Movies Independent Movies, Sci-Fi & Fantasy, Thrillers Dramas, International Movi
es, Thrillers Dramas, Thrillers Comedies, Dramas, Independent Movies Sports Movies Dramas, Independent Movies, International Movies A
ction & Adventure, Dramas, International Movies Dramas, International Movies Dramas, International Movies Documentaries Horror Movie
s, International Movies, Thrillers Documentaries, International Movies Documentaries, International Movies Dramas, International Movi
es, Romantic Movies Dramas, International Movies, Romantic Movies Comedies Comedies, Romantic Movies Documentaries, Sports Movies Com
edies, Dramas, International Movies Comedies, Dramas, International Movies Comedies, International Movies Comedies, International Mov
ies Horror Movies, International Movies Comedies, International Movies Dramas, International Movies Action & Adventure, Sci-Fi & Fant
asy Dramas, Romantic Movies Dramas, Romantic Movies, Sports Movies Comedies, International Movies, Romantic Movies Comedies, Dramas,
International Movies Action & Adventure Documentaries, International Movies Dramas, International Movies, Sports Movies Movies Docume
ntaries Dramas, International Movies Dramas, International Movies Dramas, Independent Movies, Sports Movies Horror Movies, Independen
t Movies, Thrillers Horror Movies, Thrillers Documentaries Action & Adventure, International Movies Horror Movies, Thrillers Documen
taries Action & Adventure Comedies Dramas, Independent Movies, International Movies Dramas, International Movies Horror Movies, Indepe
ndent Movies, Thrillers Horror Movies, Independent Movies Comedies, International Movies Comedies, Dramas, International Movies Docum
entaries, Music & Musicals International Movies, Music & Musicals Sci-Fi & Fantasy Dramas, Independent Movies Comedies Action & Adven
ture, Independent Movies, Sci-Fi & Fantasy Action & Adventure Action & Adventure, Dramas, International Movies Dramas, International
Movies, Thrillers Action & Adventure, Comedies, International Movies Documentaries Comedies, Dramas Action & Adventure Dramas, LGBTQ
Movies Dramas, International Movies, Sports Movies Comedies, Dramas, International Movies Documentaries, Faith & Spirituality Comedie
```

텍스트가 준비되었으니 WordCloud() 함수를 활용하여 워드클라우드 그래프를 출력해보자. 기존 시각화 관련 함수처럼 각각의 속성은 적합한 값으로 입력하면 된다. max_words는 최대 출력되는 단어 수를 의미하고, random_state는 랜덤 값을 지정해주는 것인데 이것을 같은 수치로 입력하게 되면 다음번에 다시 출력해도 동일한 모양으로 출력된다. 이 속성을 지정해주지 않으면 재출력할 때마다 워드클라우드 그래프 모양이 달라진다는 점을 알아두자.

```
plt.figure(figsize=(10,5))
wordcloud = WordCloud(background_color='white', width=800,  height=800, max_words=80,
                      margin=10, random_state=1).generate(text)
plt.imshow(wordcloud)
plt.axis('off')
plt.show()
```

넷플릭스 콘텐츠의 장르와 관련하여 주요 키워드를 워드클라우드로 시각화해보았다. 빈도가 높다고 판단된 인터내셔널 무비, 드라마 인터내셔널, 무비 드라마 등의 주요 단어가 좀 더 큰 사이즈로 배치된다.

8.5 실습을 마치며

지금까지 데이터 분석 과정의 하나인 EDA 관련 실습을 해보았다. EDA 과정은 순서나 정해진 결론이 없다. 다양한 기준을 스스로 만들어가며 데이터의 여러 모습을 살펴보면 된다. 또한 데이터를 잘 알아가는 시간이며 친해지는 과정이라고 할 수 있다. EDA를 통해 발견한 사실을 기반으로 좀 더 심도 있는 데이터 분석 주제를 만들어 데이터 분석 모델링을 설계할 수 있고, 비즈니스 관련 의사결정에 아이디어 또는 도움을 줄 수 있다.

EDA 실습 과정이 어렵게 느껴진다면 이해가지 않는 부분에서 멈춘 후 관련 함수에 대한 개념을 먼저 이해하자. 그래도 이해가지 않는다면 다시 처음으로 돌아가 복습한다. 이러한 과정을 반복하다 보면 어느새 많이 발전해 있을 것이다. 그리고 나중에 데이터 처리 기법이 익숙해지면 다른 데이터셋을 대상으로 자신만의 EDA를 꼭 실습해서 응용할 수 있도록 하자. 최종적으로는 자신의 분야에서 EDA를 활용하여 더욱 좋은 아이디어를 얻거나 의사결정을 하는 데 도움이 될 수 있기를 바란다.

찾아보기

찾아보기

찾아보기